Sprung über den Schatten

Geno Hartlaub

Sprung über den Schatten

Orte · Menschen · Jahre

Erinnerungen und Erfahrungen

Scherz

Erste Auflage 1984

Überarbeitete und erweiterte Neuausgabe von «Wer die Erde küßt».

Schutzumschlag von Gerhard Noltkämper
unter Verwendung einer Aufnahme
von Gerd Weissing, Nürnberg.

Inhalt

Wo ich sein möchte

Vor einigen Jahren habe ich meine Heimat entdeckt. Sie liegt nicht im Lande Utopia. Sie hat einen Namen. Man kann ihn auf jedem Atlas finden. Es geht immer nach Westen, bis zur Küste des Stillen Ozeans, den ich vor zehn Jahren auf der östlichen Route erreichte. Seitdem ich den Ort gefunden habe, zu dem ich gehöre, hat mich ein Fluchttrieb erfaßt. Ich sitze im Innern einer Zentrifuge, die mich nach außen schleudert, weg vom Zentrum an die Peripherie. Schon immer war ich unterwegs, um meine Heimat zu suchen. Nie habe ich mich zu Hause gefühlt in der zwischen Neckar und Rhein gelegenen Industriestadt, in der ich geboren bin. Ich will nicht zurück ins Siebenzwergeland, wo Häuser, Bäume und Straßen, riesenhaft für das Kind, mit jedem Erwachsenenjahr zusammenschrumpfen. Mein Elternhaus wurde im Krieg zerstört. Ich werde nicht noch einmal durch das gekachelte Treppenhaus mit den bunt eingelegten Glasfenstern gehen. Ich werde mein Alter nicht am Mahagonisekretär mit Familienpapieren verbringen.

Nie habe ich begriffen, aus welchem Grund man sich nicht Heimat und Eltern wählen darf, weshalb es Daten gibt, die nicht zu verändern sind: Name, Tag und Ort der Geburt, Konfession, Alter, Körpergröße.

Meine neue Heimat hat zugleich etwas von Amerika und Asien, von Europa und Mexiko, ein wenig Christentum und Heidentum. Mittelmeer und Schweiz, Schwarzwald und Spanien, Irland und Nordafrika treffen sich am Schnittpunkt des Koordinatensystems. Die Stadt liegt auf der gleichen Höhe wie New York, Sizilien, Kabul, Lahore, Katmandu, Alma Ata und Peking. Es ist mein Breitengrad, der meine Reiseziele verbindet. Auf steilen Hügeln drängen sich Hochhäuser aus Beton, Fliesen und Glas über stuckverzierten Gebäuden mit Erkern und Holzbalkonen aus der Zeit der Jahrhundertwende. Manche Fassaden zerbröckeln schon wieder. Vom anderen Ufer der Bay gleicht die Skyline im Mittagsglast einem Steinbruch. Die Nebel, die vom Ozean herwehen, zaubern sie weg. Nachts geht die Stadt unter, am nächsten Morgen steigt sie aus den Fluten auf. Nichts, was hier gebaut wird, ist für die Ewigkeit bestimmt. Bleiben wird nur das Wasser der Bucht und die Brandung des Ozeans, die gegen die Felsen schlägt.

San Francisco – Kopie eines Originals, das niemand kennt. Jeder Blick erinnert an etwas, was man schon anderswo gesehen hat, aber alles ist neu zusammengesetzt. Traumfarben beherrschen die Szene: blau, vitriolgrün, orange, karmin. Aus dem vulkanischen Erdboden sprießen nachgeahmte Moscheen, Pagoden, Kathedralen, Kastelle. Jeder Besucher der Stadt findet im Riesenspielzeug-Angebot, was ihm gefällt. Ich kenne meine Wohnung, Mietpreis, Quadratmeterzahl. In Gedanken richte ich sie ein: kaum Möbel, alle Schränke eingebaut. Die Fenster Rahmen für die Bucht. Keine Bilder, oder nur eines, mäßig modern, man kann darauf noch einige Gegenstände erkennen. Das Kolorit paßt zu den reinen Farben von Himmel und Wasser draußen. Ein Bücherregal, mehr würde stören. Ich will hier leben wie im Hotel – mit einer Pflanze zusammen, deren Schatten an der Wand entlangwandert mit dem Sonnenstand. In der Nähe des Bodens Sitzkissen und Brücken, so tief, daß sie nicht die schöne Aussicht zerschneiden.

Was ich besitze, bewahre ich in schwarzen Kisten auf, die den Würfeln eines Zauberkünstlers gleichen. Ungemütlich, kahl, hell, ohne Zwischentöne soll meine Behausung sein. Das Wasser schimmert in metallischem Eigenglanz durch die Spalten der Jalousien. Irdische Lichter, himmlische Lichter, man kann die Grenze zwischen ihnen kaum unterscheiden.

Man hat mich gewarnt: bald wirst du das satt haben, diese vom Nebelschwamm reingewaschene Kulisse. Das alles ist zu schön, daran hat sich noch jeder den Magen verdorben. Aber die Stadt besteht nicht nur aus weißem Stein, Wasser und Licht und aus dem Grün der Parks und Wiesen. Es gibt auch Blut hier, meist stammt es von Fischen. Am Hafen, auf den Verkaufstischen zappeln sie sich zu Tode. Auf dem großen Steg vor meiner neuen Wohnung haben sie gestern abend einen Tigerhai mit der Angel gefangen und ihm, drei Mann zugleich, den Rachen mit den scharfen Zähnen aufgesperrt, um den Köder-Haken zu retten. Schnell wie ein Vorhang fällt die Nacht vor die Bühne der Bucht mit dem Abschlußbild. Großes Ensemble, alles noch einmal aufmarschiert, in Gala. Felsrücken der Inseln, Häuserketten, Stahlgerüste der Hängebrücken, Segelboote, Zirruswölkchen, feuriges Abendrot. Die Dämmerung ist eher grün als grau, es gibt kein Zwielicht, das Augenflimmern erzeugt.

San Francisco hat keine Geschichte außer der Erdgeschichte, die schon das nächste Feuer unter dem Asphalt und dem Lavaboden des Fruchtlandes schürt. Die historischen Daten der Stadt kann man in einer einzigen Schulstunde auswendig lernen. Mission Dolores, die Kirche in der Nähe des Golden Gate Parks. Jeder Tourist bekommt sie zu sehen. Ich fürchte, sie ist nachgemacht wie fast alles hierzulande. Der Stein sauber gewaschen, die Ornamente und Kapitelle der Säulen flüchtig eingemeißelt, spanische

Kopien. Im Kreuzgang des Klosters riecht es nach Knoblauch und ranzigem Öl aus den Küchen der benachbarten Armenquartiere. Abends nimmt der Seewind alle Gerüche mit. Weit draußen, jenseits der Brandung, streut er sie wieder aus.

»Möchte wissen, was hier schön sein soll außer der Lage«, fragt ein Freund, der es dreißig Jahre in Kalifornien ausgehalten hat. Der Nebel, der vom Meer kommt, hat keine Ähnlichkeit mit den grauen, schweflig riechenden Schwaden, die bei uns den Himmel verdüstern. Man glaubt, bei der Wanderung im Gebirge in eine Wolke geraten zu sein, die bald wieder weiterzieht. Alles ist plötzlich unsichtbar. Es gibt keine Himmelsrichtungen mehr, weder Ort noch Stunde, auch nicht das Schwindelgefühl von nordischen Nebelküsten, eher etwas wie Leichtigkeit des Schwebens und Fliegens: paß auf, sonst wirst auch du aufgelöst, ins Nichts verwandelt. Für eine Stunde Wartezeit wirst du belohnt. Der Vorhang des Nebels zerreißt, hinter ihm leuchtet die Bucht. Die Skyline der Stadt ist schärfer umrissen als vorher. Außer der Lage wenig Schönes, dafür an den Rändern der Stadt einiges Echte: Slums im Bungalowformat für alle Völkerschaften, die es nicht zu genügend Geld für ein Haus auf der Hillside gebracht haben. Nicht nur Farbige wohnen in der Nähe der Küste, auch Weiße, die elend und unterernährt sind. Sie halten ehemalige Hippiequartiere in den Haights besetzt. Eines davon habe ich gesehen. Ein Haus von drei Stockwerken, in dem früher Neger gewohnt haben. Ausgeräumte, untapezierte Zimmer mit Matratzen und Lumpen, Krankenlager, Brutstätten für Infektionen. Sterbebetten für Rauschgiftsüchtige, die keine Widerstandskraft mehr haben. Ich habe ein Spital in der Nähe der Elendsquartiere besucht. Das einzig Schöne an ihm waren die Schwestern mit ihren geschweiften Hauben, die an die Tracht spanischer Nonnen erinnerten. Auf den Betten im Krankensaal lagen fast nur junge Leute. Strandgut aus Europa, wie es der Doktor nannte, der mich begleitete. Es gab nur wenige junge Leute aus romanischen Ländern. »Die machen den Schwindel nicht mit«, sagte der Doktor, »haben sich ihren gesunden Sinn für die Realität bewahrt.« Er hatte in seiner Klinik die ganze Welt zu Gast, von jedem Land eine negative Auslese. Er riet mir, im nüchternen Mittagslicht die Straßenpassanten von Downtown anzuschauen. Wie viele Leute gehen hier am Stock! Das reine Altersheim, sieht man ab von der wechselnden Fauna der Touristen. Prostituierte, Zuhälter, Gewaltverbrecher, Schwindsüchtige, Geschlechtskranke. Der Doktor wollte die Bakterien, die hier in der angeblich so reinen Luft herumfliegen, nicht unter dem Mikroskop haben, nicht das Sputum und andere Ausscheidungen der Passanten untersuchen. Wie viele Bürger der Vereinigten Staaten leidet auch er unter dem Wahn, man müsse alles impfen, desinfizieren, sterilisieren, um sich an keiner Seuche anzustecken. Die Bewohner von San Francisco hat er mir kaputtgemacht. Ich weinen ihnen nach wie ein Kind seiner zerbrochenen Puppe. Auf einmal sehen sie wie auf einem mittelalterlichen Totentanz aus, in allen Hautfarben schillernd. Durch das noch blühende Fleisch ahnt man das Skelett, hinter den Augen warten die beinernen Höhlen. Das Licht dieser Stadt ist ein Röntgenlicht. Es legt das Innere frei, es skelettiert nicht nur Eisengerüste. Ich blicke in die zerfaserten Gesichter von Neurotikern und Geisteskranken, wie sie sich an allen Küsten der Welt zusammenfinden. Sie sind nicht fähig, in einem der niedrigen Vorstadthäuschen zu wohnen und jeden Morgen pünktlich zur Arbeit zu fahren. Außer der Lage wenig Schönes, dafür einiges, was sich nicht mit den Gesetzen der Spielstadt verträgt: Häßliches, Altes, Verbrauchtes, Verderbliches, parfümierter Atem des Todes. Am Kiosk vom Union

Square werden Lilien fürs Leichenschauhaus feilgeboten, auch Orchideen, klebrig, tierisch, wie man sie hier züchtet. »Sehen Sie sich die Stadt an einem Regentag an«, sagte der Doktor, »die ausgelaugten Gesichter, fleckigen Mauern, schadhaften Schindeldächer, die Schuhe auf dem Asphalt, wie sie altern!«

Er hat sein Ziel nicht erreicht. Wer sagt denn, daß Alter, Krankheit und Feuertod mich abschrecken? Gut, daß es in dieser Stadt nicht nur künstliche Tropengewitter und Platzregen gibt wie im Südsee-Restaurant Tonga des Fairmont-Hotels. »Das Kulturleben hier ist tiefste Provinz«, warnt der Doktor, »das Repertoire unserer Oper besteht aus alten Schinken.« Er weiß nicht, daß ich diese ›alten Schinken‹ liebe, von Don Giovanni über Figaro bis zu Rigoletto, von der Bohème bis zu Tristan und Parzifal. »Ich will kein Kulturleben«, sage ich zum Doktor, »ein paar Jahre muß der Mensch aus sich selbst heraus leben.« Lange genug habe ich das fade Gericht, Bildung genannt, in mich hineingelöffelt. Ich brauche die Nachhilfestunden der alten Lehrerin Europa nicht mehr. Hier kann ich zeigen, wer ich bin. Diese Stadt ohne Geschichte wird das Urteil über mich fällen.

Wir sitzen im Freien, in einem der oberen Stockwerke des Terrassenbaus am Ghiradelli-Square. Wir schweigen, während das Licht über der Bucht in Perlmutterfarben dahinschwindet und die altmodisch geschwungenen Gaslaternen auf den Straßen erglühen. Als es ganz dunkel geworden ist und die Lichterketten von Sausalito, Oakland und Richmond jenseits der Bay flimmern, sagt der Doktor: »Unbelehrbaren soll man Glück für die Zukunft wünschen. Mich hat diese Stadt kaputtgemacht. Aber ich bin froh, daß meine Augen noch gut genug sind, um das Schauspiel des Sonnenuntergangs zu genießen.«

Blick zurück

Woher ich stamme

Was gehen sie mich an, diese Ahnen aus dem Pfarrhaus, aus der Anwaltskanzlei, dem Kaufmannskontor, dem verfallenden Schloß der Provinzstadt? Was soll ich tun mit den Bildern und Miniaturen von puppenhaft starren Damen und Herren mit milchweißer Haut, Porzellanaugen und Einheitslächeln? Sie könnten ebenso gut einen anderen Namen tragen, die guten Bürger mit ihren heimlichen Lastern, dem heuchlerischen Lebenswandel zwischen Haushalt, Kindbett, Kirche und Kontor, Kurbad und Bildungsreise in den Süden. Hundertmal der gleiche Lebenslauf, zwischendrin ein paar, die nicht mitmachen: Außenseiter, Krüppel, Junggesellen, Stiftsdamen, unverheiratete Tanten, Kuckuckseier, die falsche Namen tragen. Als Ausnahme, übel beleumdet, eine Malerin, die einen Salon für Künstler unterhält und ihnen Geld aus dem Familienvermögen leiht. Selbstmörder sind dazwischen: aus dem Fenster gesprungen, im See ertränkt, aufgehängt, mit der Pistole in den Mund geschossen. Die öde Ahnengalerie, in gezwungener Haltung vor einem mittelmäßigen Porträtisten posierend im selten benutzten Salon. Kette der Generationen. Wann endlich reißt sie für immer ab? Wann sterben die Zweige des Stammbaums? Seine Wurzeln sind noch immer nicht tot, sie schicken Saft und Kraft bis in die schüttere Krone des Baumes mit den verdorrten Ästen.

Gestorben im ersten Lebensjahr, Legionen seliger Mädchen und Knaben. Unvermählt geblieben, die Gescheiterten und Streikenden, die sich nicht an der Fruchtbarkeit des Stammbaums beteiligten. Ich habe diesen Stammbaum einmal gezeichnet, damals als jede Familie ihre Abstammung nachweisen mußte, mit Tauf- und Geburtsurkunden. Da gab es unerforschte Gebiete: Ausländer, Exoten, Mischlinge, Juden aus dem Berlin der romantischen Emanzipation, ausgewandert nach Übersee. Schwer auszusprechende Familiennamen, spanisch, mexikanisch, indianisch. Dazwischen blonde, fischäugige Adlige aus Holstein und Niedersachsen, Gelehrte, Pfarrer und Ärzte. Ein Ornithologe hat afrikanische Vogelarten entdeckt und ihnen seinen Namen gegeben. Einige ausgestopfte Exemplare kann man heute noch in Vitrinen des Übersee-Museums in Bremen sehen. Da waren dunkle Punkte in der Familiengeschichte, Namen, die man am liebsten von der Ahnentafel gestrichen hätte. Ein geschaßter Offizier, ein Geschäftemacher, der ein Jahr wegen Unterschlagungen im Gefängnis verbrachte. Eine Schauspielerin mit häufig wechselnden Liebhabern, ein Kolonialbeamter in Indien, der sich an Whisky zu Tode getrunken hat. Ein Kapitän auf Handelsschiffen, der eine Insulanerin aus der Südsee heiratete; er zeugte ein halbes Dutzend Mischlingskinder und schrieb als alter Mann auf einer der unbekannten Inseln der Malediven seine Memoiren.

Es gab noch Nachwuchs, grünes Laub an den schwachen Zweigen, Cousinen und Vettern in meinem Alter. Manche kannte ich, andere, die im Ausland wohnten, hatte ich nie gesehen. Mit keinem von ihnen war ich befreundet. Die Vettern liebten Polo und Golf mehr als Museen und Bücher. Sie segelten als Jungen, traten später in die Marine ein und wurden im Krieg mit ihren Schiffen versenkt. Sie hatten früh geheiratet und das ihre zum Wachstum des Stammbaums beigetragen. Es waren mäßig hübsche, gesunde, wenig begabte junge Leute, die ihre Erziehung nach englischem Muster in Internaten hinter sich gebracht hatten. Ihre Blicke und die Art, wie sie in meiner Gegenwart mit Betonung die Beine übereinanderschlugen und sich Stäubchen von den Flanellhosen zupften, zeigten, was sie von mir und meinesgleichen hielten.

Ich verlor die Lust an der Ahnentafel, ich zerriß den

Stammbaum, bevor die Skizze fertig war. Einmal muß ein Ende sein, sagte ich mir. Ist denn keiner stark genug, diesen monströsen Baum, der sich seit Jahrhunderten immer weiter verzweigt, mit seinen Wurzeln aus dem Erdreich zu reißen? Ein Riese hätte kommen müssen, um das Zwergengeschlecht der lächelnden Damen und Herren aus der Ahnengalerie auszurotten. Ich wäre gern dieser Goliath gewesen, aber mir fehlte die Kraft, es hätte der List eines David bedurft. Als Kind wollte ich immer die Letzte sein, beim Spiel, in der Schule, bei den Examen. Alle Letzten liebte ich mehr als die Ersten, denen die Mühe der Leistung den Schweiß auf die Stirnen trieb. Ich wollte nicht mitmachen bei ihrem Wettbewerb. Ich war schon am Ziel, wenn sie atemlos heranhetzten. Überall, wo sie hinkamen, trat ich ihnen entgegen. Schon gehabt, geschenkt. Es gab nichts, wofür es sich lohnte, Kraft, Geist und Gesundheit einzusetzen. Sie wiesen auf ihre Angehörigen hin, um die eigene Unzulänglichkeit zu bemänteln. Keiner von ihnen lebte aus eigener Kraft. »Wenn nicht mein Mann wäre, die Kinder, die Eltern«, sagten sie, »ich werde gebraucht, ohne mich geht es nicht. Nur sie sind der Sinn meines Daseins.«

Ich wollte die Letzte sein, in Dauerstreik treten, am Stammbaum rütteln, das Laub, das sich herbstlich verfärbte, abschütteln. Ganz habe ich es dann doch nicht geschafft, aus der Reihe zu tanzen. Ich habe mich fortreißen lassen vom Strom und getan, was von mir verlangt wurde. Habe es leichtsinnig, unaufmerksam getan, mit der linken Hand, immer nur halb bei der Sache. Mein Gesichtsausdruck hat mich verraten. »Wach auf«, sagten die anderen, »wie lange willst du noch träumen? Wir warten auf dich. Mach endlich mit. Du bist einer von uns. Ganz oben und außen an der Ahnentafel, in der Krone des Stammbaums, wirst auch du ein Schildchen mit deinem Namen haben.«

Vor einigen Jahren habe ich einen Brief von einem Onkel erhalten, der seine Rentnertage in der DDR mit Ahnenforschung verbringt. Vier eng beschriebene Seiten mit Namen und Daten. Säuberliche Kanzlistenschrift, trotzdem schwer leserlich. Auf holzhaltigem Papier fand ich die Namen meiner Ahnen, chronologisch geordnet, mit Geburts-, Heirats- und Todesdaten. Generationen gemeinsamer Stammväter. Der Ahnenforscher teilte mir mit, er verbringe täglich vier Stunden mit seiner Arbeit. Sein Hobby, merkte die mir gleichfalls unbekannte Ehefrau am Briefrand an, etwas Ähnliches wie Briefmarkensammeln oder Schmetterlinge aufspießen. Viele Grüße von Haus zu Haus, stand unter dem Brief. Ich stellte mir den Ahnenforscher vor, wie er am Biedermeiertisch meines Großvaters saß. Seine gekrümmte Hand mit dem altmodischen Federhalter, der auf dem Papier kratzte, während vor den durch Gardinen verhängten Fenstern Demonstranten sozialistischer Jugendverbände vorbeizogen, zu denen seine Enkel gehörten.

»Nach einem Schlaganfall vor einem Jahr«, schrieb er mir neulich, »bin ich halbseitig gelähmt.« Das Rauchen habe er sich abgewöhnen müssen. Er entschuldigte sich wegen seiner schwer zu entziffernden Schrift. Ohne Erklärung war er zum verwandtschaftlichen ›Du‹ in der Anrede übergegangen. »Wir erwarten Deinen Besuch, wir müssen uns kennenlernen.« Er erklärte sich bereit, die Formalitäten der Reise für mich zu erledigen, und schickte mir einen Fragebogen für die Einreisegenehmigung. Die meisten Angaben hatte er selbst gemacht, er kannte sie aus den Familienpapieren.

Kürzlich, mitten in der Nacht, hat er mich zu Hause angerufen. Erst verstand ich seinen Namen nicht, ich war noch benommen vom Schlaf. Ich wollte schon einhängen, ich glaubte, es handle sich um eine falsche Verbindung. Da kam noch einmal die hohe Greisenstimme. Sie klang morgendlich munter, sie war ganz nahe. »In meinem Alter«, sagte der Ahnenforscher, »braucht man nicht mehr viel Schlaf. Meine Korrespondenz erledige ich in der Nacht.« Er teilte mir die technischen Einzelheiten meiner Reise mit. Er diktierte mir die Abfahrtszeiten der Züge. Er übermittelte mir Grüße von seinen Kindern, die ich bald kennenlernen würde. Plante er einen Familientag zu meinen Ehren? »Gut, daß es endlich klappt«, sagte er. Im Telefon klickte es, in der Hörmuschel war ein Rauschen. »Sind Sie noch da?« fragte ich. Wieder hörte ich seine Stimme, fern, kaum verständlich. Er sagte, daß er mich wegen seines Leidens nicht persönlich abholen könne. Sein Sohn, ein leitender Klinikarzt, würde an seiner Stelle am Bahnhof sein. Kennzeichen: weiße Nelke.

Nach dem Anruf zum billigen Nachttarif konnte ich nicht mehr schlafen. Ich stellte mir die umständliche Reise vor, die vor mir lag, den Grenzübertritt, die Straßenbahnfahrt zum Bahnhof in Ostberlin. Sicher wurden die Lokomotiven drüben noch mit Kohle beheizt. Die Geleise würden mit Ruß bedeckt sein, die Wagenräder über die Schienen holpern. Ich würde die gleiche Geräuschkulisse wie vor dem Krieg wiederhören. Dann malte ich mir die Begrüßung auf dem Bahnsteig aus. »Ihr werdet euch nicht verfehlen«, hatte der Ahnenforscher gesagt, »mit dem Mittagszug kommt fast nie ein Besucher aus dem Westen bei uns an.« Der Sohn, der mich in Empfang nehmen sollte, besaß ein Auto, einen Trabant. Wir würden gemeinsam in die Wohnung des Ahnenforschers fahren, die am Stadtrand im Grünen lag.

Gegen Morgen bekam ich Halsweh und Gliederschmerzen. Ich maß meine Temperatur: 38,5 Grad, die übliche Frühjahrsgrippe. Das Telegramm mit meiner Absage gab ich am Mittag telefonisch auf: »Kommen wegen Krankheit leider unmöglich. Brief folgt.« Acht Tage lang blieb ich im Bett, die Zeit, die für meinen Besuch vorgesehen war. Vier Wochen brauchte ich, ehe ich mich zu dem angekündigten Brief mit Dank für die Mühe der Vorbereitungen zur Reise entschloß. Einige Tage später erhielt ich Nachricht vom Ahnenforscher. Er sei bereit, die notwendigen Formalitäten noch einmal für mich zu erledigen. »Vielleicht ist es sogar besser, wenn Du erst im Sommer kommst«, schrieb er, »wir hatten die ganze Zeit Handwerker im Haus. Außerdem präsentiert sich die Stadt hübscher, wenn die Bäume grün sind.«

Die verbotene Tür

Auch in unserem Haus gab es eine verbotene Tür, die ich jedesmal, wenn die Eltern verreist waren, mit List oder Gewalt öffnen wollte; ein düsteres Geheimnis wie im Schloß des Ritters Blaubart verbarg sich hinter ihr, das mich in seinen Bann zog. Vielleicht würde ich einen Berg geschlachteter Frauen in ihrem Blut dahinter finden oder – so dachte ich an guten Tagen – ein überirdisches Licht, das die Augen blendet, Gold und die Jungfrau Maria in einem Strahlenkranz, deren Anblick kein menschliches Auge auf die Dauer erträgt, ohne zu erblinden – eine fromme Fassung der barbarischen Mär vom Frauenmörder. Da wir jedoch nicht in einem Schloß, sondern in einer Fünf-Zimmer-Dienstwohnung im obersten Stockwerk eines Mietshauses wohnten, war die verbotene Tür für mich ein durch ein Hängeschloß gesicherter Kasten aus Blech, in dem angeblich nur die Familienpapiere, die Kinder nichts angehen, verwahrt wurden. Von meinem Bruder hatte ich gelernt, wie man Hängeschlösser mit Hilfe eines Drahtes öffnet oder mit einer Zange aufknackt. Das Diebswerkzeug besaß ich, auch die Neugier und das schlechte Gewissen eines, der irgendwo einbrechen will und den günstigsten Augenblick für seine Untat abwartet.

Eher, als ich gedacht hatte, kam die günstige Gelegenheit. Eltern und Brüder befanden sich auf einem Sonntagsausflug, an dem ich, weil ich mich krank fühlte, nicht teilnehmen wollte. Das Au-pair-Mädchen, das auf mich aufpassen sollte, hatte sich oben in ihrer Mansarde mit ihrem Freund, einem Franzosen, der sonst als Besatzungssoldat an der Rheinbrücke Wache hielt, eingeschlossen. Das Haus, vielmehr die Wohnung, war leer, im Korridor hörte ich meine Schritte auf dem Parkett knarren. Die Räume, durch die ich ging, schienen mir viel höher und größer als sonst zu sein. Jedes Geräusch, das ich wider Willen verursachte, hallte wider. Ich hatte keine Zeit zu verlieren. Ich kramte mein Diebswerkzeug hervor und öffnete zunächst mit äußerster Kraftanstrengung die Truhe, in welcher der Blechkasten sich befand, der heute für mich glänzte, als sei er aus Silber. Das Öffnen des Hängeschlosses fiel mir nicht schwer, ich benutzte den Dietrich, den mein Bruder angefertigt hatte. Das Geheimnis, das sich mir zeigte, war allerdings eine Enttäuschung: vergilbte Papiere, Heiratsurkunden, Aquarelle von Landschaften, ein Lederband, der mit gepreßten Blumen vollgeklebt war, ein Bündel von Briefen, einige Kupferstiche mit Porträts alter Herren mit Lockenperücke, irgendwelche Vorfahren. Ich blätterte in den Dokumenten herum, zerstreut und gelangweilt, bis ich auf ein handgeschriebenes Manuskript in der schwer leserlichen Handschrift meines Vaters stieß, das mit einem in Segmente eingeteilten Kreis und unverständlichen Zeichen versehen war.

Sofort wußte ich – es war das verbotene Schriftstück, das ich suchte. Nicht halb so aufregend zwar wie das Blut oder der goldene Glanz, der sich hinter der verbotenen Tür der Märchen verbarg, dafür aber eine Aufzeichnung, die *nur vor mir* verborgen bleiben sollte (was meiner Eitelkeit schmeichelte). Sie trug die Überschrift: Horoskop aus dem Jahr 1915 – also aus meinem Geburtsjahr. Sie betraf den Stand der Sterne zur Stunde meiner Geburt.

Mein Vater, der sich damals viel mit Astrologie beschäftigte und uns Kinder schon früh in die Geheimnisse des Kosmos und des Tierkreises eingeweiht hatte, verstand sich darauf, Horoskope zu errechnen. Das meinige entstand, als ich ein viertel Jahr alt war, man also weder von meinen Charaktereigenschaften noch von meinem Schicksal, meinen Gefahren und Glücksmöglichkeiten etwas ahnen konnte; auch der eigene Vater tappte da im dunkeln, er mußte sich auf die Scheinlogik und Scheinmathematik der Berechnungen von Konjunktionen und Oppositionen der Planeten und ihrer verschiedenen Häuser verlassen.

Zunächst einmal faszinierte mich der magische Kreis mit den verschiedenen inneren Kreisen, mit den Strahlen, die sich in dessen Mitte trafen, und den Sternzeichen, die in den äußeren Ring gezeichnet waren. Ich kannte nur einige davon, was mich bekümmerte, denn die Entdeckung des Horoskops fiel zusammen mit einer Zeit großer Lesewut, in der alles Geschriebene und Gedruckte sich meinem Gedächtnis einprägte, so daß ich ganze Passagen von Büchern, weil ich sie einmal optisch aufgenommen hatte, auswendig kannte. Das Zeichen für Waage, Zwillinge, Schütze, Widder und Wassermann bekam ich heraus, es schien sich um Kürzel oder Abstraktionen der wirklichen Vorbilder zu handeln. Auch daß die abgeteilten Fächer die Häuser der Planeten bedeuteten, wurde mir klar. Dagegen begriff ich nicht, was die bis auf die Sekunde genauen Zeitangaben bedeuteten, verwirrend und erschreckend kamen mir die rot und grün gezeichneten Dreiecke innerhalb des Kreises mit den Zeichen der Planeten vor, sie schienen mir Unheil zu verkünden.

Aus der Zeichnung mit dem kosmischen Kreis erfuhr ich zum ersten Mal meine genaue Geburtszeit, nicht nur den Tag und den Ort, sondern auch die Stunde: 14 Uhr 15, was aus mir unerfindlichen Gründen der Sternzeit 4.59.12 entsprach oder der örtlichen Sternzeit 6.48.16. Zahlenmagie hatte mich schon immer gefesselt, obgleich oder vielleicht weil Rechnen mein schwächstes Schulfach war. Mir war feierlich zumute, als ich zum ersten Mal in mein Sterngesicht sah, das aus Zahlen, Zeichen, Kreisen und Strichen bestand. Die abgekürzten Worte, die dazwischen standen, konnte ich nicht übersetzen, bis auf eines, das gleich dreimal vorkam: Aszendent 8.40 Waage. Meine Entdeckung stärkte mein Selbstbewußtsein, ich fühlte mich aufgenommen in den Kosmos, der sich um mich zu drehen schien, gleichsam zum zweiten Mal geboren. Doch bei der Lektüre der ausführlichen Erklärungen, die ich nun zu entziffern begann, begriff ich immer weniger den geheimnisvollen Charakter des Schriftstücks, das meine Eltern – wie sie mir später gestanden – auf jeden Fall vor mir verstecken wollten, bis ich erwachsen genug sein würde, um einige negative Aspekte innerlich »zu verkraften«.

Was ich da zu lesen bekam, schien mir vorerst äußerst freundlich zu sein und zum großen Teil den Wünschen zu entsprechen, die mein Vater für seine Kinder hatte: Sinn für Idealismus, künstlerisches Talent, geistige Veranlagung, erst in zweiter Linie elementarere glückliche Verheißungen wie gute Gesundheit, heiteres Temperament, Liebe, Heirat, Freundschaften, berufliche Karriere und eigene Kinder. Jedes Haus schien mir gut bestrahlt zu sein und eitel Glück zu verkünden; nur in Nebensätzen kamen einige Bedenken, Warnungen und Einflüsse der Sterne zum Ausdruck, die dem Inhalt der positiven Hauptsätze zu widersprechen schienen, so daß sowohl das eine wie das andere möglich war – ein Zeichen, daß der Astrologe kein Schicksalsgott oder Seelenrichter war, sondern noch etwas Spielraum für den freien Willen übrig ließ, der dem Grundsatz entsprach: Die Sterne zwingen nicht, sie machen geneigt.

So verkündete gleich das I. Haus »Talent zu künstlerischer Betätigung, die zur vollen Entwicklung gelangt, wenn Gelegenheit zur Ausbildung da ist«. Schon bei der Entzifferung dieses Eingangssatzes fiel mir das merkwürdig Schwankende der Aussage, das »sowohl als auch« auf, das, wie ich später feststellte, fast allen Horoskopen eigentümlich ist (so als wollten sich die geneigten oder bösen Sterne noch ein Hintertürchen offenlassen, um, wenn man sie angriff, in den Äther, wo sie hingehörten, zu entschwinden).

Weiter ging es: »Venus steht im Stier, also im eigenen Haus. Vom Glück begünstigt, sympathisch, einnehmend. Venus günstig aspektiert von Jupiter, was auf Läuterung der Sinnlichkeit deutet.« Kein Wunder, daß mir diese Prognose gefiel, so daß ich einige Nebenbemerkungen, die seltsamerweise viel eher ins Schwarze trafen, überlas: »Fehler: Gleichgültigkeit, Unordnung, Nachgiebigkeit.« Dazu die unverständliche Erklärung: »Eigentümliche Färbung der Neigungen«, die später bei der Untersuchung des V. Hauses: »Spitze im Wassermann (Herrscher Saturn)« noch einmal unterstützt zu werden schien: »Schlechter Venusaspekt soll pervers machen.« Diese seltsame Bemerkung wird – natürlich – von positiven Äußerungen aller Art wett- oder vergessen gemacht. Der Gott der Astrologen scheint ein milder und freundlicher Herr zu sein; er nimmt den Mund sogar reichlich voll: »Uranus im Wassermann gibt Genialität, leichte Auffassung. Sextil des Uranus mit Mond sehr glücklich, bringt Reiselust, bedeutet, daß die Gesundheit durch okkulte Heilmethoden günstig beeinflußt werden kann, gibt Intuition, zweites Gesicht, Haß gegen alles Konventionelle. Trigon des Uranus mit Sonne stärkt künstlerische Fähigkeiten, gibt faszinierende Kraft.«

Etwas viel auf einmal, das kam mir schon damals bei meiner kindlichen Entdeckung so vor und machte mich mißtrauisch. Und wiederum bleiben weniger günstige Nebenaspekte im Schatten. »Freie Liebe. Kinderlosigkeit oder Kummer durch Kinder. Bedenkliche Moral. Neigung zur Hysterie, romantische Liebesangelegenheiten.« Doch schon sendet die Sonne ihre wärmenden Strahlen, die dem Herzen wohltun, durch die Gewitterwolken: »Die guten Aspekte mit Sonne und Mond geben heimlichen Liebesaffären idealen Charakter.« Wenigstens das, könnte man nachträglich sagen und sich nicht darum kümmern, daß gleich im nächsten Satz etwas von »plötzlichen Mißgeschicken, Ruhelosigkeit und

Mangel an Gleichgewicht« steht. Auch die Anlage zu Lymph-Erkrankungen und Todesursache im Knochensystem verschweigt das VIII. Haus (Tod, Geschlechtliches) nicht. Dagegen zeigt sich das IX. Reise-Haus freundlich: »Herrscher Merkur, besetzt mit Sonne. Abenteuerlustig. Erfolg durch viele Reisen.«

Bei meiner langatmigen, im ganzen enttäuschenden Lektüre über mein kosmisches Schicksal wurde ich durch die Familie überrascht, die ihren Ausflug wegen eines Unwetters frühzeitig abgebrochen hatte. Meine Eltern waren fassungslos, nicht nur wegen meines Ein- und Vertrauensbruchs, sondern weil sie fürchteten, ich sei durch die Mitteilungen der Sterne aus dem seelischen Gleichgewicht geraten. Es wurde sogar überlegt, ob man mich nicht vorbeugend zu einem befreundeten Psychotherapeuten schicken solle. Ich jedoch vergaß fast alles, was ich gelesen hatte, noch am selben Tag. Ein Kind von neun Jahren interessiert sich für Zukunft und Schicksal nicht, es lebt in den Tag hinein, was immer ein Zeichen von Gesundheit ist. Zwei Gefühle, die nicht den Inhalt des vieldeutigen Horoskops betrafen, beschäftigten mich. Ich hatte den Blechkasten aufgebrochen und dadurch das Vertrauen meiner Eltern mißbraucht. Die verbotene Tür und was ich hinter ihr fand, rechtfertigten diesen Vertrauensbruch in keiner Weise und konnten auch mit meiner ausgeprägten kindlichen Neugier nicht erklärt werden. Hatte mir das Horoskop, von dem ich schon damals nicht viel hielt, nicht »Mangel an seelischem Gleichgewicht« vorgeworfen? Ich fragte meinen Vater, weshalb er das Dokument so sorgfältig vor mir versteckt hatte, so als sei seine Kenntnis ein Sündenfall, der mich aus dem Paradies der Kindheit vertreiben konnte. Er wies auf die von mir überlesenen oder kaum beachteten negativen Aspekte – schwankende Gesundheit, innere Unruhe und Kinderlosigkeit – hin; er hatte mir ersparen wollen, daß ich mich damit auseinandersetzte. Außerdem gab es in den okkulten Wissenschaften, die immer noch eine gewisse Rolle in unserem Hause spielten, den Begriff des »Erfüllungszwangs«, den er mir erklärte.

Inzwischen sind Jahrzehnte vergangen. Aber ich habe heute noch oder wieder Freunde, denen Astrologie und Okkultismus, vielmehr Parapsychologie, wie es heute auch heißt, etwas bedeuten. Ihnen sei dies Kapitel, das keineswegs der Selbstbespiegelung dienen soll, gewidmet und zum Nachdenken empfohlen.

Die Mutter

INTEGER VITAE steht auf ihrem Grabstein. Die Übersetzung ins Deutsche ist schwierig: soll man unberührt, unversehrt oder unverletzlich sagen? In einer Schweizer Klinik ist sie, noch vor ihrem fünfzigsten Lebensjahr, gestorben. Zum letzten Mal habe ich sie unter einem dichten Schleier gesehen, den sie während ihrer Krankheit trug. Ich erkannte ihr Gesicht kaum, sie lächelte mir zu, sie sagte: »Wir werden uns nie wiedersehen, Kind.« Die Pflegerin nahm ihren Arm und führte sie zum Auto, das sie zur Bahn bringen sollte. Sie sagte: »Sie wird gesund werden und zu euch zurückkehren.«

Zu ihrer Beerdigung kamen die Schweizer Verwandten. »Du sollst sie jung im Gedächtnis behalten«, sagten sie. Ich weigerte mich, die Tote im Sarg vor der Trauerfeier zu sehen. Eine Fotografie zeigt sie auf dem Sterbebett: ein schmal und hart gewordenes Gesicht mit abwärts gekrümmten Mundwinkeln und tiefen Augenhöhlen – unerlöst, unversöhnt. An ihrem Todestag im Mai radelte ich auf einer Chaussee unter blühenden Kastanienbäumen. Sie war in den frühen Morgenstunden gestorben. Kalter, bitterer, einsamer Tod. In der Nacht nach ihrem Begräbnis träumte ich, sie habe sich mit Schlaftabletten vergiftet. Sie lag zusammengekrümmt auf dem Sofa im Wohnzimmer, eine Hand hing ins Leere nieder. Ich ging auf den Speicher, um Wäsche zu holen, da fand ich sie an einem Balken erhängt. Ich blickte aus dem Fenster und sah sie zerschmettert auf der Straße vor unserem Haus liegen. Von allen Todesarten träumte ich. Nur mit einer Pistole fand ich sie nie.

Ich erinnere mich an ein Familien-Diner in Bremen. Schauplatz ein grüner Salon mit stuckverzierter Zimmerdecke, der zu einer Glasveranda über dem tiefgelegenen

Garten führt. Der lange Eßtisch ist aus Eichenholz, ausziehbar. Die Damastdecke trägt das Datum der Hochzeit meiner Urgroßmutter und einen Segensspruch für das junge Paar. Die Serviette, die neben dem Teller liegt, fühlt sich steif an, sie ist zu groß für meinen Schoß. Um mich herum sitzen viele Onkel und Tanten, Vettern und Cousinen. Die Jungen in weiß-blauen Matrosenanzügen haben die kleinen Mädchen zu Tisch geführt. Bunte Reihe, aber die Zahl geht nicht auf, es gibt mehr Damen als Herren in der Runde. Der Krieg hat Opfer gefordert: zwei Onkel sind als Fähnriche bei Langemarck gefallen, ein dritter hat sich nach einem Konkurs erschossen, das Familienvermögen ist vernichtet. Die Witwen sitzen mit versteinerten Mienen an ihren Ehrenplätzen. Ein entfernter Verwandter, Junggeselle, erzählt Anekdoten aus den ehemaligen deutschen Kolonien.

Am Kopf der Tafel das Oberhaupt der Familie, ein quallenartig aufgeschwemmter, halb tauber Großonkel, den die Großtante als Ersatz-Ehemann geheiratet hat, weil ihre große Liebe unerreichbar war. Zwei Vettern in Matrosenanzügen erheben sich auf seinen Wink, um Wein aus dem Keller zu holen. Ein etwas älterer Junge in mädchenhaftem Samtanzug, mit auf die Schultern fallenden Locken, übernimmt das Amt des Mundschenks. Ich bin verurteilt zum Stillsitzen. Meine Mutter nickt mir aufmunternd zu, sie streichelt meine Hand: nur Geduld, es geht vorbei. Nach dem Vorgericht wird Suppe serviert, nach der Suppe Fisch, nach dem Fisch kommt Fleisch. Die Teller sind aus englischem Porzellan. Ich kenne mich nicht mit den Bestecken aus. Meine Mutter belehrt mich im Flüsterton. Die alte Tante an meiner anderen Seite mit langer behaarter Oberlippe und dem toupierten Kräuselhaar in der Stirn sieht wie ein Lama aus.

Ich langweile mich. Meine Füße schlafen ein. Der Wein

ist schwer, mir wird schwindlig, ich muß mich an der Tischkante festhalten. Oben an der Familientafel wird englisch gesprochen. Der quallenhafte Großonkel unterhält sich quer über den Tisch, mit der schwingungslos lauten Stimme der Schwerhörigen. Die glutäugige Großtante weist ihn zurecht: »Don't, Gustav, please!« Endlich werden die Dessertteller abgeräumt. Die Herrin des Hauses hebt die Tafel auf. Die Paare trennen sich. Für die Onkel und Vettern wird Kaffee im Herrenzimmer serviert. Die Tanten kommen im Wintergarten zusammen, reden über Kinderkrankheiten, über Ärger mit dem Personal. Meine Mutter erklärt mir die Namen der Blattpflanzen und Kakteen vor der Glaswand. Sie kennt sich in Botanik aus. Vor ihrer Heirat war sie als Gärtnerin auf dem Gut meines Onkels tätig. Sie verspricht mir, ich solle nicht noch einmal so lange am Familientisch sitzen. Sie erinnert sich, wie ihr selbst bei solchen Gelegenheiten zumute war als Kind. Sie sagt: »Einmal muß das ein Ende haben.« Ich sehe sie vor den Schlinggewächsen im Wintergarten stehen: Dame in Weiß vor grünem Hintergrund. Eine der Kakteen hat zwei rote Blüten, das sind die einzigen Farbflecken auf dem Bild. Meine Mutter lächelt gequält, ihre Gestalt rückt in die Ferne. Sie tritt nicht aus dem Rahmen des Bildes auf mich zu.

Ihr Gutenachtkuß in einer Wolke von Seide, Wärme und Parfüm. Sie ist im Aufbruch zu einer Gesellschaft. Sie neigt sich über das Gitterbett. Ihr Kleid ist aus glänzendem Stoff, rotviolett. Mit trockenen Lippen haucht sie einen Kuß auf meine Stirn. In Gedanken ist sie nicht mehr im Halbdunkel des Kinderzimmers, sondern im hellen Kronleuchterlicht, unter Menschen, die sich durch Reden die Angst vor der Nacht vertreiben. Vom Korridor her höre ich die Schritte meines Vaters. Er kramt an der Garderobe herum, sucht Hut oder Schal, Mantel oder Schirm.

»Ich komme gleich«, ruft meine Mutter. Sie richtet sich auf. Sie hat Rouge aufgelegt und die Lippen angemalt, sie trägt eine andere Frisur als am Tag. Für mich ist sie eine Fremde. »Schlaft gleich ein«, sagt sie an der Tür.

Kaum sind die Eltern aus dem Haus, knipse ich das Deckenlicht wieder an. Wir springen aus den Betten, wir toben im Zimmer herum, holen Spielsachen vom Bord, werfen sie auf den Boden. Der Lärm durchdringt die Wände. Die Tür zum Flur öffnet sich, das Mädchen Elsa kommt ins Zimmer. Sie hat ein rotes Apfelgesicht, das speckig glänzt. Hinter ihr steht ihr Freund, ein Franzose, schwarzhaarig, mager, mit Augenbrauen, die über der Nasenwurzel zusammengewachsen sind. Er riecht nach Rauch, seine Fingerspitzen sind gelb vom Nikotin. Er trägt modisch spitze blankgeputzte Schuhe. Elsa beugt sich nieder, sie will mich auf den Arm nehmen, ich bin ihr zu schwer. Der Franzose läßt die Jungen huckepack reiten. Wir gehen mit Elsa und ihrem Freund ins Wohnzimmer hinüber. Die beiden nehmen die Plätze meiner Eltern auf den Sesseln am Teetisch ein. Ich krabble auf Elsas Schoß. Sie riecht nach Küche und billiger Seife. Später setzt sie sich an den Toilettentisch meiner Mutter, sprüht sich Parfüm unter die Achseln, bürstet ihr strohiges Haar. Im Wohnzimmer brennt nur die Tischlampe mit dem geblümten Schirm. Elsa läßt sich auf dem Großvater-Sessel aus Leder nieder. Breitbeinig hockt sie da, ihr Rocksaum schiebt sich hoch, ich entdecke die Strumpfhalter an ihren bloßen Schenkeln. Sie zieht mich an sich, ich will auf ihrem Schoß sitzen. »Meinetwegen«, sagt sie, »aber du bist doch kein Baby mehr.« Ihre Brüste heben und senken sich. Sie schwitzt, sie führt meine Hand in die dunkle Spalte zwischen ihren Brüsten, damit ich die Nässe spüre. Sie lacht, als ich sie berühre, sie ist kitzlig. Ich ziehe die Nadeln aus ihrem Haar, der Knoten löst sich, die Zöpfe fallen auf ihre Schultern nieder. Sie sieht wie das Christkind aus, pausbäckig, blauäugig, blond. Ich spiele mit ihren Haarsträhnen, zerre an ihnen, winde sie um einen Finger. Nichts an ihr ist verbotenes Land, ich gehe auf Entdeckungsreisen, betaste Nakken und Brust, Arme und Bauch. Der Freund packt sie am Arm, stößt mich von ihrem Schoß herunter. Seine Hand umspannt ihre Brust. »Bei dir weiß man wenigstens, was man hat«, sagt er. Er nennt sie »Schatz«, er will mit ihr in die Mansarde hinaufgehen. Unsere Gegenwart ist ihm lästig. Wir verstecken uns unter dem Tisch. Der Franzose macht es sich auf dem Sofa bequem. Er raucht eine scharf riechende Zigarette. Ein Funke fällt auf den Teppich, brennt ein Loch in die Wolle. Elsa kniet nieder und pustet die Asche von der schadhaften Stelle. Später trinken die beiden Portwein oder Sherry aus dem Eßzimmerschrank, zu dem Elsa den Schlüssel besitzt. Ich bekomme einen Schluck ab von dem süßen, klebrigen Zeug. Der Franzose klatscht in die Hände, er zischt, als wolle er Hühner vom Hof verscheuchen. Aber wir verlassen das Wohnzimmer nicht. Es geht auf Mitternacht zu. Da dreht sich der Schlüssel in der Wohnungstür. Meine Mutter steht auf der Schwelle. Sie wirft einen Blick auf die Flasche mit dem Portwein, auf die halb leer getrunkenen Gläser und den vollen Aschenbecher. Dann geht sie zum Fenster, zieht die Vorhänge auf, läßt frische Luft ins Zimmer, atmet tief. Sie dreht sich um. »Sie sind entlassen«, sagt sie. Elsa bricht in Tränen aus. Der Franzose nimmt das weinende Mädchen an die Hand, er zerrt sie zur Tür. Mit falscher Betonung und einer schiefen Verbeugung sagt er: »Wir gehen sofort, Madame. Meine Braut bleibt nicht eine Stunde länger in Ihrem Haus.« Wir schleichen ins Kinderzimmer zurück, machen das Licht aus, legen uns unter die Bettdecken.

Später blinzelte ich verschlafen ins Licht der Tischlampe, die wieder brannte. Sah meine Mutter auf dem Korbstuhl am Fenster sitzen. Sie bewegte sich nicht, ihr Gesicht war von mir abgewandt. Ich hörte ein hohes Wimmern. Weinte sie, weil sie uns mit Elsa und ihrem Freund allein gelassen hatte? Ich ging nicht zu ihr, um sie zu trösten, obgleich ich wußte, daß sie mich diesmal nicht wegschikken würde. Nach einer Weile erhob sie sich lautlos. Sie neigte sich über mein Bett. Ich schloß die Lider und tat so, als schliefe ich. Weshalb hat sie Elsa weggeschickt? dachte ich. Nie mehr würde ich auf dem Schoß des Mädchens sitzen, nie mehr die Wärme ihrer Brüste spüren. Meine Mutter fuhr sich mit der Hand übers Gesicht. Noch einmal schluchzte sie. Sie war weit weg von mir, lebte in einer anderen Welt, in der Damen- und Herrenwelt mit den Abendeinladungen und den Unterhaltungen, die wir Kinder nicht anhören durften. Sie war genau so allein wie wir. Hätte sie mich geküßt oder auch nur umarmt, statt mein Gesicht zu streicheln, alles wäre gut gewesen. Ein Traum fiel mir ein, aus dem ich aufschreckte, als ich sie im Kinderzimmer entdeckte. In diesem Traum war ich ein Ball, unser schmutziger, schadhafter Tennisball unter dem Spielzeugregal. Die Mutter, der Vater, der Bruder und ein mir unbekanntes Mädchen spielten in gemischtem Doppel eine Tennispartie. In federnden Sprüngen versuchten sie mich zu erreichen, um mich über das Netz hinweg ins Feld des Gegners zu schlagen. Ich war der Ball, ohne mich konnten sie weder gewinnen noch verlieren.

Noch immer stand die Mutter reglos am Fenster, sie hatte das Licht gelöscht und den Vorhang aufgezogen. Sie wandte mir den Rücken zu. Sie ahnte nicht, daß ich den Umriß ihrer Gestalt vor dem helleren Fensterausschnitt betrachtete. Auf einmal drehte sie sich um, strich sich das Haar aus der Stirn und ging auf Zehenspitzen zum Bett meines Bruders, das auf der anderen Seite des Zimmers an der Wand stand. Sie beugte sich über den Schlafenden, der nicht erwachte, sie blickte ihn lange an, ich zählte die Sekunden. Sie gab ihm den Kuß, auf den ich vergeblich gewartet hatte. Als sie später an meinem Bett vorbei zur Tür des Kinderzimmers ging, spürte ich den faden Duft des Parfüms, der aus ihrem Seidenkleid drang. Gleich darauf entdeckte ich den Lichtstreifen unter der Verbindungstür, die durch das Spielzeugregal verstellt war. Auch der Vater war inzwischen nach Hause gekommen. Die Eltern gingen zu Bett, das war ein Zeremoniell mit Reden, Schritten und Schweigepausen, das sich jeden Abend wiederholte. Die knarrende Schranktür öffnete sich, die Mutter hängte das Seidenkleid über einen Bügel. Der Vater verschwand im Badezimmer. Er ließ Brieftasche, Kleingeld und Manschettenknöpfe auf dem Marmortisch liegen, wo wir sie am Morgen, bevor wir zur Schule gingen, fanden. Nach einigen Minuten wurde es dunkel im Nebenzimmer, nicht einmal die Leselampe an einem der Betten brannte. Ich hörte keinen Laut mehr. Vater und Mutter waren erschöpft nach den Aufregungen des Abends.

Sie schlafen schon, dachte ich, ich bin die einzige, die noch wach ist. Ich lag auf dem Rücken und horchte auf die Atemzüge, die vom Bett des älteren Bruders zu mir drangen. Beim Gitterbett, wo der Kleine schlief, blieb es still. Ich ballte die Fäuste, alles in mir spannte sich an. Er schlief, ich nicht, ich wollte überhaupt nicht mehr schlafen. Allmählich lichtete die Dunkelheit sich, ich erkannte die Umrisse einzelner Möbel im Kinderzimmer. Müdigkeit lähmte mich. Nicht einschlafen, befahl ich mir. Ich hörte, wie mein Bruder sich im Bett herumwälzte. Einmal seufzte er, sagte ein paar unverständliche Worte. Plötzlich war ich wieder hellwach. Keinen Augenblick länger hielt ich es im Bett aus. Barfuß lief ich ins Elternschlafzimmer hinüber. Die Tür war nicht abgeschlossen.

Die Mutter saß im Morgenrock beim schwachen Licht der Lampe mit dem Blumenschirm vorm ovalen Spiegel des Toilettentischs. Sie starrte ins Glas. Sie bemerkte nicht, daß ich schon im Zimmer stand. Dann spürte sie den Luftzug von der halb offenstehenden Tür. Sie drehte sich zu mir um. Noch nie hatte ich ihr Gesicht so blaß, starr und ausdruckslos gesehen.

»Was willst du hier?« fragte sie verwirrt, so als hätte ich sie aus tiefem Schlaf geweckt. Der Vater lag, von uns abgewandt, im Bett auf der Seite. Er schlief fest, ich merkte es an seinen regelmäßigen Atemzügen. Die Mutter legte den Zeigefinger vor den Mund – zum Zeichen des Schweigens. »Was ist mit dir?« fragte sie. Ich fror, ich wagte nicht, die Tür hinter mir zu schließen und zu ihr zu gehen. »Ich kann nicht einschlafen«, flüsterte ich. Sie wandte sich wieder dem Spiegel zu, sie vertiefte sich in die Betrachtung ihres Ebenbildes. »Ich auch nicht«, sagte sie leise.

Sie zog die Lippen auseinander zu einem starren Lächeln. Sie nickte mir zu. »Es ist spät«, sagte sie, »morgen reden wir weiter.«

Die Großmutter

Noch heute spüre ich den Druck ihrer Hand, als sie mit meinem jüngeren Bruder und mir durch die fränkischen Wälder zwischen Bamberg und Nürnberg wanderte, eine rüstige Sechzigerin mit weit ausgreifendem Schritt, dem sich unser Trippeln kaum anpassen konnte. Von den Bäumen tönte das Konzert der Vogelstimmen, das sie nicht leiden konnte: »Keine wirkliche Melodie, nur Lockrufe, die sich ständig wiederholen, Vierteltöne, Trugschlüsse, niemals eine Kadenz.« Sie selbst sang lauter und voller, wobei ihre Brust sich hob und senkte und ihre Hände vor Anstrengung zitterten – Koloratur: »O zittre nicht, mein lieber Sohn«. Wir kannten Melodie und Text. Wir waren mit ihr einmal in der »Zauberflöte« gewesen, ein Weihnachtsgeschenk, das uns besser als die alljährlichen Märchenspiele für Kinder gefiel. Ich hatte Angst vor ihr, obgleich sie nicht wie die Königin der Nacht auf einem Thron unter dem Sternenhimmel saß und ihre Befehle an ihre Dienerinnen, die drei Damen, und an den Prinzen Tamino auf die Bühne niederschmetterte. Die Koloraturen meiner Großmutter klangen höhnisch und kalt, ihre Augen hatten etwas vom Glanz der vor Wut entflammten Mutter, die nach ihrer Tochter sucht. Während sie die schwierige Arie sang, verjüngte sie sich, ihre Stimme klang rein und hell. Ihre Hände umklammerten meine Finger immer heftiger, so daß ich sie abwehrend zur Faust ballte. Ihr Kopf mit dem schneeweißen Haar schwang hin und her wie ein Metronom. Wir sollten die Melodie lernen, aber wir konnten nur den Text, den wir in einer Art Sprechgesang zu ihrer Begleitung wiederholten. Die Umgebung paßte nicht zum nächtlichen Reich der rachsüchtigen Königin.

Wir durchschritten heimatliche Eichen- und Buchenwälder, deren Laub sich in einem leichten Sommerwind bewegte. Es war schwül, meine Hand in der Umklammerung fing zu schwitzen an, ein Gewitter stand bevor, die Vögel schwiegen auf einmal; auch vom Quaken der Frösche in den Weihern und vom Grillenzirpen hörten wir nichts mehr. Wir begegneten keinen anderen Spaziergängern. Die Stimme meiner Großmutter stieg bis zu den Baumwipfeln auf, sie schmetterte ihr »Du, du, du, du sollst mein Rächer sein«. Wir versuchten uns von ihrem Klammergriff zu befreien, wir fühlten uns ängstlicher als Tamino, der ihrem Zauber erlag und ihren Befehl ausführte, indem er sich in Sarastros Tempel zu den Priestern der Sonne wagte. Mir fiel ein, daß heute nacht Vollmond sein würde. Ich schlief immer schlecht, wenn der Mond, kreisrund, die Sterne überstrahlte und ähnlich wie die Sonne Schatten warf. Großmutter, die mich einmal schlafend auf der Treppe unseres Sommerhauses angetroffen hatte, behauptete, ich sei mondsüchtig. Sie wollte mich nicht wecken, weil das gefährlich war. Sie hatte uns im Lauf der Sommerferien, die wir beiden jüngeren Geschwister mit ihr in Pensionen deutscher Mittelgebirgsorte verbrachten – der große Bruder war mit den Eltern in Frankreich, Belgien und Holland –, viele nächtliche Märchen erzählt, in denen Mond und Sterne eine Rolle spielten. Mozarts Königin der Nacht hatten wir uns anders vorgestellt – jünger, schöner, feenhafter –, aber die Stimme der Großmutter hätte sich, so meinten wir, auf jeder Bühne der Welt hören lassen können, so rein, hell und klar ertönte sie in den stillen Wäldern; es kam kein falscher Ton aus ihrer schon faltigen Kehle, in der sich eine Nachtigall zu verbergen schien. Diese jugendliche Stimme bebte nicht. Das Haar der Großmutter leuchtete, als trage sie eine Krone statt des Seidenbandes, das ihre hochgetürmte Frisur zusammenhielt.

»Außer Atem?« fragte sie, »kommt ihr nicht mit?« Sie blieb stehen, sie machte eine kurze Rast. Wir wunderten uns, daß wir noch immer zu ihr aufschauen mußten, sie schien, während sie die Koloraturen sang, gewachsen und schlanker geworden zu sein. Sie glich einer Primadonna auf der Bühne. Der Himmel verdüsterte sich, es fing zu blitzen und zu donnern an, ein trockenes Gewitter, bedrohlich. Die Großmutter aber wurde dadurch belebt, ihre Augen und Haare sprühten Funken, sie lud sich auf mit der Elektrizität der Luft, so daß wir, wenn sie uns anfaßte, kleine Schläge empfingen und zusammenzuckten. Unsere Angst vor ihr wuchs; wer weiß, vielleicht besaß sie Zauberkräfte, wir waren ihr ausgeliefert, unsere Eltern hatten uns im Stich gelassen und nur den größeren Bruder vor ihr in Sicherheit gebracht. Wir fühlten uns wie im Wald verirrte Märchenkinder, die ihrem Untergang entgegengehen, denn die Zauberin verfügte über Hexenkräfte, sie lockte uns mit ihrem Sirenengesang immer tiefer ins Waldesinnere.

Sie setzte sich auf einen bemoosten Baumstamm, wir lagen neben ihr im Gras. Jetzt atmete sie heftig und drückte die linke Hand gegen ihr Herz. Hatte die Koloraturarie sie doch angestrengt, würden wir die »Königin der Nacht« nicht noch einmal von ihr hören? Sie war daran gewöhnt, daß wir schwiegen, während sie, die als Witwe vereinsamt war, die ganze Ferienzeit über aus ihrer Vergangenheit erzählte. Auch an den heißesten Tagen trug sie eine seidene Pelerine, einen langen engen Rock und Stiefeletten, als habe sie sich für einen Auftritt auf der Bühne zurechtgemacht.

Was sie uns jetzt unter dem Eichenbaum beim heraufziehenden Gewitter in Erwartung des Regens erzählte, hatten wir schon ein paar Mal gehört. Ihre Stimme richtete sich nach Donner und Blitz, sie wechselte zwischen greller Schärfe und dumpfer Traurigkeit. Wir hätten uns am liebsten die Ohren zugehalten, denn diese Stimme verletzte uns mehr als das Gewitter, das immer näher zu kommen schien und uns immer stärkere Angst einjagte. Die Stille im Wald bedrückte uns ebenso sehr wie die Dunkelheit, die eingebrochen war. Wir rührten uns nicht, wir versuchten, uns zwischen Sträuchern zu verstecken, so als habe der Gewittergott Augen und könne uns entdecken. Zwar versuchte die Großmutter uns zu beruhigen, sie besann sich auf ihre Rolle als Beschützerin ihrer Enkelkinder, die so viel kleiner und schwächer waren als sie, die große Sängerin, die eben noch ein Beispiel ihrer Kunst gezeigt hatte. »Keine Angst«, sagte sie gleichsam aus der Kulisse im Rezitativ, »es geht vorbei. Alles geht vorbei im Leben. Die Zeit hilft uns beim Vergessen.« Diese Worte waren der Übergang zu ihrer Geschichte, in der sie selbst, wie immer, die Hauptrolle spielte. Zwar schrumpfte ihr Gesicht, während sie redete, wieder zu seiner gewohnten Größe und Form zusammen, Falten zeichneten sich ab auf ihrer Stirn, um Lid- und Mundwinkel, die Gewitterluft schien auch ihr zuzusetzen. Sie sprach mit leiser, eintöniger Stimme, die nur noch in jähen Schmerz- und Wutausbrüchen das Donnergrollen, das schon wieder in die Ferne rückte, übertönte. Während sie redete, befiel mich Schläfrigkeit, die ich mir nicht erklären konnte. Immer wieder fielen mir die Augen zu, mein kleiner Bruder mußte mich wecken, indem er mich in die Arme kniff.

»Nicht nur meine Lehrer meinten, ich hätte das Zeug zur Primadonna«, sagte die Großmutter, »keine andere Schülerin des Konservatoriums verfüge über ein solches Stimmaterial, in Musikalität hat mich niemand je übertroffen. Wer kann schon von sich sagen, daß Brahms in eigener Person ihn bei seinen Liedern begleitet hat? Auch Bruckner und Mahler prüften meine Stimme. Ich habe zweimal in der Oper bei einer Gastvorstellung die Isolde und die Kundry im Parsifal gesungen. Zu meinen Verehrern zählte der Bürgermeister, Senatoren überschütteten mich mit Blumen, ein Primaner hätte sich meinetwegen fast das Leben genommen. Eine große Karriere stand mir bevor, das könnt ihr mir glauben, Kinder. Aber dann kam euer Großvater, ein liebenswerter junger Husar, der gerade seine Dienstzeit ableistete; fesch sah er aus, hätten die Österreicher gesagt. Er verstand nicht viel von Musik, er liebte Operetten und die Chansons der Revuetheater. Doch ich war in seinen Bann geraten, dummes Gänschen, das ich damals war. Er brauchte mir keinen Liebestrank wie im ›Tristan‹ zu reichen. Ich sank in seine Arme, wir verlobten uns schon ein paar Tage später. Wäre das nicht geschehen, gäbe es euch nicht. Er hat mir viel Kummer gemacht. Auch euer Vater litt unter seinen Launen und unter dem geschäftlichen Unstern, der uns fast an den Bettelstab brachte. Mein Herz jedoch blutete. Kennt ihr die Arie aus der Matthäuspassion? ›Blute nur, du armes Herz . . .‹«

Sie fing wieder zu singen an, leise, sie gab sich nicht aus, sie deutete nur die Melodie, die ich wiedererkannte, an. Dann fuhr sie fort in ihrer Lebensgeschichte: »Mit der Oper war es natürlich aus, es hatte ja noch gar nicht richtig angefangen, als er mich um meine Hand bat. Die große Künstlerin hat er niemals erkannt, ich sollte Frau und Mutter sein wie alle anderen. Ich übernahm meine Rolle; ich habe zwei meiner Kinder, Franz und Caroline, sterben gesehen, noch im Säuglingsalter, nur euer Vater blieb übrig. Nun, den kennt ihr ja selbst.«

Auf einmal hatte sie die Lust an ihrer Geschichte verloren. Immer, wenn die Rede auf unseren Vater kam, stockte sie. Wir wußten, daß die beiden nicht besonders gut miteinander standen. Unser Vater behauptete, sie habe ihm seine Jugend verdorben. Auch als er so alt war wie wir, stimmte sie schon ihr Klagelied über die verlorene Karriere an. Sie beschuldigte unseren Großvater, er habe ihr nicht die richtigen Lehrer für ihren Gesangsunterricht und einen ihr genehmen Repetitor verschafft. Unser Vater mußte sie, wenn sie ihre Arien und Lieder sang, auf dem Flügel begleiten, der immer ein wenig verstimmt war. Er hatte nie vergessen, wieviel Zeit er auf diese Weise verloren hatte, er fand es erniedrigend, seine vom Schicksal gekränkte Mutter, die sich singend von ihrem Herzeleid zu befreien versuchte, in gebückter Haltung auf dem Klavier begleiten zu müssen. Da er sich dann weigerte, die alten Geschichten der Sängerin, die ihn geboren hatte, immer noch einmal zu hören, waren wir an seine Stelle getreten. Wir waren klein und schmächtig, wehrlos ausgeliefert und gebannt vom Zauber der jungen Mädchenstimme in dem alternden Körper. Ich war sicher, sie würde noch auf dem Totenbett eine ihrer Lieblingsarien anstimmen, mit brüchiger Stimme, aber ohne einen einzigen Fehler. Ehe es soweit war, würde sie mir die wichtigsten Melodien aus ihrem musikalischen Schatz beigebracht haben. Die schlimmste Enttäuschung für sie war die Entdeckung, daß ich unmusikalisch war und nur ein kleines Stimmchen hatte, das nicht weit trug. Sie quälte mich mit Übungen, sie versuchte das Äußerste, um aus mir eine Sängerin zu machen. Ich sollte erreichen, was das Schicksal ihr verwehrt hatte. »Ich täusche mich nicht«, sagte sie damals im Wald, als das Gewitter abgezogen war, »du hast etwas von einer Künstlerin. Du bist nur zu schüchtern. Deine Stimme kann sich nicht befreien. Etwas fehlt dir – das Temperament und die Leidenschaft, die einen töten kann. Sogar dein Vater ist musikalischer als du. Er hat geweint, als er zum ersten Mal auf einem Stehplatz im Stadttheater Isoldes Liebestod hörte, er wäre fast in Ohnmacht gefallen. Als ein neugeborener Mensch ist er nach Hause zurückgekehrt. Das nenne ich Leidenschaft. Aber sie hat nie mir gegolten. Sein Vater und er ließen mich bei Wohltätigkeitskonzerten vor Damen der Gesellschaft singen. Sie selbst waren nicht dabei. Ich kam mir vor wie Aschenputtel, das darauf wartet, daß ihm der Königssohn den goldenen Schuh anzieht und es erkennt. Aber es ist kein Prinz gekommen, statt dessen hat euer Großvater Not und Elend über uns gebracht. Aber das ist eine andere Sache. Ihr seid noch zu klein, um das zu verstehen.« Doch gerade dieser Großvater, den wir nicht mehr gekannt hatten, erweckte unsere Neugierde und Sympathie. Es hieß, er sei immer fröhlich gewesen trotz seiner vielen geschäftlichen Mißgeschicke, er habe sogar Trompete gespielt und Chansons aus Operetten gesungen. Gewiß wäre er unser bester Freund gewesen, er hätte mit uns gespielt. Unsere Großmutter hatte einmal gesagt, er sei sein Leben lang ein halbes Kind gewesen, habe eine starke Hand wie die ihrige gebraucht.

Wir warteten vergeblich auf den Regen. Die Großmutter stand von ihrem Baumstamm auf. Ihr war nicht mehr nach Singen und Reden zumute. Sie nahm uns bei den Händen, um uns am Trödeln zu hindern, sie schritt immer schneller aus, sie wollte rechtzeitig beim Mittagessen in der Pension »Waldfrieden« sein. Nach dem Essen legte sie sich zwei Stunden hin, wie sich das in ihrem Alter gehörte. Sie schrumpfte auf ihre natürliche Größe zusammen. Sie schlief immer gleich ein, sie schnarchte und bewegte sich heftig. Ich habe es miterlebt, denn wir schliefen zu dritt im selben Zimmer. Abends machte sie vor dem Spiegel lange Toilette wie in einer Künstlergarderobe. Wir erschraken jedesmal über die Verwandlung der großen Sängerin in eine alte Frau. Sie nahm ihr Gebiß aus dem Mund und legte es in ein Wasserglas, sie löste ihre Frisur, wobei ein Haarteil im Knoten zum Vorschein kam, das es tagsüber voller erscheinen ließ. Abends blieben nur ein paar weiße Strähnen übrig, die sie lange kämmte; dazu summte sie die Melodie eines Abendliedes: »Der Mond ist aufgegangen...« Mit dem Lied von Matthias Claudius wollte sie ihre Nerven beruhigen. Sie vergaß, uns den Gutenachtkuß zu geben, sie meinte, wir schliefen schon, als sie die Lampe löschte und barfuß in ihrem Nachthemd dem Bett zustrebte. Wenn sie eine Kerze anzündete, um noch etwas zu lesen, glich sie dem Gespenst der weißen Frau aus einem unserer Märchen. Nur daß wir nicht in einem Schloß wohnten, sondern im Giebelzimmer der Pension »Waldfrieden« in einer Sommerfrische der fränkischen Schweiz.

Der Vater

In meiner Erinnerung ist er ein Mann von fünfzig Jahren. Ich sehe ihn kurz vor seinem Sturz, vor dem Knick seiner Lebenskurve. Raumgreifend, mit schnellen Schritten, geht er durch die Säle der Kunsthalle. Mit Hilfe der Aufseher hängt er Gemälde um, Bilder von ungemischt reinen Farben, Orgien des Lichtes, aus denen Fragmente von Gegenständen herausragen. Werke der Expressionisten – auf ihnen wird die Welt noch einmal geschaffen: Gestirne, Wasser, Feuer, Blume, Mensch und Tier. Mein Vater erklärt uns diese neue Welt. Er wirkt mit an der Schöpfung zwischen zwei Katastrophen. Als Pionier zieht er aus zu unentdeckten Kontinenten von Werkstätten und Ateliers, wo die Künstler ihre Visionen auf dem engen Raum ungerahmter Leinwände bannen. Er ist dabei, er gibt denen, die keine Worte finden, seine Sprache: er erklärt den Künstlern ihr Werk.

Bei den Rundgängen durch das Museum bleibe ich einige Schritte zurück, um die Gespräche des Vaters mit den Künstlern und Kunstfreunden nicht zu stören. Fremd wie die Werke, die sie schaffen, bleiben die Männer mit den großen Namen für mich: Fabelwesen, Märchenprinzen, Ungeheuer, zart, zerbrechlich oder gewalttätig roh. Manche sind hochgewachsen, langbeinig, bleich, andere stehen mit den Beinen fest auf der Erde. Sie haben rote fleischige Rundgesichter. Aus weit aufgerissenen Augen blicken sie ins Leere. Ihre Stirnen sind kahl, Wimpern und Brauen fehlen. Für mich wachsen alle zu einer einzigen Figur zusammen, zu einem Künstlergott, der auf seine Schöpfung deutet: Seht, das habe ich gerettet aus dem Schiffbruch des großen Krieges. Aus der Arche kommen nach der Sintflut Tiere: ein blaues Pferd und ein rotes. Ein Eisbär schnuppert an tropischen Urwaldgewächsen. Seemöwen taumeln über Großstadtdächern. Eine Taube ohne Ölzweig verirrt sich in einem Gitter von Fabrikschornsteinen. Die aus der Sintflut geretteten Menschen: Schwindsüchtige, fröstelnde Mädchen, Alte auf Sterbelagern, Clowns, Akrobaten, Absinthtrinker, Dirnen, Selbstmörder.

Eine Ausstellung wird eröffnet. Der Vater steht in der Oberlichthalle seines Museums, umgeben von geladenem Publikum. Er hält eine Rede. Obgleich er laut und deutlich spricht, fällt es mir schwer, ihm zuzuhören. Zu stark wirkt der Klang seiner Stimme. Mit einer vagen Handbewegung gibt er die Räume frei – wie ein Minister, der das Band vor einer neu erbauten Brücke zerschneidet. Die Sonntagvormittage der Ausstellungseröffnungen schließen sich für mich zu einer einzigen Feierstunde zusammen. In meinem Gedächtnis findet sich immer das gleiche Publikum kunstbegeisterter Damen und Herren. Personen des öffentlichen Lebens schreiten zum Podium, um ein Grußwort zu sprechen: Stadträte, Oberbürgermeister, Künstler und Witwen von Künstlern, die ihren Ehrentag nicht mehr erleben. Alle Säle sind überfüllt von Menschen. Vor den Bildern und Skulpturen bilden sich Trauben von Betrachtern. Das Publikum sammelt sich in der Mitte der Räume. Bekannte begrüßen sich, sie reden von denen, die nicht dabei sind. Ich bin zu klein, um die Gemälde, über die Rücken und Köpfe der Ausstellungsbesucher hinweg, zu sehen. Der Tag der Eröffnung geht vorüber. Die Säle leeren sich wieder.

Zu Hause, in der Dienstwohnung, an deren schmalem Korridor fünf Zimmer aufgereiht sind, verdrängt der Vater viel Platz. Seine Stimme durchdringt die Räume. Seine Schritte knarren auf dem Parkett des Wohnzimmers. In der Stunde nach dem Mittagessen, wenn er schlafen will, ruft er »Ruhe«, wenn die Kinder über den Flur laufen und sich laut unterhalten. Geht er am Schreibtisch einem Gedanken nach, so wartet die Familie vorm Eßtisch so lange, bis er den Raum betritt und sich niedersetzt. Bei seinen Besuchen im Kinderzimmer erkundigt er sich, was wir spielen, malen und dichten. Die Ergebnisse kindlichen Künstlerfleißes verwendet er in Vorträgen und Büchern. Wenn die Dämmerung kommt, phantasiert er am Flügel, erfindet neue Variationen zur Musik von Richard Wagner, Debussy, Strauss. Wir hören ihm schweigend zu. Erst wenn es ganz dunkel geworden ist, darf die Lampe angeknipst werden. Manchmal ist seine Mutter bei uns zu Gast, eine mittelmäßige Sängerin mit einer großen Stimme, die Opernhäuser gefüllt hätte. Als Kind hat der Vater sie auf dem Klavier begleiten müssen. Jetzt singt sie uns Kindern Arien und Rezitative aus Mozart- und Verdi-Opern vor. Der Vater verläßt dann das Zimmer und überläßt es uns, ihr zuzuhören.

Einmal kam ich ohne anzuklopfen in sein Arbeitszimmer. Er hatte mir den Rücken zugekehrt. Er stand vor einem mir unbekannten Apparat mit einer spinnennetzförmigen Antenne, den ich für das neueste Modell eines Radios hielt. Er dirigierte ein unsichtbares Orchester, gab Einsätze, forderte mit vibrierender Hand zum Crescendo auf, glättete den Sturm der Streicher zum Piano, bildete mit den Lippen die Laute der Holzbläser nach. Er erhob sich auf Zehenspitzen, um den Fanfaren das Zeichen zum Finale zu geben. Die Musik, die den Raum erfüllte, holte er aus dem Nichts, sie hatte etwas Gläsernes, Sphärenhaftes, weder Holz noch Saiten, weder Metall noch Fell mir bekannter Instrumente schwangen in ihr mit. Eine Mischung von elektrischem Klavier und Engelskonzert. Ich wollte mich lautlos über den Flur entfernen, da bekam ich einen Hustenanfall. Wie ein Schlafwandler, der seinen Namen hört, drehte der Vater sich nach mir um. Seine Arme sanken herab, er machte ein paar schwankende Schritte auf mich zu. »Du bist es«, seine Stimme klang enttäuscht, »wie lange hörst du schon zu?« Er führte mich zu dem Apparat mit der spinnennetzförmigen Antenne. Er erklärte mir Schalter und Knöpfe. »Eine neue Erfindung«, sagte er, »schau dir nur alles an. Keine Ätherwellen wie im Radio. Elektronische Musik. Kein Zauber, nur Technik. Wie die Töne entstehen, kann ich dir auch nicht erklären. Ich bin einer der ersten Käufer.« Er schloß die Tür und sagte in verschwörerhaftem Ton: »Deine Mutter braucht nichts zu erfahren.« Ich überlegte, wie man den Sphären-Apparat vor den Blicken der übrigen Familie verstecken könne.

Einige Tage später war die Stelle des Schreibtisches leer, wo der Kasten mit den Schaltern und Drehscheiben gestanden hatte, auch die Antenne war verschwunden. Der Vater hatte den Wunderapparat an den Händler zurückgegeben. »Die Erfindung«, sagte er zu mir, »ist noch nicht ausgereift. Die Qualität der Töne war unvollkommen. Später wird man die Ideen des Erfinders in die Wirklichkeit umsetzen.«

In meiner Erinnerung sind die Schläfen des Vaters grau, sein Gesicht ist zerfurcht bei den Sonntagvormittagsbesuchen im Kinderzimmer. Ich kann nicht glauben, daß der junge Mann auf den Familienfotografien mein Vater sein soll: ein schmaler, blasser Herr mit Schnurrbart und der Miene des unverstandenen Ästheten. Er ist neben einer Palme im Atelier mit Kunstlicht aufgestellt; sein Blick, stechend oder schwimmend verträumt, ist in das Objektiv der Kamera gerichtet. Der Raum hinter dem Porträtierten ist nur angedeutet durch ein zierliches Möbelstück. Manchmal ist der Hintergrund wegretouchiert. Der junge Mann schwebt vor einem wolkig wattigen Nichts. Im Lauf der Jahre werden die Umrisse seiner Gestalt auf den Fotografien unscharf. Die Gesichtszüge könnten auch einem anderen gehören. Es gibt von Bildungsreisen Amateuraufnahmen im Freilicht. Hinter dem jungen Mann ragt der schiefe Turm von Pisa auf, der Betrachter entdeckt die Kuppel des Doms von Florenz. Venedigs Campanile oder die Engelsburg in Rom bilden die Kulisse. Der Anzug des Reisenden ist weniger offiziell als auf den Fotografien, die im Atelier aufgenommen wurden. Er trägt eine Plastronkrawatte und einen flachen Strohhut. Bei einer Gebirgswanderung hat er sich einige Marscherleichterungen verschafft: über den Bergstiefeln rutschende Kniestrümpfe, karierte Knickerbockers, ein Hemd mit offenem Kragen, ein von der Mutter gestrickter Pullover. Eine fast völlig vergilbte Fotografie zeigt ihn beim Baden in der offenen See, in einem gestreiften Anzug, dessen Hosen bis zu den Knien reichen. Blasses, muskelschlaffes Fleisch, unter der gewellten Frisur ein ängstliches kleines Gesicht. Ein anderes Bild aus dem Familienalbum stammt vom Bremer Freimarkt. Auf ihm sieht man den jungen Mann als eine Art Schützenkönig mit Flinte und Papierblumen im Knopfloch.

Sein Leben lang hat der Vater in Villenvierteln gewohnt, fern vom Großstadtlärm, von den Liedern der Demonstranten, vom Marschtritt der Soldatenkolonnen. Vom Schreibtisch aus blickte er ins Grüne. In den Arbeitspausen ging er in Parkanlagen spazieren. Nach seiner Amtsentlassung im Jahre 1933 brachte er seine Briefe selbst zur Post, um sich Bewegung zu machen. Manchmal half er auch beim Einkaufen. Schien ihm die Sonne zu grell, zog er die Vorhänge vors Fenster. In dem Gehäuse, in das er sich vor den Störungen der Welt zurückzog, herrschte bräunliches Dämmerlicht, der Galerieton gefirnister alter Museumsbilder. Auch im Alter hielt der Vater feste Arbeitsstunden ein. Er machte Notizen auf Merkzetteln mit a, b, c, römischen und arabischen Zahlen. Er hakte die einzelnen Punkte ab, wenn sie erledigt waren. An den Rand der Bücher, die er durchgearbeitet hatte, machte er mit

Bleistift Ausrufezeichen, er schrieb NN bei Stellen, die er sich merken wollte. Stöße von Papier bedeckte er mit seiner fahrigen, fadenförmigen Schrift. Niemand durfte die Bücher und Gegenstände auf seinem Schreibtisch anrühren oder abstauben. Ich weiß nicht, was der Vater in der langen Zeit seiner erzwungenen Muße tat. Niemand hat die Stunden und Tage gezählt, die er an seinem Schreibtisch verbrachte.

Manchmal, zwischen Wachen und Schlaf, höre ich heute noch seine Stimme, die Rechenschaft von mir fordert. Dann fühle ich mich wie ein Schulkind, das die Fragen des Lehrers nicht beantworten kann. Seine Stimme klingt kräftig, sonor, musikalisch, die Stimme des Mannes von fünfzig Jahren. »Du hast die Prüfung nicht bestanden«, sagt sie.

Ich habe nicht nur gute Erinnerungen an ihn bewahrt. Da ist ein Bodensatz, dessen bitteren Geschmack ich manchmal auf der Zunge spüre. Noch heute, nach mehr als dreißig Jahren, sehe ich die Szene an einem Morgen in Venedig vor mir. Schauplatz ein Hotelzimmer über dem Canale Grande. Trübes Tageslicht dringt durch die Spalten der Jalousien. Keine Ahnung, ob draußen die Sonne scheint. Das Doppelbett hat einen Baldachin, als Dekoration Engel und Putten vor barockem Wolkenhimmel. Ich liege unter einer seidig glänzenden Decke. Neben mir sitzt Silvester. In Wirklichkeit heißt er anders, ich habe ihn so getauft, weil wir uns am letzten Tag des Jahres kennenlernten. Er trägt einen Morgenrock aus falschem Brokat, den wir in einem Geschäft für Touristen in der Nähe des Uhrturms gekauft haben. Ich warte darauf, daß er im Waschkabinett mit der Dusche verschwindet. Ich muß allein sein. Gestern habe ich einen postlagernden Brief abgeholt, der schon über eine Woche lang in dem Fach mit meinem Namen lag. Beim ersten Blick entdeckte ich auf dem Umschlag die Schrift meines Vaters.

Endlich erhebt Silvester sich. Er öffnet die Kordel seines Morgenrockes. Fast eine Viertelstunde würde er nun unter der Dusche stehen, ohne etwas zu sehen oder zu hören. Ich hole den Brief aus der Handtasche, reiße den Umschlag auf, überfliege die hastig geschriebenen Zeilen. Meine Hände zittern, ich werde rot im Gesicht. Mir wird schwindlig, die Buchstaben verschwimmen vor meinen Augen. Der Vater hält Strafgericht, ein Tag, auf den ich schon lange warte. Donnernd und Blitze schleudernd fährt der Gott aus den heimatlichen Wolken auf das ihm unbekannte Hotel am Kanal in Venedig nieder: drei Jahre Unbotmäßigkeiten, Lügen, immer neue Vergehen. Ungetreues, verlorenes Kind. Es hat keines der väterlichen Gebote eingehalten, die im Brief mit a, b und c, mit römischen und arabischen Ziffern numeriert und aufgezählt werden. Der Katalog der Fragen füllt mehr als zwei Briefseiten.

»Wo bist Du, warum schweigst Du? Wie kannst Du es wagen, Dich irgendwo heimlich aufzuhalten, wo man Dich nicht erreicht? Habe ich nicht an Deiner Stelle Urlaubspläne gemacht und Dich bei Freunden im Tessin angemeldet? Wie dankst Du mir meine Mühe? Du bist nicht dort angekommen mit dem verabredeten Zug, Du hast nicht einmal abgesagt. Statt dessen treibst Du Dich mit irgendwem zwischen Padua und Ravenna herum. Wohnst irgendwo unter falschem Namen. Und das alles, obgleich man Dir, so wie Du aussiehst und bist, amouröse Affairen kaum zutraut. Du bist nicht der Typ für erotische Abenteuer. Es wäre ein Stilbruch in Deinem Wesen.« An dieser Stelle lache ich so laut, daß Silvester aus dem Waschkabinett hervorkommt. Bis auf ein Handtuch, das er um seine Hüften geschlungen hat, ist er nackt. Wassertropfen glänzen in seinem Haar, von dem eine Tolle in die Stirn hängt.

»Ein Brief? Laß sehen!« Schon hat er mir das Doppelblatt genommen. Im falschen Türkensitz hockt er auf dem

Bett. Er hält das Briefpapier dicht vor die Augen. Er ist kurzsichtig, aber zu eitel, um eine Brille zu tragen. Ich betrachte seinen nackten Oberkörper. In den letzten Wochen hat er zugenommen, um die Nabelgegend am Bauch entstehen Querfalten, die sich bewegen, wenn er einen Lachanfall hat, der meistens in seinem Raucherhusten erstickt. Im Alter wird er dick sein, denke ich, während er den Brief meines Vaters entziffert. Er erinnert mich an eine Buddhastatue, die wir am Tag zuvor im Museum gesehen haben. Wenn er lächelt, bekommt er Grübchen zwischen Kinn und Wangen. Die Nasenlöcher weiten sich, seine Brauen steigen in zwei schrägen Strichen nach oben an, statt sich in einem Bogen über die Lider zu wölben. Manchmal sieht er schlitzäugig aus. Das Haar wächst ihm tief in die Stirn, seine Brust ist behaart. Er ist stolz auf sein Fell, will lieber ein Tier als ein Säugling mit Ferkelhaut sein. Ungeduldig wirft er den väterlichen Brief auf die Bettdecke.

»Lies vor! Ich kann das Gekritzel nicht entziffern.« Ich nehme mir vor, seine Imperative, hinter die man ein Ausrufezeichen setzen könnte, zu zählen. Nicht einmal mein Vater hat mich so oft zurechtgewiesen, wie es mein Liebhaber tut. Diese Folter mit dem Briefvorlesen – schön hat er sich das ausgedacht. Er sieht zu, wie ich leide. Als ich seinen Blick auf mich gerichtet spüre, fange ich zu stottern an.

»Lauter, bitte. Ich bin zwar nicht taub, aber morgens etwas schwerhörig.« Das gibt es nicht einmal vor Gericht, denke ich, kein Angeklagter muß sein eigenes Urteil verlesen. Jede väterliche Beschimpfung begleitet Silvester mit schmetterndem Gelächter. Das Handtuch um seine Hüften löst sich aus seiner Verschlingung. Nackt hockt er auf der Bettdecke, mit gekreuzten Beinen und wackelnden Bauchfalten. »Was für ein Sündenkatalog! Dagegen sind die Zehn Gebote ein Kinderspiel.« Ich will den Brief nicht weiter vorlesen. Ich schäme mich für meinen Vater. »Du hast ihn dir nicht ausgesucht«, tröstet Silvester mich, »an seinen Angehörigen ist man unschuldig.« Er hat einen Einfall, er blinzelt mich an aus seinen schräggeschnittenen Augen: »Hast du Briefpapier?«

»Irgendwo im Koffer.« Ich habe es seit vier Wochen nicht gebraucht. Er fordert mich auf, es zu suchen. Er sieht aufmerksam zu, wie ich im Koffer herumkrame und mit Papier und Füllfederhalter zurückkehre. »Keine Tintenflecken«, sagt er, »die Bettwäsche wird erst morgen wieder gewechselt.« Er zündet sich eine Zigarette an, ehe er zu diktieren beginnt. Er bekommt Steilfalten auf der Stirn und zieht die Brauen zusammen wie immer, wenn er sich konzentriert. Mich hat er vergessen. Er entwirft den Text des Briefes an den Vater an meiner Stelle. Mein Name wird darunter stehen. »Lieber Erzeuger.« Schon bei der Anrede macht er eine Pause, er verbessert sich: »Erzeuger genügt.« Dann grübelt er über den Anfang nach. »Seit einer Woche bin ich einundzwanzig.« Das stimmt, wir haben den Tag meiner Mündigkeit durch einen Theaterbesuch und ein Diner im teuersten Lokal der Stadt gefeiert. Jetzt bin ich es, die lacht, in Erinnerung an die anschließende Gondelfahrt, mit Gitarrenmusik für zwanzig Mark in der Stunde. Einige Sätze diktiert er mir noch, in denen das Wort »Emanzipation« häufig wiederkehrt. Dann umarmt er mich brüderlich: »Es ist dein Brief, du solltest auch etwas beisteuern zum Text.« Gemeinsam verfassen wir die Schmähschrift, geben uns gegenseitig Stichworte, verbessern einige Ausdrücke, streichen Übertreibungen aus. Dieser Brief soll ein Meisterwerk werden. Ein Dokument. Text für ein künftiges Lesebuch, allen Eltern der Welt gewidmet. Der Brief einer Tochter an ihren Vater am Tag ihrer Mündigkeit.

Meine Schrift wird unleserlich, die Feder kratzt, das

Kritzeln verschafft mir ein Lustgefühl. Ich komme mir wie einer vor, der obszöne Inschriften an Häuserwände schreibt. Eben noch war das Blatt Papier leer und weiß, jetzt ist es mit meinen kleinen Buchstaben übersät. Ich mache einen Tintenflecken. Silvester beugt sich vor. Er liest den Text des Pamphlets laut vor. Sein nasses Haar streift meine Wange. Er flüstert dicht an meinem Ohr: Mephisto, der Einbläser. Ich spiele den Famulus, der den Meister bewundert und seine Gedanken festhält. Zum Schluß betreiben wir Stilkritik. In diesem Abschiedsbrief soll der Vater keinen Fehler finden.

»Noch einmal von vorn.« Silvester legt sich in die Kissen zurück. Er verschränkt die Arme hinterm Kopf und schließt die Lider. »Ich will das Ganze im Zusammenhang hören.«

»Seit einer Woche bin ich einundzwanzig«, fange ich an. Während ich vorlese, schweifen meine Gedanken ab. Ich sehe den Vater vor seinem Schreibtisch sitzen. Ich hocke neben ihm auf dem Klavierschemel, um Korrektur eines seiner Manuskripte zu lesen. Eine Viertelstunde gibt er mir Aufklärungsunterricht, in Stellvertretung der toten Mutter. Er warnt mich vor den Männern. »Alle haben das gleiche Ziel«, sagt er, »sie bleiben nur so lange treu, bis sie es erreicht haben. Mädchen müssen sich aus diesem Grund aufbewahren. Deine Mutter ist jungfräulich in die Ehe gegangen«, schließt er feierlich.

»Was denkst du?« fragt Silvester. Ich sage es ihm. Ich wiederhole den Schlüsselsatz: »Deine Mutter ist jungfräulich in die Ehe gegangen.« Silvester verschluckt sich an seinem Lachen, er ringt nach Luft.

»Und was hast du ihm geantwortet?«

»Ich habe ihm gesagt, daß ich nicht jungfräulich bin und nicht die Absicht habe, in die Ehe zu gehen.« Silvester legt sich ins Bett zurück, er blickt zum Baldachin mit den Putten empor. »In die Ehe gehe ich nicht«, wiederholt er. »Ich sehe sie vor mir, die demütige Magd, wie sie barfuß ihren Passionsweg vollendet, an dessen Ende die Ehe wie eine Kirche auf dem Kalvarienberg steht.« Auf einmal bin ich den Tränen nahe. »Habe ich dich gekränkt?« Silvester rüttelt mich an der Schulter. Es klopft an die Zimmertür. Ich öffne dem Mädchen mit dem Frühstückstablett. Silvester zieht die Bettdecke bis zum Kinn hoch. Er läßt sich von mir füttern wie ein kleines Kind. Nach dem Frühstück schreibe ich am zierlichen Sekretär des Hotelzimmers den Brief an den Vater ins Reine. In Druckbuchstaben male ich die Adresse auf den Umschlag und klebe meine letzte Briefmarke darauf. Dann ziehe ich mich an.

Zu Silvester sage ich, ich müsse etwas einkaufen. Ich will ohne seine Begleitung zum Briefkasten gehen. Er sieht mir schweigend nach. Ich schließe die Zimmertür hinter mir und gehe die Treppe zum Hoteleingang hinunter. Langsam schlendere ich am Kanal entlang. Mir fällt ein, daß ich seit vierzehn Tagen nie mehr allein durch Venedigs Gassen gegangen bin. Mein Schritt wird noch langsamer, ich trödle. An der Ecke des langgezogenen Platzes, zwischen der Bodegha und dem Gemüsegeschäft, befindet sich der Briefkasten. Ich bleibe auf einer Brücke stehen. Minutenlang starre ich ins Wasser, in dem sich Abfälle angesammelt haben. In Gedanken entwerfe ich einen neuen Brief, der poetischer klingt, fast wie ein Gedicht. Aber ich kann keine Gedichte machen, nie im Leben werde ich eines verfassen. Die Bücher, die mir der Vater auf die Reise mitgab, habe ich weggeworfen. Nur ein einziges Mal bin ich ins Museum gegangen. Nicht ein Zehntel der Kirchen mit berühmten Altargemälden und Fresken habe ich besucht. Nur selten habe ich in diesen Wochen an die öden Villenstraßen, in denen wir wohnten, zurückgedacht, an Langeweile und Trübsinn meines Schulwegs, den ich einige tausend Male als Kind gegangen bin. Silvester und ich, wir lassen uns ohne Ziel durch die Straßen Venedigs treiben. Halbe Stunden lang wechseln wir kein Wort, wir sind glücklich, wir haben uns nichts zu sagen. Täglich warte ich auf unseren ersten Streit. Er wird kommen, heute oder morgen. Vielleicht werde ich wieder einmal allein sein. Aber nach Hause zurückkehren werde ich nie. Ich steige die Stufen der Anlegestelle zum Holzsteg hinunter. Ich blicke ins Leere, während ich den Brief an den Vater in kleine Fetzen reiße. Die Papierschnitzel schwimmen im schmutzigen Wasser des Kanals. Sie saugen sich voll von Nässe. Die Schriftzüge verschwimmen, bald werden sie unleserlich sein.

Ich habe das Versprechen nicht gehalten, das ich mir selber gab. Ich bin nach Hause zurückgekehrt. Jedesmal, wenn ich aus dem Bahnhof auf den Platz mit den Hotels, den Banken und Versicherungsgebäuden trat, waren die Häuser ein Stück kleiner geworden. Die Entfernungen zwischen den Plätzen hatten sich verringert. Das Flußbett war schmaler, das Wasser grauer geworden. Das Grün der Wälder auf den Hügeln leuchtete nicht mehr. Der Himmel war mit einer Dunstschicht bezogen. Sogar die Menschen auf den Straßen kamen mir zwergenhaft vor. Ich ging durch die Gassen einer Spielzeugstadt, durch die winzige bunte Autos fuhren. Ich fühlte mich wieder wie als Kind. Ich machte die gleichen Wege wie vor zwanzig Jahren. Ich trödelte unter den Bäumen der Anlagen. Vorm Weiher mit den Schwänen und der Bronzefigur des Flußgottes blieb ich stehen. Ich vergaß die Flüge, neuntausend Meter über der Erde, von Kontinent zu Kontinent, mit den aufgerissenen Himmeln, den Wolkengebirgen und Morgenröten, die hinter mir lagen. Ich entdeckte unser Haus am Höhenweg zwischen den Blutbuchen. Es müßte neu gestrichen werden, dachte ich.

Am Gartentor begegnete ich dem Vater. Er trug immer den gleichen Regenmantel und den altmodisch breitkrempigen Hut, der sein Gesicht bis zur Nasenspitze beschattete. Er war dabei, einen Brief zum Postamt am Hügelhang zu bringen. Er gab mir flüchtig die Hand. Er blickte mich aus den Augenwinkeln an. Ich begleitete ihn, er sagte: »Da bist du ja«, so als sei ich vor einer halben Stunde zum Einkaufen weggegangen. Er fragte nach der Reise, von der ich zurückkehrte, wollte keine Einzelheiten wissen. »Später«, sagte er, »im Zusammenhang.« Ich hörte nur unaufmerksam zu, wenn er von seinen Krankheiten und Altersbeschwerden berichtete. Ich wußte nicht, was ich antworten sollte, wenn er hören wollte, wie es mir ging. Einige Minuten schwiegen wir. Dann fragte der Vater, ob ich heute abend zu einer Einladung in der Nachbarschaft mitkommen wollte. »Du kennst doch die D.'s, sie sind umgezogen. Er war ein Vierteljahr lang krank, eine schwere Operation. Die jüngste Tochter hat neulich geheiratet. Die andere arbeitet als Bibliothekarin in unserer Volksbücherei.« Oder er sagte: »Ich habe Theaterkarten. Es gibt Aida. Natürlich kann man die Sänger hier nicht mit denen an einer Großstadtbühne vergleichen. Aber die Inszenierung ist gut. Wir haben jetzt einen jungen Regisseur, der Experimente macht.«

Wir waren am Postamt angelangt. Mein Vater ging zum Schalter, um Briefmarken zu kaufen. »Du könntest mit Herbert D. ins Theater gehen«, sagte er, »er ist jetzt Assistent von Professor F. Früher hast du für ihn geschwärmt.« Ich sah ihm an, daß er sich Mühe gab, für mich ein Programm zu entwerfen. Er hatte Angst, daß ich mich zu Hause langweilen würde. »Laß mich erst einmal zur Ruhe kommen«, sagte ich, »ich will nicht gleich wieder etwas unternehmen.« Wir waren vor unserem Haus angelangt. Er öffnete die Gartentür, er drehte sich um und blickte mir zum ersten Mal voll ins Gesicht. »Du siehst müde aus«, sagte er. Eigentlich wollte er sagen: du bist älter geworden. »Schlaf dich erst einmal aus. Du führst ein anstrengendes Leben. Du vergißt, daß du nicht mehr zwanzig bist.« Ich stieg die Treppe mit dem kaukasischen Läufer hinauf. Ich fand die Bilder an ihren alten Plätzen. Auch im Dachzimmer mit den schiefen Wänden, das ich früher bewohnt hatte, war kaum etwas verändert worden. Ich zog die Vorhänge vor die kleinen quadratischen Fenster und nahm die Bettdecke ab. Ich hatte ein schlechtes Gewissen, als ich mich hinlegte, um mitten am Tag zu schlafen.

Die Krankheit, die zum Tod des Vaters führte, war schleichend, ohne dramatische Höhepunkte. Sie kam und ging in Wellen. Ich sehe sein vom Tode gezeichnetes Gesicht in den Kissen des Krankenbettes. Die Lesebrille ist ihm zu groß geworden. Kinn und Nase treten scharf hervor. Die Lippen sind nach innen gezogen, die Mundwinkel leicht gekrümmt. Nur ein Kammvoll Haar ist auf seinem Hinterhaupt übriggeblieben. Eine halbe Stunde liest er, dann fällt sein Kopf zur Seite, die Brille rutscht ihm vom Nasensattel, die Lider fallen zu, der Mund öffnet sich. Leise schnarchend schläft der Kranke einige Minuten. Nach dem Erwachen hat er wunderbar klare Augenblicke, wie er sagt. Dann lebt er von Erinnerungen an eine sehr ferne Vergangenheit oder von Zukunftsvisionen, die nicht ihm oder uns, sondern dem Schicksal der Menschheit gelten.

An guten Tagen versammelt er seine Familie um den ovalen Biedermeiertisch, um mit ihr in verteilten Rollen den fünften Akt des Faust zu lesen. Kinder und Kindeskinder wechseln sich ab in den Nebenrollen. Der Vater liest mit immer noch kräftiger Stimme den sterbenden Faust. Nur selten möchte er zum Augenblick sagen: verweile doch, du bist so schön. Er will auch kein Land aus dem Meer gewinnen. Lieber würde er durch das Weltall zu anderen Sternen reisen.

Kurz vor seinem Tod sah ich mit ihm zusammen das Karlsruher Kreuzigungsbild von Matthias Grünewald. Die Darstellung des Gekreuzigten fand er abstoßend in ihrer grausamen Realistik. Er wandte seine Aufmerksamkeit den Frauen von Golgatha zu. Er wies mich auf den Jüngling hin, der bei der Mutter des Herrn stand. »Alle, die Johannes heißen«, sagte er, »sind mir lieb: der von Patmos, der die Apokalypse niedergeschrieben haben soll, der Jünger beim Abendmahl an der Brust des Herrn, und der Täufer, der mit dem ausgestreckten Zeigefinger auf Jesus im Jordan hinweist und sagt: er wird wachsen, ich aber werde abnehmen.«

Der Bruder

Zwischen den Stämmen des Hochwaldes spielen sechs Kinder Versteck. Sie stehen still hinter Kiefern und Fichten. Dann laufen sie um die Wette, um Erster beim Anschlag zu sein. Ich bin an der Reihe, muß die anderen suchen, lauere ihnen auf wie der Jäger dem Wild, wenn sie zum Baum laufen, an dessen Stamm sie sich freischlagen. Sowie ich einen von ihnen entdecke, rufe ich seinen Namen und schlage an den Baumstamm. Der Erkannte gibt den Wettlauf auf. Er ist besiegt. Ich habe das Spiel gewonnen.

Einer fehlt noch immer. Alle warten auf sein Erscheinen. Aber er bleibt unsichtbar. In diesem kahlen Wald mit den gerade in die Höhe strebenden Stämmen und dichten Baumkronen, die kaum ein Himmelsstück freigeben, fehlt das Unterholz, in dem man sich verstecken kann. Der Boden ist besät mit braunen Nadeln und Zapfen. Sandige Erde wie in der märkischen Heide, aber der Wald, den ich meine, liegt am Rand meiner Heimatstadt zwischen Neckar und Rhein. Ich suche meinen Bruder, laufe von Stamm zu Stamm, verirre mich im Schilf, sinke bis zu den Knöcheln in die sumpfige Wiese ein. Meine Stimme klingt kläglich: »Wo bist du, Felix?« Den anderen Kindern kommt diese Frage komisch vor. Sie lachen mich aus, ich höre ihre Stimmen in der Ferne. Nichts regt sich in meiner Nähe, mein Schritt knistert nicht mehr auf dem Nadelboden, die Sumpfwiese erstickt jeden Laut.

»Komm doch endlich!« rufe ich, »das Spiel ist aus.« Ich bin fast sicher, daß er mich von irgendwoher beobachtet. Vielleicht ist er ganz in meiner Nähe, hinter einer Brombeerhecke oder im Schilf. Wenn er will, kann er vom Erdboden verschwinden. Früher kam mir das unheimlich vor. Die anderen Kinder nennen ihn einen Feigling, weil er sich nicht offen zeigt, wie es die Spielregeln vorschreiben. Sie sagen, er sei ein Drückeberger. Sie beschimpfen ihn laut, es ist ihnen gleichgültig, ob er sie hören kann in seinem Versteck. Ich stolpere über einen Baumstamm. Meine Schuhe sind schmutzig, bespritzt vom Schlamm. Bevor ich nach Hause gehe, muß ich sie mit Grasbüscheln säubern, damit die Eltern nicht merken, wo ich mich herumgetrieben habe.

Noch einmal rufe ich: »Wo bist du?« Er gibt keine Antwort, er führt mich immer weiter in die Irre. Ich höre die Stimmen der anderen Kinder nicht mehr. Hinter mir wachsen die Stämme des Hochwaldes zu einem Gitter zusammen, das mich gefangen hält. Mein Herz sticht, als sei ich die ganze Zeit über gelaufen. Ich setze mich auf einen Baumstamm. Am Seeufer ist es feucht, der Himmel hat sich bezogen.

Weshalb muß ich ihn suchen, frage ich mich, es ist dumm, wenn die Schwester dem Bruder nachläuft. Hat er es darauf abgesehen, mich vor den Spielkameraden lächerlich zu machen? Ich schließe die Lider, einige Minuten döse ich vor mich hin. Auf einmal steht er vor mir und lacht. Ich reiße die Augen auf. Er sieht schmutzig aus, in seinem Haar haben sich Zweige und Blätter festgesetzt. Sein Anzug hat Grasflecken, die Hosenbeine sind dunkel von Nässe, als sei er durch Wasser gewatet. Wie klein und unscheinbar er ist, denke ich. Wenn man so aussieht, kann man sich gut verstecken.

»Du bist ein Spielverderber«, rufe ich ihm zu. »Aber wieso denn?« fragt er, »ich habe gewonnen.« Er folgt mir, ich höre seinen Schritt kaum auf dem Boden mit den Fichtennadeln. Die Kinder haben inzwischen das Rechteck eines Himmel- und Hölle-Spiels in den Sandboden gezeichnet. Sie hüpfen zwischen den Quadraten hin und her, sie geben sich Mühe, die Trennungslinien nicht zu betreten. »Da ist er wieder«, rufe ich ihnen zu. Sie haben uns nicht vermißt. Keiner blickt auf, sie sind mit dem neuen Spiel beschäftigt. Wir bleiben abseits stehen, wir sehen zu, wie die Kinder auf einem Bein von einem Quadrat zum anderen hüpfen. Wir würden gern mitmachen, aber die anderen tun, als seien wir nicht mehr vorhanden. Sie wechseln kein Wort mit uns. Als mein Bruder mit dem Fuß einen der Striche auf dem Sandboden verwischt, vertreiben sie ihn vom Spielfeld.

In meinem Wohnzimmer hängt ein Kinderbild. Mein Bruder und ich sitzen auf den Treppenstufen des Weges, der zu dem Haus in Heidelberg führt, wo wir am Ende des Ersten Weltkriegs wohnten. Er ist etwa fünf Jahre alt, ich bin drei, sehe jedoch eher jünger aus. Er dagegen scheint zu groß für sein Alter zu sein. Wir tragen die gleichen gestreiften Spielkittel, das ist die einzige Ähnlichkeit zwischen den Geschwistern. Der Junge sitzt aufrecht da, er blickt geradeaus in die Kamera. Seine Gesichtszüge wirken ein wenig nervös, ihr Ausdruck ist hochmütig. Neulich fand ein Besucher, er sähe wie ein kleiner Napoleon aus. Auf seinem Haar sitzt ein Efeukranz, an den Füßen trägt er braune Sandalen. Das Mädchen blickt auf seine weißen Schnürschuhe nieder. Sie bemerkt den Fotografen nicht, dessen Schatten schräg überm Treppenweg liegt. Auch in ihrem blonden Haar ist ein Efeukranz, er hat jedoch weniger Laub als der des Bruders. Die beiden Kinder sehen sich nicht ähnlich. Der Junge ist asthenisch, man merkt ihm an, daß er später ein schmales Gesicht haben wird. Das pausbäckige Mädchen hat dickliche Arme und Beine, sein Kopf ist zu groß, an manchen Stellen des Körpers quillt Babyspeck hervor.

Noch heute glaube ich mich an die Szene auf dem Treppenweg zu erinnern. Kurz bevor die Fotografie gemacht wurde, hatten wir uns gestritten. Es ging um den Efeukranz meines Bruders. Ich wollte ihn haben, weil ich ihn schöner als meinen eigenen fand. Er gab ihn mir nicht. Ich war wütend. Am liebsten hätte ich ihm den Kranz vom Kopf gerissen. Er war der Ältere, er wußte und konnte alles besser als ich. Er war das Wunderkind. Ich lebte in seinem Schatten. Immer würde ich die Zweite sein, so wie das Brüderchen, das gerade erst geboren war, sich mit dem dritten Platz begnügen mußte. Statt in die Kamera zu blikken, wie es der Fotograf verlangte, starrte ich trotzig auf meine weißen Stiefel nieder. Sie waren neu, ich trug sie zum ersten Mal. Sie drückten mich, aber sie gefielen mir gut. Ich entdeckte, daß sie schon Schmutzflecken hatten vom Hochsteigen über die Holzstufen des Treppenweges.

Im Auftrag der Schulgemeinde im Odenwald hatte der fünfzehnjährige Hauspoet das Theaterstück geschrieben. Das Publikum kannte seinen Namen nicht. Für die meisten Zuschauer blieb er unsichtbar. Das Stück spielte während der Bauernkriege. Alle waren an ihm beteiligt – Schulkinder, Lehrer, Gäste. Auf dem Hauptplatz der Schule hatte man eine Dorfkirmes aufgebaut. Ein Karussell mit Schwänen und Schimmeln drehte sich zur Drehorgelmusik. Quacksalber priesen ihre Waren an. Am Stand einer Wahrsagerin versammelten sich die kindlichen Schauspieler in Bauern- und Landsknechtkostümen. Ein Streit zwischen Bauern und Fürstenknechten entstand. Die erste Szene des Stückes entwickelte sich aus dem improvisierten Dialog. Das Publikum spielte mit, es mischte sich ein, es wurde aufgefordert, seine Meinung zu sagen. Zusammen mit den Spielern wanderten die Zuschauer von Schauplatz zu Schauplatz. Auf der Wiese am Hügelhang über der Schule fand eine Schlacht statt, mit Sprechchören zwischen rebellierenden Bauern und Landsknechten zu Pferd. Am Waldrand sprangen drei Hexen den Wandernden in den

Weg. Der arme Konrad, ein weiser Narr, der in einem von Kindern gezogenen Leiterwagen dem Zug folgte, ritzte mit einem Stock einen Strich quer über die Straße. »Jenseits dieser Grenze«, deklamierte er, »ist das Land der Freiheit.« Alle Schauspieler überschritten den Trennungsstrich mit einem auswendig gelernten oder frei erfundenen Spruch: Hinter mir liegt ... vor mir liegt... Hinter ihnen lagen Krankheit und Tod, Fron und Ausbeutung durch den Landesherrn. Vor ihnen breitete sich das Land Utopia aus, in dem es nur noch Schlaraffenglück und paradiesische Freuden gab.

Ich blieb an der Grenze stehen, mir fiel kein Wunsch ein, mit dem ich das Land der Freiheit betreten konnte. Da sprang mein Bruder in einem Bettlerkostüm aus dem Gebüsch. Er hatte sein Gesicht mit Ruß geschwärzt, er war kaum zu erkennen. In dem von ihm verfaßten Stück spielte er eine Nebenrolle. Er trat als einer der Geringsten von der Partei der Unterdrückten auf, die um ihr Recht kämpften. Er gab mir einen Schubs, fast wäre ich gestolpert und über den Trennungsstrich ins Land der Freiheit gepurzelt. »Sag dein Sprüchlein«, forderte er mich auf. Ich brachte kein Wort hervor, ich rührte mich nicht von der Stelle.

»Hinter dir«, flüsterte er wie der Souffleur im Theater, »liegen die Schule in der Stadt mit Diktat und Rechenaufgaben. Du wirst alles verlassen, auch das Kinderzimmer und das Elternhaus.« Ich überschritt den Trennungsstrich, ich fühlte mich frei. Von nun an hatte ich ein Ziel. Eines Tages würde ich, genau wie er, die Schule im Odenwald besuchen. Als ich mich umblickte, war mein Bruder verschwunden. Er redete den Zurückgebliebenen zu, die noch nicht über die Grenze gegangen waren, den Verstockten und Verschüchterten aus dem Publikum, die sich nicht getrauten, den Schritt in die Zukunft zu tun.

Ich sehe uns im Jahr nach meinem Abitur im Wartesaal eines Bahnhofs sitzen, zwischen Reisenden, die auf ihren Zug warten. Auf dem Tisch stehen halb ausgetrunkene Biergläser. Niemand kümmert sich um uns, kein Kellner kommt, um uns zu bedienen. Am Nachbartisch hockt ein Zeitungsleser, der seinen Hut tief in die Stirn gedrückt hat. An einer weiß gedeckten Tafel sitzen SA-Leute in Uniform, sie feiern den Geburtstag eines Kameraden. Sie lassen Sekt auffahren, die Pfropfen knallen, es geht laut und lärmend zu. Die Uniformierten beachten uns nicht, für sie sind wir ebenso unsichtbar wie für den Zeitungsleser und die Kellner. Wir blicken uns um, wir benehmen uns auffällig, wir unterhalten uns in aufgeregtem Flüsterton. Wir tun alles, um uns in den Vordergrund der Szene zu drängen. Wir reden über ein Verbrechen, so als seien wir die Täter, auf der Flucht vor der Polizei. Wir überbieten uns in der Ausmalung grausiger Einzelheiten. Ab und zu wenden wir uns nach dem Zeitungsleser um. Hört er, was wir sagen? »Wann sind wir an der Grenze?«

»Noch vor Mitternacht. Wir treffen Elvira in Rio, das ist ausgemacht.« »Wir müssen dies verdammte Land so schnell wie möglich verlassen.« Ich habe zu laut gesprochen. Einer der SA-Männer dreht sich nach mir um, er zieht die Lider schmal. Aber statt mich bei seinen Tischgenossen und Kameraden anzuzeigen, hebt er das Sektglas und prostet mir zu.

»Man kann uns nichts nachweisen«, sage ich mit einem Seitenblick auf den Zeitungsleser. Könnte es nicht ein Polizeispitzel sein? »Jeder Schritt war mathematisch genau vorausberechnet. Es gibt keine Fehlerquellen. Die Gleichung geht auf ohne Rest.«

Der Lärm am SA-Tisch übertönt meine Stimme. Es hat keinen Sinn – es wird uns nicht gelingen, die Aufmerksamkeit auf uns zu ziehen. Mein Bruder bekommt seinen Jägerblick, seine Lippen sind nach innen gezogen. »Noch sehe ich ihn vor mir«, sagt er, »wie er dalag, die Hand, die ins Leere baumelt, den offenen Mund, die rote Decke, auf der man kein Blut erkennt.« Der Mann mit dem Hut am Nebentisch hat die Zeitung gesenkt und den Blick auf uns gerichtet. Hört er uns endlich zu? Sind wir nicht mehr unsichtbar und unbeachtet in diesem Wartesaal? Wird etwas geschehen, wodurch wir in den Mittelpunkt der Bühne rücken, vom Scheinwerferlicht erfaßt werden? Fragt denn keiner nach unseren Namen?

»Radiomusik«, mein Bruder senkt die Stimme und beugt sich über den Tisch, »ich stelle sie auf volle Lautstärke, damit man nichts hören kann. Die Krönungsmesse, majestätisch, feierlich. Tripelfuge und Doppelchor. Du hast die Leuchter auf die holzgeschnitzte Truhe gestellt und die Kerzen angezündet. Am nächsten Morgen kommen die Möbelpacker. Sie schleppen die Truhe die Treppe hinunter und stöhnen über ihr Gewicht. Ich sage, das ist Familiensilber. Der Dicke im gestreiften Arbeitskittel lacht: man könnte glauben, es ist eine Leiche.«

»Ein Mitwisser«, unterbreche ich aufgeregt, »der Fehler in unserer Rechnung.« Der Zeitungsleser ist näher gerückt, er kann jetzt jedes Wort, das wir sagen, verstehen. Am SA-Tisch ist es still geworden. Die Uniformierten prosten sich schweigend zu. Müdigkeit hat sie befallen. Keiner erzählt einen Witz, über den die anderen in Lachen ausbrechen könnten.

»Wie fühlst du dich jetzt?« fragt mein Bruder, »nachdem es hinter uns liegt?«

»Frei«, sage ich, »neugeboren.«

»Keine Angst?«

»Nicht eine Spur.«

»Schuldgefühle?«

»Das Gewissen haben die Pfaffen erfunden.« Der Herr

mit dem Hut faltet die Zeitung zusammen. Er steht auf, er verläßt den Wartesaal. Hat er Verdacht geschöpft? Holt er die Polizei? Wir schweigen. Wir haben auf einmal die Lust an unserem Spiel verloren. Wir haben zuviel geredet. Das Ganze wirkte ausgedacht, wir müßten es noch einmal natürlicher versuchen: ein paar Stich- und Schlüsselworte, dazwischen finstere Schweigeminuten. Komplizen eines Verbrechens benehmen sich unauffällig, sie reden im Stenogrammstil.

Die Tür zum Wartesaal öffnet und schließt sich. Wir sitzen in der Zugluft. Immer häufiger verlassen Reisende ihre Plätze. Durch eine Lautsprecherstimme werden Züge aufgerufen. Noch einmal geht ein Kellner an unserem Tisch vorüber, ohne nach unserer Bestellung zu fragen. Die Herren in SA-Uniform haben ihre Festtagsstimmung wiedergefunden. Sie schlagen sich gegenseitig auf Schenkel und Schultern, sie lachen laut, reden durcheinander. Zwei von ihnen prügeln sich zum Spaß. Der am Kopfende des Tisches bestellt neuen Sekt. Er zerbricht sein Glas, schneidet sich die Hand blutig. Sein Nachbar an der Tafel verschüttet den Sekt beim Einschenken. Beißender Rauch hüllt die Gestalten in den braunen Uniformen ein. Der Wartesaal leert sich. Die letzten Reisenden packen ihre Sachen zusammen und streben zur Glastür, die zu den Bahnsteigen führt. Eine Frau mit zwei kleinen Kindern bittet meinen Bruder, ihr beim Koffertragen zu helfen.

Ich bleibe allein am Tisch zurück. Die leeren Stühle machen mir Angst. Der Lärm der Feiernden in meinem Rücken kommt mir unheilvoll vor. Aus welchem Grund haben wir diese Komödie zwischen den Fremden im Wartesaal aufgeführt? Wir sollten das Rampenlicht der Aufmerksamkeit meiden, uns hinter den Kulissen verstecken, von der Szene verschwinden. Unser Name steht auf den Listen mit den Gegnern des neuen Regimes.

»Wenn ich nicht der wäre, der ich bin«, sagte mein Bruder, mit dem ich vor einem neu erworbenen Gemälde im väterlichen Museum stehe, »würde ich gern dieser Rabbiner sein.« Chagalls Rabbiner, schwarz im Umriß, mit Vollbart, vor gelbgrünem Hintergrund, blickt uns durchdringend an. Seine kalkweiße Hand liegt vor einem Buch mit unverständlichen hebräischen Schriftzeichen. Der bärtige Mann mit dem Käppchen ist en face dargestellt wie ein mittelalterliches Heiligenbild. Er ist allein. Hinter ihm türmen sich Berge von Einsamkeit auf. Er kann sich nicht von der Stelle bewegen. Er sitzt auf der Anklagebank vor einer Menge, die unsichtbar bleibt. Ein Ostjude, Russe von Geburt. Er hat breite Schultern, bäuerlich grobe Hände. Ein Mann aus dem Volke, kein Stubengelehrter. Er weiß sich zu wehren, wenn jemand ihn angreift.

Mein Bruder würde gern seine Geschichte schreiben. Doch zu diesem Rabbiner fällt ihm nichts ein. Er ist einfach da, auf der Leinwand, er blickt uns an, er ist ein Mensch ohne Geschichte. Das blasse Gesicht, weder heiter noch traurig, ist ausdruckslos. Er schweigt über alles, was er mit angesehen hat. Die wellenförmigen Falten auf seiner Stirn sind Ornamente, die seine Gedanken verbergen. Zu dieser Zeit schreiben wir beide manchmal Geschichten zu Bildern, die im Museum hängen – Chagalls Rabbiner bleibt uns fremd. Wir wissen nicht, was die Zeichen in dem vor ihm aufgeschlagenen Buch bedeuten. Der Stern im Hintergrund ist ein Sinnbild, das wir nicht verstehen. Der Mann mit dem Käppchen und den Ringellocken redet in einer Sprache, die wir nicht übersetzen können. Er kommt aus einem fernen kalten Land, wo die Flüsse zugefroren sind, wo die Menschen sich in schneebedeckten Blockhäusern verbergen.

»Wenn ich diesen Rabbiner anschaue«, sagt mein Bruder, »kommen mir meine Geschichten jämmerlich vor:

Ornamente, Arabesken. Sie rühren den Grund nicht auf. Malen ist besser als Schreiben.« Mit diesem Mann ist etwas Neues in die Welt gekommen. Er ist gegenwärtig. Unsere Blicke stoßen sich an ihm wie an einem Stein. Er steht uns im Weg, wir können ihn nicht wegräumen, nicht über ihn hinwegblicken. Er ist stumm, aber die Farben, in denen er gemalt ist, schreien, sie sind giftig grell, gelb und grün, schwarz und weiß, Farben des Todes. »Ich würde lieber malen als schreiben«, sagt mein Bruder, »aber bei mir reicht es nur zu ein paar Geschichten, Gedichten und dramatischen Skizzen.« Lieber wäre er ein Täter oder ein stiller Dulder geworden als ein Chronist, der mit gekrümmtem Rücken halbe Tage sitzend vor einem Tisch verbringt. Zu dieser Zeit liebte er Helden, die hoch zu Roß in die Schlacht ritten, oder Märtyrer, die ihren Glauben mit dem Tode bezahlten. Gern wäre er der Kinderkönig aus Hofmannsthals Turm gewesen oder der schwächliche, aber tapfere Prinz Eugen.

Noch immer stehen wir vor dem Rabbiner. Hinter uns haben sich ein Dutzend Besucher angesammelt, die schweigend das Bild betrachten. »Unverschämtheit«, murmelt ein älterer Herr im Lodenmantel, mit Häherfeder am Hut, »uns so etwas zuzumuten.« Ein Jahr später finde ich Chagalls Rabbiner in anderer Umgebung wieder. Judenhasser haben das Bild aus seinem Rahmen geschnitten und von der Wand des Museums entfernt. Sie tragen das Gemälde in einer Prozession durch die Straßen der Stadt vor das Haus, in dem wir wohnen. Ich sehe den Rabbiner über den Köpfen der Menge schwanken. Noch ist er unverletzt. Seine Augen starren ins Leere. Das Gelb und das Grün hinter der schwarzen Gestalt leuchten wie Farben auf einem Plakat. Auf einmal muß ich an einen Heiligen denken, den Gläubige an einem Festtag aus der Kirche ins Freie tragen. »Hierfür mißbraucht man das Geld der Steuerzahler«, steht auf einem Transparent, das zwei Uniformierte mit sich führen.

Zum dritten Mal begegne ich Chagalls Rabbiner auf einem Weg durch die Innenstadt. Mein Bruder, der mit mir etwas einkaufen will, entdeckt das Bild im Schaufenster eines Juweliergeschäfts. Wir mischen uns unter die Leute, die vor der Auslage stehen. Wieder herrscht Stille. Keiner der Betrachter macht eine abfällige Bemerkung, eine Geste der Entrüstung. Etwas braut sich in diesem Schweigen zusammen. Ich warte darauf, daß einer in der Menge meinen Bruder oder mich erkennt. Sowie jemand den ersten Stein wirft, der die Schaufensterscheibe zertrümmert, werden alle schreien und das Geschäft stürmen, um das Gemälde des Rabbiners in Stücke zu reißen. Noch eine Weile bleiben wir vor der Auslage stehen. Außer uns sind kaum ein Dutzend Neugierige da. Niemand kennt uns, kein Finger deutet auf uns. Sie wissen nicht, wie wir heißen. Die große Glasscheibe des Schaufensters trennt uns von dem Rabbiner. Er steht am Pranger, er blickt niemanden an. Will er, daß wir ihm zur Freiheit verhelfen? Ist er bereit für das Martyrium, das auf ihn wartet? Auf einmal entdecke ich eine entfernte Ähnlichkeit zwischen dem Rabbiner und meinem Bruder. Sie haben den gleichen traurigen Ernst in den Gesichtszügen. Obgleich der bärtige Mann auf dem Bild aus einem Volke stammt, das wir kaum kennen, gibt es etwas wie Wahlverwandtschaft zwischen uns. Manchmal hat mein Bruder einen Blick, der dem des Rabbiners gleicht. Wenn es darauf ankommt, kann er ebenso schweigen wie er.

Chagalls Rabbiner hat Terror und Emigration überlebt, vor einigen Jahren habe ich ihn in einem Schweizer Museum wiedergefunden. Die Fotografie meines Bruders, die auf meinem Schreibtisch steht, wurde kurz vor Kriegsausbruch auf der Terrasse unseres gemieteten Ferienhauses im Schwarzwald aufgenommen. Auf dem Bild sieht man den Sechsundzwanzigjährigen im Profil. Die schmale Hand liegt auf dem Terrassengeländer. Er trägt eine sportliche Jacke mit Grätenmuster, darunter ein helles Hemd mit Krawatte. Das kurz geschnittene Haar ist seitlich gescheitelt. Die Nase tritt stark hervor, der Mund ist schmal, das Kinn weicht zurück, die Stirn ist gerade, der Haaransatz verhältnismäßig tief, der Hinterkopf gut ausgebildet. Die Lider sind schmal gezogen, vielleicht durch die Blendung der Sonne. Der Blick ist scharf, unbestechlich genau. Der junge Mann hält auf Distanz, er wirkt verschlossen. Anzeichen von Nervosität stören das Gleichgewicht seiner Züge. Niemand scheint in der Nähe zu sein, während er aus zusammengekniffenen Lidern in die Schwarzwaldlandschaft blickt.

Diese Momentaufnahme, von einem mittelmäßigen Fotografen an einem Sommermorgen des Jahres 1939 geknipst, ist das letzte Bild meines Bruders, das erhalten geblieben ist. Aus den Kriegsjahren gibt es nur blasse Gruppenaufnahmen im uniformierten Kameradenkreis. Wenn er auf ihnen nicht durch ein Kreuz gekennzeichnet wäre, könnte man ihn kaum von den anderen Soldaten unterscheiden.

Narrenschiff

Von meinem Beobachterposten unterm Tischtuch sehe ich die Beine der Tanzenden: Viererpaare in Seidenstrümpfen und Smokinghosen, Lackschuhen. Es geht vor und zurück, nach rechts und nach links. Die Beine überkreuzen sich, schmiegen sich aneinander, trennen sich ruckhaft, in kleinen Bocksprüngen. Der Frauentyp: infantil, Bubikopf, Kußmaul, Stupsnäschen, knappe Züge. Wadenlang die Röcke, spitzig die Schuhe. Hängekleider, Hängebusen oder winzige Halbwüchsigen-Brüste. Die Gäste von Tante und Onkel, den Besitzern des Kiesschiffs »Elisa« und eines Schlößchens am Schweizer Ufer des Bodensees, sind zugleich müde und munter, erschöpft und hektisch. Sie steppen über die Bretterplanken, klammern sich an ihre Partner, verlängern wiegende Tanzschritte, schütteln sich, Hüftwackeln und Schulterzucken. Zwei Paar weibliche Beine, eines davon in Hosen. Sie bewegen sich im gleichen Rhythmus, sind aufeinander eingestimmt. Ein Freundinnenpaar. Jetzt tanzen sie, Arme eckig weggestreckt, im Groteskstil, Wange an Wange. Manon und Madeleine. Manon trägt Hosen, sie hat einen Herrenschnitt, männliches Profil, weibliche Pfirsichhaut. Madeleine ist im kurzen Kinderrock mit hochhackigen Schuhen und Batikbluse erschienen. »Lesbierinnen«, sagt meine Tante, ein Wort, das für mich poetisch klingt.

Was für ein ulkiger Kleiderständer der Mensch ist, besonders der weibliche! Unordentlich hängt die Garderobe am Schultergerüst, um die Hüften herum, spannt oder wirft Falten. Madeleine hat zuviel getrunken, sie stolpert, obgleich das Schiff ruhig und gleichmäßig durch das stille Wasser gleitet. Sie schlürft Sekt aus einem Stilglas, läßt es auf den Boden fallen. Manon zwingt sie, die Scherben aufzulesen. Aus dem Riesentrichter des Grammophons, das ständig neu aufgezogen werden muß, tönt Schlagermusik: Marlene Dietrich, Dreigroschenoper, Barbara-Song, Lilian Harvey. Immer die gleiche frech quäkende Kinderstimme dazwischen: »Wie wohl ist mir am Wochenend. Kille kille übern Sonntag. Und am Montag weg – meck, meck.« Die pommersche Gräfin schwärmt ihrem jungen Kavalier, der, wie man sich zuraunt, nur Männer liebt, von Stefan George vor. Eintönig, mit reglosem Gemmenprofil, zitiert sie die letzten Verse aus dem Gedicht »Der Krieg«: »Apollo lehnt geheim an Baldur. Eine Weile währt noch Nacht. Doch diesmal kommt vom Osten nicht das Licht.« »Aber vom Süden«, ruft meine Tante, die, leicht beschwipst, aber sicher auf den Beinen, am Steuer der »Elisa« steht. Sie deutet auf den Schein des bengalischen Feuers, das man am Seeufer vor ihrem Schlößchen entzündet hat. Die Gräfin blickt sie aus großen, erloschenen Augen an. Sie trägt ein indisches Gewand mit geschlitztem Rock, ein Arm ist nackt. »Der Kampf entschied sich schon auf Sternen«, zitiert sie weiter, »Sieger bleibt, wer das Schutzbild birgt in seinen Marken. Und Herr der Zukunft, wer sich wandeln kann.« »Was bedeutet das?« fragt der junge Kavalier. Die Gräfin macht ein geheimnisvolles Gesicht: »Der Deutungen gibt es viele.« »Ganz einfach«, mischt sich Manon ein, die sich mit einem Ruck der Reling zuwendet, wo das ungleiche Paar am Geländer lehnt, »es geht alles viel schneller als früher. Ständiger Wechsel. Wer da nicht mitmacht, bleibt auf der Strecke.«

Noch während ihre Freundin Madeleine die letzten Scherben des zerbrochenen Sektglases aufliest, erscheint barfuß die Meisterin. Mit fast geschlossenen Lidern führt sie einen Solotanz vor – weit ausschwingende Schritte, Sprünge und Armbewegungen, die ich von meinem Unterricht in ihrer Schule her kenne. Auf einmal ist die Musik ernst und feierlich, Beethoven, schätze ich, düstere Schicksalsklänge. Sie tritt auf der Stelle, faltet die Hände überm Kopf, kultische Haltung, Versenkung wie beim Gebet. Die Haare fallen ihr abwechselnd ins Gesicht und in den Nakken. Der violette Rock ist weit und faltenreich. Jemand, der nicht viel von der Kunst des Ausdruckstanzes hält, hat die Schallplatte ausgewechselt. Wieder quängelt die Kinderstimme: »Vor der Gletscherspalte macht er halt. Und bewundert die Naturgewalt.« Es klingt wie ein Hohn auf den Tanz der Meisterin, dem sich einige Jüngerinnen in zeremonieller Haltung angeschlossen haben. Die Paare finden sich wieder: Männerhosen, wadenlange Röcke, schieben sich vor und zurück, nach rechts und nach links, überkreuzen sich, pressen sich aneinander, trennen sich mit jähen Rucken. Ich muß an Insektenpaare beim Geschlechtsakt denken: Ähnliches habe ich vor kurzem bei Gottesanbeterinnen gesehen.

Meine Tante hat mich in meiner »Hundehütte« unterm Tisch entdeckt. Für solche Versteckspiele, sagt sie, sei ich zu alt. Sie fordert mich auf, etwas für die Erwachsenen zum Besten zu geben. »Ein Gedicht?« frage ich. Sie nickt zerstreut. Mir fallen die Verse eines Kästner-Gedichtes ein, die ich auswendig kenne. Ich versuche, die Stimme der Schlagersängerin nachzuahmen: »Wir hämmern auf den Schreibmaschinen. Das ist genau, als spielten wir Klavier. Wer Geld hat, der braucht keines zu verdienen. Wir haben keins, drum hämmern wir.« Ich mache eine Atempause, die Gäste lachen. »Weiter im Text«, ruft mir Madeleine zu. An meiner Stelle grölen ein halbes Dutzend Männerstimmen im Chor: »Zweimal pro Woche wird die Nacht mit Liebelei und heißem Mund, als wär man Mann und Frau, verbracht. Das ist so schön und außerdem gesund.« »Not in the presence of the child«, ermahnt meine Tante die Chorsänger.

Jetzt betritt, wie auf ein Stichwort, der Dichter die Bretterbühne von »MS Elisa«. Er spaziert mit einem Jünger, der Filmregisseur werden will und als Ferienkind den Sommer bei meinem Onkel verbringt, an der Reling der »Elisa« entlang. »Sokrates und Alcibiades«, sagt Madeleine, die sich von ihrer Freundin getrennt und der Gräfin mit dem Gemmenprofil zugewandt hat. Der Dichter erkennt mich, er streicht mir mit der flachen Hand über mein Haar. »Seidig«, stellt er fest, »aber zu dünn. Alte Familie, unkräftig, degeneriert.« Er kommt mir ebenso nüchtern vor wie bei seinem Morgenspaziergang durch das Dorf in der Nähe des Seeschlößchens, wo er wohnt. Er benutzt seine Bühnensprache, ohne Artikel und Adjektive. Sein Wortschatz: knapp, kalt, sachlich. Stenogrammstil, parodistisch, ein preußischer Militär, der Pazifist geworden ist. In seinen Augen blinkt ein Licht, das auf- und abhüpft, bedrohlich. Ich verstehe nur einzelne Worte des Gesprächs, das er mit dem zukünftigen Filmregisseur führt. »Kuh heißt Emma wie tote Bauern-Geliebte. Begegne ihr jeden Morgen vor geschlossener Bahnschranke. Muht mich an, freundschaftlich. Bauer trauert Geliebter nach. Kränkliche Frau zu Hause.« Der Dichter merkt, daß ich zuhöre: »Frühreif, die Kleine. Gehört längst ins Nest.«

Der Filmemacher will etwas von mir wissen. »Wie stellst du dir die Hölle vor?« fragt er unvermittelt. Der Dichter lacht: »Mythologie!« Alle Gäste sind von ihm abgerückt. Er steht im Leeren, Zugluft im Rücken, kahl, glatt rasiert, sein Kopf verwandelt sich für mich in eine Billardkugel. »Die Hölle«, sage ich, »dunkel, stinkend, feurig, voll von Drachen und Ungetümen, Gewürm.« »Falsch«, sagt der junge Mann mit schneidender Stimme, »die Hölle ist sauber, leer, steril. Der Krankensaal einer modernen Klinik. Es riecht in ihr nach Karbol.«

Die Meisterin nähert sich, gefolgt von einem jungen Mädchen mit einem Gong wie bei der Gymnastikstunde.

Der Dichter kehrt ihr den Rücken zu. »Energiebündel«, sagt er, »Willensknäuel. Hoffnungslos deutsch. Ohne Selbstironie.« Der junge Mann streicht sich das Haar aus dem Gesicht. Wind ist aufgekommen. Die »Elisa« macht schnellere Fahrt. Nach einer Weile fängt das Schiff zu schaukeln an. Der Dichter schweigt, an seiner Stelle redet der Filmregisseur von morgen. »Kunst ist für mich Mathematik, Tanz gleich Ballett, gleich Drill. Ohne Ausdruck, ohne Seele.« Der Dichter klopft gegen seine Stirn: »Denken«, höre ich, »Ratio, Gehirn, graue Zellen. Alles lokalisiert.« In dieser Nacht ahnt keiner von den Gästen, daß der Dichter in einigen Wochen verrückt und die anderen vernünftig sein werden. Er wird an der Tür zum Seeschlößchen klingeln und mit einem metallischen Gegenstand gegen das Holz klopfen. Ich werde ihm öffnen und die Pistole in seiner Hand entdecken. Er wird mich beiseiteschieben und sagen: »Laß mich vorbei. Ich muß deine Tante erschießen!« Er wird sie nicht finden; ich öffne ihm die Tür zum Eßzimmer, das man vom Flur aus abschließen kann. Wir werden mit der Nervenheilanstalt telefonieren. Sie schikken einen Krankenwagen. Monatelang wird der Dichter unsichtbar sein.

Wieder leuchtet bengalisches Feuer in Rot und Grün über dem Biedermeierschlößchen am Seeufer. Der Dichter findet das Bonbonrot unerträglich, er bekommt Zahnweh davon. Die Meisterin holt mich zu sich. »Zeig, was du gelernt hast«, sagt sie, »wie wäre es mit einem Solotanz?« Ich darf mir selbst die Musik aussuchen, schwanke zwischen Strawinskys Feuervogel und Ravels Bolero. Aber ich tanze nicht zur Musik, ich fange an zu improvisieren. Zu Ravels Bolero wähle ich die Farbe Gelb. Gewittrige Sprünge, Zickzackbewegungen von Blitzen. Ich kreise und wirble um mich selbst, die Musik rückt für mich in die Ferne. Immer die gleiche Passage wiederholt sich, so als sei die Grammophonnadel in einer Rille der Platte hängengeblieben. Auf einmal sinke ich in mich zusammen, gefällt vom Blitz. Ich tue mir nicht weh, Frage der Gelenkigkeit. »Fallen« haben wir in der Gymnastikstunde gelernt.

Die Meisterin lobt mich. »Du warst gut!« Die Gäste haben sich abgewandt, sie wollen nichts wissen von meiner Solovorstellung. Wieder finden sich die Paare. Tango, Foxtrott, Rumba, Walzer. Die Meisterin hält nicht viel vom Gesellschaftstanz. Sie läßt sich trotzdem auffordern von dem jungen Kavalier der Gräfin, der sich selbständig gemacht hat. Sie lacht über die Tyrannei des Partners, der sie »führen« will. »Was für eine bürgerliche Perversion«, ruft sie aus, »tanzen kann man nur in Gruppen oder für sich allein!«

Auf einmal verhüllt eine Nebelwolke Wasser und Himmel. Die »Elisa« stößt ins Leere. In der Nähe tutet ein Nebelhorn. Alle kennen die jähen Wetterstürze am Bodensee. Das bengalische Feuer am Seeufer kann den Leuchtturm der Hafeneinfahrt nicht ersetzen. Ein Nebelstreifen schiebt sich davor.

Ein Sommernachtstraum

Ich war fünfzehn Jahre alt, als ich den großen alten Mann vom Theater kennenlernte. Schwarze Locken bedeckten seine Stirn, er hatte ein falsches Gebiß, in seinen Augen war ein künstliches Leuchten, als habe er Belladonna genommen. Er sprach mit ausländischem Akzent, rollte die R's und bezeichnete sich selbst als Magier der Bühne. Als letzter Zuschauer war er in der Arena des Naturtheaters unserer Schule zurückgeblieben. Er thronte auf seinem Rasensitz. Seine Hände mit den mehrfach beringten Fingern lagen auf den dicken Kuppen der Knie. Ich hockte im Türkensitz zu seinen Füßen, im Blätterkostüm des Pucks aus Shakespeares Sommernachtstraum. Ich wartete auf den Urteilsspruch des großen alten Mannes. Zwischen den Faltenornamenten auf seiner Stirn bildeten sich Schweißtropfen, er vergaß sie abzuwischen. Sein Gesicht war erhitzt und gerötet, als arbeite er im Rampenlicht. Der Magier der Bühne lobte mein Kostüm. Fast eine Stunde lang hatten drei Freundinnen vor der Vorstellung Blätter auf ein Unterkleid aus Kunstseide genäht: Laub von den Bäumen des Odenwaldes.

Es fing zu dämmern an. Im Naturtheater lagen noch die Requisiten der Nachmittagsvorstellung herum. Der große alte Mann hob die Hände und deutete ein Klatschen an: »Bravo«, rief er, »außerordentlich begabt. Ein Naturtalent.« Ich zupfte aus Nervosität einige Blätter aus meiner Halskrause, die sich schon herbstlich gelichtet hatte. Die Schminke auf meinem Gesicht löste sich auf. Ich fuhr mit der Hand über meine Stirn, entdeckte Flecken an meinen Fingern. Der Magier der Bühne betrachtete mein verschmiertes Gesicht und den schief sitzenden Kranz in meinem Haar. Fand er mich zu häßlich für den Beruf der Schauspielerin, auf den ich mich vorbereitete? Er räusperte sich mit einem »Mimimi«, das seine Stimme von Heiserkeit befreien und geschmeidig machen sollte. »Ausbildung kann hier nur schaden«, sagte er dann, »außerdem gibt es kein Rollenfach. Wir können nur komische Alte brauchen, komische Junge nicht.« Ich war so blaß geworden unter der Schminke, daß es sogar der große alte Mann merkte. »Was ist denn, Kind?« Er legte mir seine Hand auf die Schulter und neigte mir sein Lockenhaupt zu: »Habe ich etwas falsch gemacht?«

Ich schloß die Lider und versetzte mich zurück in die Szene, die sich vor etwa einer Stunde am gleichen Schauplatz abgespielt hatte: am Stamm einer Eiche lehnend warte ich auf der Oberbühne, bis mein Stichwort fällt. Oberon, der Elfenfürst, ruft seinen dienstbaren Geist zum Rapport über den vertrackten Stand der Dinge zwischen den Liebespaaren. Ich springe auf die Rasenfläche zwischen Felsgestein und Sträucher. Hinter der Waldkulisse zieht in diesem Augenblick ein Gewitter auf, es entlädt sich mit Wetterleuchten und Donnergrollen, während ich die Verse aus meinem Gedächtnis hervorhole. Aber ich spreche sie so aus, als erfände ich sie neu – stockend, nach Atem ringend, in kaltem Kobold-Hohn. Ich höre meinen Freund, der in einer der ersten Reihen der Rasensitze der Vorstellung zuschaut, zu seiner Nachbarin sagen: »Jetzt kommt ihr großer Augenblick.« Mir wird schwindlig vor Aufregung, ein grüner Nebel breitet sich vor meinen Augen aus. Ich habe die Verse vergessen. Ein Donnerschlag, ein dumpfes Grollen als Echo in der Waldschlucht. Auf einmal fühle ich mich über mich selbst hinausgehoben, noch einmal geboren, als ein anderes Wesen, ein Geist, halb Kobold, halb Elfe.

Es wetterleuchtet am Horizont, das Donnergrollen rückt in die Ferne. Ich bin nicht getroffen worden vom Blitz. Ich bin nicht in einer Wolke von Holzstaub und Schwefelgestank auf der Rasenbühne verbrannt. Ich muß zurückkehren in das Land, in dem die Menschen wohnen.

Ein Husten in einer der vorderen Reihen der Arena bringt mich auf die Erde zurück. Ich erkenne, vergrößert und scharf wie im Kreisausschnitt eines Fernglases, das Gesicht des großen alten Mannes. Auch in den hinteren Reihen des Publikums wird nun gehustet. Nach der tiefen Stille klingt es wie ein Protest.

Mühsam, mit knackenden Kniegelenken, erhob sich der Magier der Bühne von seinem Rasensitz. Die Audienz bei ihm war für mich beendet. Ich schnellte aus dem Türkensitz hoch, ohne die Hände zu gebrauchen, wie wir es in der Gymnastikstunde gelernt hatten. »Danke«, sagte ich. »Aber bitte«, antwortet der große alte Mann gönnerhaft. Während er die Naturbühne verließ, zündete er sich umständlich eine Zigarre an, es war die erste seit Stunden. Im Freien pflegte er nicht zu rauchen.

Ich kletterte über die Oberbühne zum Waldrand. Zwischen den Stämmen fing ich zu laufen an. Es war schon dunkel. Im Dickicht des Unterholzes stach ich mich am Dornengeranke. Der Ärmel meines Kostüms zerriß, meine Wade blutete. Mir fiel ein, daß auf dem höchsten Hügel der Umgebung das Sonnenwendfeuer entzündet werden würde, sobald die Nacht hereingebrochen war. Ich lief weiter, atemlos, vom Baumstamm zu Baumstamm. Ich verirrte mich, ich glaubte zum ersten Mal in diesem Wald ohne Lichtungen und Wege zu sein. Über den Baumkronen, die immer dichter zusammenzuwachsen schienen, suchte ich vergeblich ein Stück des Sternenhimmels. War es bewölkt, zog ein neues Gewitter auf? Hier im Wald fand ich es windstill und schwül. Vergeblich suchte ich den Widerschein des Sonnenwendfeuers. Endlich fand ich eine Lichtung, aber auch hier entdeckte ich keine Spur von Helligkeit am Horizont. Nadeln knisterten unter meinen

Füßen, ich glaubte im Kreis herumzulaufen und an die gleiche Stelle zurückzukehren. »Komische Junge«, sagte ich vor mich hin. Ich lachte. Der Magier der Bühne hatte recht. Mein Rollenfach war noch nicht erfunden. Höchstens im Kabarett wurden solche Talente gebraucht.

In einem Wutanfall riß ich die Blätter von meinem Kleid: »Er liebt mich, von Herzen, mit Schmerzen«, zählte ich ab, ohne zu wissen, wen ich meinte: meinen Schulfreund, den Lehrer, der den Oberon spielte, oder den großen alten Mann. Ich zupfte neue Blätter ab: »Über alle Maßen, kanns gar nicht lassen, klein wenig, fast gar nicht.« Nun das Ganze noch einmal von vorn: ich würde so lange Blätter abreißen, bis mein Kostüm aschgrau und entlaubt war. Inzwischen war es so dunkel geworden, daß ich die Baumstämme im Hochwald nicht mehr vom Hintergrund unterscheiden konnte. Ich blieb vor einem Stamm stehen, ich tastete die rissige Rinde ab. Dieser Baum war schon alt, in seiner Rinde hatten sich Moose, Flechten und Pilze festgesetzt. Ich umarmte den Stamm, ich suchte Halt an ihm, ich sog den Duft des Harzes ein. Ich zerrieb harte, ausgezackte Blätter, die ich von den unteren Zweigen abriß. Gern wäre ich mit diesem Baum verschmolzen, um vom Erdboden zu verschwinden. Auf einmal zitterte ich vor Kälte. In meiner Kunstseidenhaut kam ich mir nackt und schutzlos vor. Ich setzte mich auf den Waldboden, einige Minuten dämmerte ich vor mich hin.

Als ich die Augen wieder öffnete, sah ich riesig vergrößerte Glühwürmchen auf mich zuschwanken, grüne, gelbe und rote. Erst nach einer Weile merkte ich, daß es sich um Lampions handelte, die vom Hochzeitszug des Theseus aus dem Sommernachtstraum übriggeblieben waren. Die Kinder suchten mich mit Laternen im Wald. Sie riefen meinen Namen, sie lachten. Waren sie betrunken vom Punsch, den es in jedem Jahr nach der Feier mit dem Sonnenwendfeuer gab? Die festen Zubettgehzeiten der Schule waren aufgehoben für diese Sommernacht. Die Jüngeren wußten nicht, was sie mit der geschenkten Zeit anfangen sollten. Die Älteren zogen sich paarweise in die Wälder zurück und kamen erst gegen Morgen wieder. Von allen Seiten kreisten mich nun die Lampions ein. Wieder riefen einige Stimmen nach mir. Ich schwieg aus Trotz, ich wollte streiken. Sollen sie sich heiser schreien, dachte ich, ich spiele nicht mehr mit. Ich kauerte, das Gesicht in den Händen versteckt, die Schultern gekrümmt. Ein Fuß stieß gegen mich. »Das ist was Weiches. Es lebt«, rief das Mädchen, das während der Aufführung neben meinem Freund gesessen hatte. Jemand bückte sich und leuchtete meine zusammengekrümmte Gestalt mit der Laterne ab. »Da bist du ja«, sagte mein Freund. Er gab mir die Hand, zog mich in die Höhe. Ich schämte mich, im Unterkleid ohne Blätter, mit blutender Wade und zerrissenem Ärmel vor ihm zu stehen. Noch einmal klammerte ich mich an den Baumstamm, tastete mit der Hand über die Rinde.

»Komm doch«, sagte mein Freund. Er nahm mich in die Arme. Wir waren dicht umgeben von grünen, gelben und roten Lampions. Ich spürte die Wärme, die Muskeln und die Beweglichkeit seiner Arme. Ich verglich sie mit der Starre des Baumes, an den ich mich lehnte. Wenn er mich jetzt losläßt, dachte ich, werde ich hinfallen. »Alle haben wir dich vermißt«, sagte mein Freund. Ich stieß ihn weg, ich senkte den Kopf, ich stampfte mit dem Fuß auf. »Ich will den Puck nie wieder spielen«, sagte ich, »ich komme nur mit, wenn ihr mir versprecht, daß ich nicht noch einmal auftreten muß.«

»Beruhige dich«, sagte mein Freund, »wenn du nicht spielen willst, wird sich jemand anderes finden, der deine Rolle übernimmt.« Zwischen den schwankenden Lampions, deren Licht allmählich schwächer wurde, ging ich durch den Wald zum Hügel, wo inzwischen das Sonnenwendfeuer niedergebrannt war. In der Asche war noch Glut, die mich erwärmte. Mit dem Rest des Punsches, der vom Fest übriggeblieben war, stießen wir an auf das Ende meiner Bühnenlaufbahn. »Weißt du, was der große alte Mann gesagt hat?« Ich drehte mich zu meinem Freund herum. »Ich bin eine komische Junge. Mein Rollenfach gibt es nicht.« Ich war die einzige, die bei diesen Worten lachte. Die anderen blieben stumm. Die letzten Kerzen in den Lampions gingen aus. Wir standen noch eine Weile im Dunkeln zusammen und starrten in die Glut des niedergebrannten Sonnenwendfeuers.

Hausball

Mein erstes langes Kleid war aus Satin, glänzend, aber sportlich schwarz-weiß kariert. Die Hausschneiderin meiner Tante hatte es angefertigt. Das Fest mit Tanz und Feuerwerk auf der Parkterrasse fand in den Gesellschaftsräumen des Sanatoriums statt. Gastgeber waren meine Verwandten, meine Tante, in deren Haus ich nach dem Tod meiner Mutter ein Jahr verbrachte, mein Onkel, Psychiater und Philosoph, in der Familie Joy genannt, mehrere Vettern und Cousinen. Ich fühlte mich fremd in diesem Kreis. Mein Vetter forderte mich zu einem Tango auf. »Du tanzt schon jetzt aus der Reihe«, sagte er, als ich ihm auf den Fuß trat. Mein Satinrock knisterte, die Abendschuhe drückten. Ich blickte in einen Wandspiegel, der den Raum vergrößerte, fand mein Kleid unvorteilhaft. Nach dem ersten Tanz legte mir Onkel Joy, der sich mit meiner Tante über die Gäste unterhalten hatte, seine Hand auf den Arm.

»Wie geht es dir?« fragte er. Er blickte mich kalt und aufmerksam an – ein Arzt, der seine Diagnose stellt. Für ihn bin ich nur ein Fall unter vielen, dachte ich. Meine Mutter war kurz vor ihrem Tod als Patientin bei ihm gewesen. Von ihr hatte ich nach Ansicht meiner Familie die depressive Veranlagung geerbt. »Was treibst du?« fragte Onkel Joy, »schreibst du, malst du?« Ich nickte. »Das ist gut«, sagte er. Dann wandte er sich meinem Vetter zu, die beiden Männer führten ein Fachgespräch. »Analysieren hat keinen Sinn«, sagte Onkel Joy, »wenn sich jemand eine Neurose zulegt, um sich vor der ererbten Psychose zu schützen.« Ich sah meiner Tante zu, die in einem Modellkleid aus Paris mit ihrem vierzehn Jahre jüngeren Mann tanzte, den sie in zweiter Ehe geheiratet hatte. Eine Mesalliance, denn der Onkel, einer der ersten Flugpioniere, war der Sohn eines Lokomotivführers.

»Weshalb starrst du so vor dich hin?« fragte Onkel Joy, der mich die ganze Zeit über nicht aus den Augen ließ. »Ich schaue den Tanzenden zu«, sagte ich. Der Mann meiner Tante forderte mich zu meinem zweiten Tanz auf. Es war ein Foxtrott, wir legten ein paar selbsterfundene Figuren ein. »Dies Milieu macht mich krank«, sagte mein Onkel, »ich kann nicht leben in einer Gesellschaft von überzüchteten Intellektuellen und Nervenkranken.« Das Ballkleid meiner Tante, die jetzt mit Onkel Joy tanzte, lag eng an, wie es die Mode verlangte. Mein weit geschnittener Rock schlug Falten über Bauch und Hüften. Onkel Joy tippte mich auf die Schulter. »Nur so weiter«, sagte er aufmunternd – der Chefarzt bei der Visite.

Eine Weile saß ich allein auf einem gepolsterten Hocker zwischen Blumensträußen aus dem Anstaltsgarten. Es zog von der Terrasse her. Mein Vetter tanzte mit einer in giftiges Grün gekleideten Engländerin an mir vorüber. Ich hätte ihm gern gesagt: Ich tanze nicht aus der Reihe, wie du meinst, ich tanze gar nicht, und das ist schlimmer. Ich betrachtete die Füße der Tanzenden, Lackschuhe und Silbersandaletten auf dem glatt gebohnerten Parkettboden, von dem man Brücken und Teppiche weggeräumt hatte. Wenn sie nur nicht hinfallen, dachte ich. Ich stellte mir das Durcheinander vor, wenn einer nach dem anderen ausglitt, stolperte und auf den Boden purzelte. Auf einmal mußte ich lachen. Dicht neben mir hörte ich eine Stimme, dunkel, mit fremdländischem Akzent: »Bitte, wollen wir tanzen?«

Ich blickte auf. Vornehm, melancholisch, exotisch fand ich den jungen Mann, der vor mir stand. Ich hatte ihn einmal flüchtig auf dem Tennisplatz des Parks gesehen. Es war ein russischer Emigrant. Er wurde »der Großfürst« genannt, war als Verwandter einer Patientin aus Paris gekommen. Dieser dritte Tanz mit ihm war der einzige, der für mich zählte. Ich schmiegte mich in seinen Arm, ich spürte seine Schritte voraus, paßte mich seiner Gangart an. Spielend meisterte ich die schwierigsten Figuren. Ich kann ja tanzen, dachte ich, aber nur mit ihm. Mir fiel auf, daß er kaum Wimpern und Augenbrauen hatte. Sein Gesicht sah kahl und verletzbar aus, seine Lider zuckten. Die Augen verdunkelten sich manchmal, als flöße schwarze Farbe in sie ein. Er tanzte langsamer, sein Schritt wurde schleppend. Auf einmal blieb er stehen, obgleich die Musik weiterspielte. Statt mich an meinen Platz zurückzubegleiten, ging er zur Terrassentür. Er öffnete sie, frische Luft drang ins Zimmer.

»Fühlen Sie sich nicht wohl?« fragte ich. Er gab keine Antwort, sein Gesicht schimmerte kalkweiß, die Augen waren ausdruckslos. Ich mußte an den Königssohn im Märchen denken, der sich in ein wildes Tier verwandelt. Noch sieht er aus wie ein Prinz, doch die Bestie in ihm lauert schon auf den Sprung. Wir standen an der Tür zum Wintergarten, einem Glasgehäuse, in dem Blattpflanzen, Kakteen, auch Orchideen gezüchtet wurden. Hinter mir hörte ich das Lachen meines Vetters: »Sieh nur, unsere Kleine«, sagte er zu meiner Tante, seiner Mutter, die gleichfalls lachte auf ihre etwas atemlose Art. Ich fragte den »Großfürsten«, ob wir einen Spaziergang im Park machen wollten. Er nickte, tat jedoch keinen Schritt, als halte ihn etwas auf der Türschwelle zurück. Stand er unter dem Befehl eines fremden Willens? Die Kapelle spielte einen Walzer, der in einem wilden Trommelwirbel endete. Die Umrisse der Tanzenden verschwammen vor meinen Augen – Farbflecke, giftiges Grün, sahniges Weiß, Altrosa, Violett, dazu die Bewegungen des Schwingens und Schwebens. Vor der Blumentapete an der Wand zeichneten sich die Gestalten der Nichttänzer ab, Karikaturen, boshaft, mit spitzen Nasen und dünnlippigen Mündern. Sie wollen ihn mir wegnehmen, dachte ich. Die französische Gesellschafterin meiner Tante, die einzige, die wegen eines Trauerfalls in Schwarz erschienen war, trat auf mich zu, legte mir die Hand auf den Arm und sagte: »Ma chère, je vous emprie.« »Qu'est ce que vous voulez?« fragte ich gereizt. Da sagte sie leise, damit die anderen es nicht hören konnten: »Il est fou, mais vous n'êtes pas folle.«

Eine Tanzpause. Einige Gäste blickten mich an, ihre Pupillen waren unnatürlich groß. Waren es Patienten der Anstalt, standen sie unter Betäubungsmitteln? Hatte man sie gefesselt durch Drogen, die ihre Bewegungen verlangsamten? Hier half nur Flucht. Ich zerrte den »Großfürsten« am Arm mit auf die Terrasse. Er ließ sich wie ein Kind über die Rasenfläche des Parks führen. Wir setzten uns auf eine Bank am Seeufer. Windstille, Schwüle, Duft von Jasmin. Der »Großfürst« schien mich vergessen zu haben. Ab und zu drehte er sich um, als fürchte er sich vor weißgekleideten Pflegern, die hinter jedem Baumstamm im Dunkeln lauern konnten. Dann fing er wieder zu reden an, französisch, so schnell, daß ich nur wenige Worte verstand: »Man hält mich hier widerrechtlich fest«, sagte er, »Tag und Nacht ist das Tor abgeschlossen.« Er sprach hastig, im Flüsterton, beugte sich zu mir nieder, ich merkte, wie er zitterte. Aus welchem Grund wählte er mich zu seiner Komplizin? Weil ich, genau wie er, über die verschiedenen Möglichkeiten nachdachte, wie man das unerwünschte Leben, das man mitschleppen mußte, wegwerfen, abschneiden, auftrennen konnte wie eine Naht? Er hat mich erkannt, dachte ich, an irgendeinem Zeichen.

»Vous ètes ravissante«, sagte er auf einmal laut, »je vous adore.« Sein Blick blieb undurchdringlich. Ich stand auf, strich meinen Rock glatt. Ich riß die Blüte, die mir meine Tante ins Haar gesteckt hatte, aus meiner Ballfrisur, warf sie auf den Boden, trampelte auf ihr herum. Der »Großfürst« las die beschmutzten Blütenblätter von der Erde auf, sorgfältig, zärtlich. Eines pustete er wie eine Flocke von seinen Fingerspitzen in die Luft. Dann lachte er hart und böse.

Auf einmal lief ich, so schnell ich konnte, zum Haus. Auf dem Weg mit den Pfützen vom letzten Regenguß her verlor ich einen Ballschuh. Ich hinkte, hüpfte auf einem Bein zurück, angelte nach der Sandalette. Dann klopfte ich gegen die Terrassentür, die inzwischen abgeschlossen worden war. Hinter mir hörte ich das Geräusch langer Sprünge. Ich habe ihn nicht erlöst, dachte ich, der Königssohn hat sich in ein Raubtier zurückverwandelt.

Die Terrassentür wurde von innen geöffnet. Mein Vetter ließ mich ein. Er blickte auf seine Armbanduhr. »Wo bist du gewesen?« fragte er. Ich deutete auf das Rhododendrongebüsch am See. Mit dem Rücken zum Park blieb ich auf der Terrasse stehen. Ich ging nicht in den Salon zurück, ich fürchtete mich vor dem Spott der Gäste. Da hörte ich den Schrei, unmenschlich, fremd, das Jammern eines Kranken in der Narkose. Ich dachte: ein Irrer ist ausgebrochen. Gleich darauf wurde es still. Einige dienstbare Geister kamen auf die Terrasse hinaus, zündeten Fakkeln an. Die Gäste traten ins Freie, in Erwartung des Feuerwerks.

Der »Großfürst« kehrte nicht zurück. Ich habe ihn nie wiedergesehen.

Machtergreifung

In der Mittagspause gingen wir spazieren, zwei Freunde und ich, weglos durch den Hochwald über den Häusern der Schule, am tauenden Bach entlang zur Landstraße, die ins Tal hinunterführte. Da hörten wir den Motor eines Lastwagens, er bog um die Kurve, wir wichen ihm aus. Jetzt erkannten wir seine Fracht: Männer, dicht aneinandergedrängt, standen im Fond, in braunen Uniformen mit Hakenkreuz-Armbinden, auf den Köpfen die Schirmmützen der SA. Machten sie eine Übung? Schwerfällig sprangen sie vom haltenden Wagen ab. Einer verstauchte sich den Fuß, er hinkte auf mich zu. Die Uniform paßte ihm nicht. Ich kannte sein Gesicht, er wohnte hier in der Gegend, ein Frührentner, ausgebildet als Volksschullehrer. Er gehörte zur Stammtischrunde des Gasthauses, vor dem wir standen.

»Wir wollen das rote Nest ausräuchern«, schrie er und deutete auf die schindelbedeckten Schulhäuser, die in der Stille des Märznachmittages in ihren kahlen Baumnestern lagen. »Ein Bild des Friedens. Aber hinter den Häusermauern wird die Kommunistenbrut herangezüchtet.« Ein Bauer in Uniform fuchtelte mit einer Pistole vor meinem Gesicht herum. Seine Hand umklammerte meinen Arm. Er stank nach Schweiß und Schnaps. Auch die beiden Jungen bekamen uniformierte Zwangsbegleiter, die sie über den Hof in das Gasthaus schoben. »Durchsuchen«, lautete ihr Befehl. Wir zeigten unsere leeren Hände und Manteltaschen. Der Volksschullehrer erklärte mir den Sinn der Aktion. Die Besatzung des Lastwagens würde die Odenwaldschule »im Handstreich erobern«. Alle Zimmer würden nach staatsfeindlichem Material durchsucht. Lehrer und Kinder sollten verhört werden. Wir drei waren verdächtigt, mit kommunistischem Material ins Tal hinuntergeschickt worden zu sein, um die Schriften vor Beschlagnahme in Sicherheit zu bringen.

Die Hände des Bauern in SA-Uniform betasteten mich, sowie wir in der Gaststube angelangt waren. Er tat das in seiner Eigenschaft als Amtsperson, wie er betonte, flüchtig, in Gegenwart der Wirtin, die darüber wachte, daß er nicht zu intim wurde. Er nutzte die Gelegenheit nicht aus, er war sich seiner neuen Würde bewußt. Die erste Leibesvisitation in meinem Leben! Noch tagelang hinterher spürte ich den Druck der groben Hände, die meine Jacke abklopften und die Taschen umdrehten.

»Nichts«, meldete der SA-Mann, der mich durchsucht hatte, dem Volksschullehrer, der so etwas wie sein Vorgesetzter zu sein schien. Auch bei den Jungen wurde nichts Verdächtiges gefunden, nur ein Reclamband mit der gegegenwärtigen Schullektüre Der Prinz von Homburg.

»Man muß jeder Spur nachgehen«, sagte der Volksschullehrer, während er in dem Band blätterte, »ich weiß Bescheid, daß ihr da oben statt Goethe und Schiller, nach denen die Häuser benannt sind, das Kapital von Marx studiert.« Wir wurden als Geiseln mitgeschleppt und zwischen die Uniformierten in den Wagenfond gestellt. »Auf geht's«, rief der Bauer dem Fahrer zu. »Eine Blitzaktion«, erklärte der Volksschullehrer. »Wir werden die da oben aufrütteln aus ihrem Dornröschenschlummer.« Der Wagen ratterte um die Kurve vor der kleinen Brücke über den Bach, dann fuhr er den Hügel zum Platz vor dem Goethe-Haus hinauf, bremste scharf, blieb in einer Staubwolke vor dem Haupteingang stehen. Auf den Treppenwegen zwischen den Schulhäusern war in der Stunde der Mittagsruhe niemand unterwegs. Die Männer sprangen vom Wagen ab und bereiteten ihre Blitzaktion vor. Alle Hauseingänge wurden durch bewaffnete Posten besetzt. Mich schickten die Männer ins Mädchenquartier. Aufgeschreckt aus ihrem

Mittagsschlaf hockten meine Zimmergenossinnen auf ihren Betten. Ich schlich mich in den Korridor zu meinem Schrank, um einige Bücher in Sicherheit zu bringen. Der Bauer, der mich im Gasthaus durchsucht hatte, stand als Wachposten im Treppenhaus. »Ins Zimmer zurück«, rief er, »Haussuchung.« Die SA-Leute durchwühlten alle Schränke, sie verglichen die Titel der Bücher mit einer Liste, eine Arbeit, die viel Zeit in Anspruch nahm. Der Volksschullehrer half ihnen dabei. Wir unterhielten uns flüsternd, die kleineren Mädchen kicherten, als sie sahen, wie die Männer Bücher auf einen Haufen in den Korridor warfen.

Der Bücherschrank des »roten Barons« fiel mir ein. Er lag zur Zeit auf der Krankenstation und wußte nichts von der Hausbesetzung. Der Siebzehnjährige war Kommunist. In den Abendstunden gab er uns Unterricht über Mehrwert und Klassenkampf. Mit einer Freundin schlich ich mich über die Hintertreppe. Wieder trat uns ein Posten entgegen, ein verarmter Jungbauer, der den Elternhof an seine Brüder verloren hatte. Jetzt arbeitete er in der Stadt und half in seiner Freizeit bei Gartenarbeiten im Schulgelände. »Guten Tag, Hermann«, sagte ich, froh einen Bekannten gefunden zu haben. Auch er trug die Uniform mit der Hakenkreuzbinde, nur die Schirmmütze hatte er abgesetzt.

»Passierschein?« Ich hörte diesen Ausdruck zum ersten Mal in meinem Leben. »Ein Krankenbesuch«, sagte meine Freundin, »es ist dringend.« Der junge Mann lächelte uns zu, wir verständigten uns durch ein Nicken. Schnell hatten wir die Regeln des neuen Spiels gelernt. Hinter den Häusern liefen wir unbemerkt zu einem Kellereingang und gelangten von dort aus in die Mansarde. Wir räumten den Schrank des roten Barons aus, reichten uns die Bücher wie Ziegelsteine beim Bau zu, versteckten sie unter lockerer Dachpappe vorm Mansardenfenster. Im Schreibtisch des Jungen fanden die Männer später einen Skizzenblock mit Aktzeichnungen. »Sauerei«, sagte der Anführer. Er zeigte seinen Kameraden die Zeichnungen von einem jungen Mädchen, das Modell in der Malklasse der Abiturienten gestanden hatte. Ihr Körper war noch kindlich, winzige Brüste, schütteres Schamhaar vorm Schoß. Sie stand verlegen da, mit hängenden Schultern und zusammengedrückten Knien.

»Wer ist das?« fragte der SA-Mann, »den Namen, bitte!« Ich schüttelte den Kopf: keine Ahnung, wie das Mädchen heißt. Ich hatte nie an einem Aktkurs teilgenommen. Die Männer versteckten den Skizzenblock in ihrem Marschgepäck, das sie mit sich führten, als seien sie zu einem Manöver ausgerückt. Das Blatt mit dem nackten Mädchen wurde nicht wie die Bücher zum Fenster hinausgeworfen.

Gegen Abend versammelte sich die Schulgemeinde auf dem Hof vor dem Haupthaus. Im Halbkreis standen wir bedrückt und stumm um den Haufen mit den beschlagnahmten Büchern herum: Lehrer, Kinder, der Schulleiter und einige Gäste. Der Anführer der Blitzaktion hielt eine Rede über den Anbruch der neuen Zeit nach dem Wahlsieg der Nationalsozialisten. Er schloß mit dem Hitlergruß. Keiner aus der Runde erwiderte ein Wort. Ich blickte zum Himmel auf, es fing zu dämmern an. Die Rauchsäulen aus den Kaminen der Häuser stiegen gerade in die Luft auf, die Zweige der Obstbäume auf dem Hügelhang über dem Schulgelände bewegten sich nicht.

»Feuer«, rief der Volksschullehrer. Einige der Jungen lachten über den kriegerischen Befehl. Die SA-Leute bemühten sich vergeblich, mit brennendem Papier die Bücher anzustecken. Endlich brannte der Scheiterhaufen, die Flammen knisterten. Der Volksschullehrer fing zu schwitzen an. Er warf einzelne Bücher in hohem Bogen ins Feuer, las laut ihre Titel vor. Niemand griff ein, keiner sagte ein Wort. Auf der anderen Seite des Feuers, am Rande des Sandwegs, der den Schulhof vom Wiesenhang trennte, war ein Streit zwischen einem Lehrer und einem Uniformierten ausgebrochen. Die Flammen lärmten, ich verstand kein Wort. Im Widerschein des Feuers sah ich, wie einer der als SA-Männer verkleideten Bauern den Lehrer mit Fußtritten den Hügel hinuntertrieb.

»Du wirst dich noch wundern, du Saujud«, rief der Volksschullehrer ihm nach. Er stemmte seine Hände in die Hüften und sah dem Schauspiel mit offenem Munde zu. »Ihr alle werdet euch wundern.« Der Lehrer stolperte, fast wäre er hingefallen. Er war kurzsichtig, seine Brille hatte er im Dunkeln verloren. Schweigend sahen Lehrer und Schüler der Mißhandlung zu. Eine Lehrerin brach in Schluchzen aus, einige Mädchen weinten laut. Endlich fand ich die Kraft, meinen Platz zu verlassen. Der Jungbauer Hermann, der neben mir in der Kette der Männer stand, sagte leise: »Keine Dummheiten!« Ich wollte mich aus dem Umkreis der Flammen entfernen und zum Hügelhang schleichen, um zu sehen, wo der Lehrer geblieben war. Hermann packte meinen Arm, er hielt mich zurück. Ich wollte schreien, aber kein Laut drang aus meiner Kehle. Hermann führte mich an meinen Platz im Halbkreis der Zuschauer zurück. Allmählich wurden die Flammen kleiner. Einige Bücher lagen unverbrannt in der Glut, bei anderen waren nur die Ränder der Seiten angesengt. Übelriechender Rauch schlug mir ins Gesicht.

Die SA-Männer sangen ein Lied. Der Volksschullehrer gab den Takt an, indem er mit dem Stiefelabsatz auf den Boden stieß. Die Melodie erkannte ich wieder, sie stammte von einem kommunistischen Kampfgesang, den der »rote Baron« uns auf einer Schulwanderung beigebracht hatte. Nur den Text hatten sie ausgewechselt. Der Anführer der

Blitzaktion forderte uns auf, den Refrain mitzusingen, aber wir schwiegen. Die meisten SA-Männer sangen falsch, sie kannten weder den Text noch die Melodie des vaterländischen Liedes genau.

Ein schöner Tod

Jeden Abend, wenn ich vom Büro heimkam, saßen die alten Leute in der dunklen Küche und stritten sich. Die Frau keifte mit hoher Stimme, ich konnte fast jedes Wort verstehen, das sie sagte. Der Mann murmelte und murrte, bis er plötzlich laut brüllte und mit der Faust auf den Tisch schlug. Dann verstummte die Frau. Manchmal zerbrach etwas, Glas oder Geschirr. Die alte Frau weinte. »Weshalb machen sie kein Licht?« fragte P., als ich mit ihm durch den Flur in mein möbliertes Zimmer ging. »Sie wollen sparen«, sagte ich, »sie sitzen oft stundenlang im Dunkeln. Um neun Uhr gehen sie ins Eheschlafzimmer hinüber. Dort streiten sie sich nie. Sie legen sich gleich ins Bett, ohne sich zu waschen.«

Die Helligkeit von der Deckenlampe im möblierten Zimmer, das früher die gute Stube des alten Paares gewesen war, legte jede Einzelheit der Einrichtung bloß: das dunkle Buffet, das Bild überm Bett, das die Hochzeit zu Kana darstellte, die Zimmerpflanze am Fenster, die Häkeldecke auf dem Tisch. P. ging eine Weile zwischen Fenster und Tür hin und her, ohne sich zu setzen. Er blickte sich um. »Dies Zimmer gefällt mir nicht«, sagte er, »an deiner Stelle würde ich kündigen.« Er schlug vor, in das Lokal an der Straßenecke zu gehen, um noch etwas zu trinken. Ich wollte meinen Mantel anziehen, da klopfte es an die Tür. Der Streit in der Küche hatte seit einer Weile aufgehört. Ich ging auf den Flur hinaus.

Alle Lampen in der Wohnung brannten, das kam mir wie ein Alarmsignal vor. Der alte Mann stand vor mir im offenen Hemd mit Hosenträgern, Hausschuhe an den bloßen Füßen. Sein Haar stand vom Kopf ab, die Augen waren weit aufgerissen, von den Mundwinkeln rann Speichel zum Kinn mit den Bartstoppeln nieder. Er deutete mit dem

Zeigefinger zur Tür des Eheschlafzimmers, die angelehnt war. »Ihr ist schlecht geworden«, sagte er, »sie hat sich hingelegt, einmal ans Herz gefaßt, ein paar Mal gejapst. Sie liegt auf dem Bett.«

Er ergriff meinen Arm und zerrte mich zum Schlafzimmer. Auch hier brannte das Deckenlicht. Auf dem Bett an der Fensterseite lag im Kittelkleid, mit der Küchenschürze und schwarzen Wollstrümpfen, die alte Frau. An ihrer Kleidung und an ihrem Gesichtsausdruck deutete nichts auf einen Schmerzanfall hin. Sie lag auf dem Rücken, die Arme zu beiden Seiten ausgestreckt, ihr Gesicht war voller geworden, sie hatte sich verjüngt, sie hatte kaum mehr Falten, und Lid- und Mundwinkel, die etwas geschwollenen Lippen schienen zu lächeln. Ich blieb auf der Türschwelle stehen. Der alte Mann schlurfte zu seinem Bett, er riß sein Nachthemd, das auf dem Kopfkissen lag, an sich und rief auf einmal laut: »Die Alte ist tot.«

»Vielleicht ist sie nur ohnmächtig«, sagte ich, »man muß einen Arzt...« Der alte Mann nickte, er ging auf den Flur hinaus. Als ich mich nach ihm umdrehte, war er verschwunden. Ich blieb allein mit der alten Frau zurück. Mir fiel auf, daß ihre Brille, die ihrem Blick immer etwas Mißtrauisches gegeben hatte, auf dem Nachttisch lag. Ich ging zum Bett und berührte ihren Oberarm, ich fühlte das erkaltende Fleisch wie einen fremden Stoff an den Fingerspitzen. Nie zuvor hatte ich einen Toten aus dieser Nähe gesehen, nie war ich mit einer Leiche allein in einem Zimmer gewesen. Noch einmal strich ich über die bloße Haut am Hals. Hier spürte ich noch etwas von der Wärme des Blutes. Die Haut war feucht und glitschig. Gern hätte ich die Lider zugedrückt, aber ich wollte das lieber dem Arzt überlassen. Ich zweifelte keinen Augenblick daran, daß die alte Frau tot war. Es ging soviel Stille von der auf dem Rücken Liegenden aus. Sie wird niemals mehr streiten, dachte ich, die keifende Stimme in der Küche ist für immer verstummt.

Ein Luftzug wehte von der sich öffnenden Tür. Die Nachbarin aus dem ersten Stockwerk, die einen Ersatzschlüssel zur Wohnung des alten Paares besaß, stand auf der Schwelle. Es war eine dicke Frau von schwer bestimmbarem Alter mit einem um den Kopf gewundenen Zopf. Fast alle Frauen aus dem Haus kamen nacheinander in die Wohnung, sie stellten sich um das Bett herum auf, um der Toten, die sie kaum gekannt hatten, die letzte Ehre zu erweisen. Der einzige Mann, der das Zimmer betrat, war der Arzt; mit seiner Hornbrille, dem steifen Hut und der Aktentasche sah er eher wie ein Notar oder Testamentsvollstrecker aus. Als er kam, hatte die Frau mit dem um den Kopf gewundenen Zopf der Toten schon die Lider zugedrückt, sie machte es geschickt mit Daumen und Zeigefinger der rechten Hand, offenbar hatte sie Übung darin. Der Arzt hatte es eilig, wieder wegzukommen. Er schrieb den Totenschein, fragte mich, ob ich eine Verwandte sei. »Ich wohne hier nur in Untermiete«, sagte ich, »aber es gibt einen Ehemann.« Der Arzt fragte nicht, wo sich der alte Mann befinde. Er verließ die Wohnung. Die Prozession der Frauen ging weiter, jetzt kamen auch Nachbarinnen aus dem Nebenhaus. Manche sagten: »Ein schöner Tod. Sie hat sich nicht abplagen müssen.« Eine wollte mir kondolieren, sie hielt mich für eine Angehörige. Auf einmal standen halbwelke Blumen auf dem Nachttisch. Jemand hatte die Kerzen im Leuchter, der auf dem Schrank stand, angezündet.

Aus dem Treppenhaus hörte ich schlurfende Schritte. Der alte Mann war zurückgekommen, betrat jedoch die Wohnung nicht. Später sah ich ihn auf der Kellertreppe sitzen, er trank Schnaps aus einer Flasche, redete vor sich hin, grölte. »Sie müssen den Todesfall melden«, sagte ich.

Die automatische Beleuchtung im Treppenhaus ging aus. »Ich bleib hier sitzen«, rief er, »die ganze Nacht. Man kann mich nicht zwingen, bei ihr zu schlafen. Ich will keine Leiche im Bett.« Er sah aus, als habe er nächtelang im Freien zugebracht. Er rülpste, er glotzte mich an, nachdem ich das Licht wieder angemacht hatte. Sein Blick kam mir böse vor, so als wolle er sagen: du bist an allem schuld. Die Nachbarin wollte wieder in ihre Wohnung hinaufgehen, sie entdeckte den Betrunkenen auf der Kellertreppe, sie sagte: »Alle Männer sind feige. Statt bei seiner toten Frau zu sein, säuft er. Lassen Sie ihn hier draußen.«

»Und wer erledigt die Formalitäten?« fragte ich. Die Nachbarin sagte: »Das mache ich.« Der alte Mann auf der Kellertreppe fing zu singen an, ein Soldatenlied mit obszönen Schlußversen. »Der weckt das ganze Haus auf«, sagte die Nachbarin. In diesem Augenblick fiel mir P. wieder ein, der in meinem Zimmer zurückgeblieben war. Vielleicht hatte er die allgemeine Verwirrung benutzt, um das Haus zu verlassen. Als ich ins Zimmer zurückging, fragte ich mich: Was geht mich das Ganze an? Ich würde kündigen, sowie der alte Mann wieder nüchtern war. Mit meiner Nachtruhe war es vorbei; keinen Augenblick würde ich vergessen, daß ich Wand an Wand mit einer Toten lag. Ich schloß die Tür hinter mir ab, es war dunkel im Zimmer. Ich ging zum Bett, da merkte ich, daß P. dort lag, angezogen, aber ohne Schuhe, auf der Seite, mit angezogenen Knien. Er bewegte sich nicht, er schlief. Die steife Rückenlage der Toten nebenan fiel mir ein. Ich schüttelte P. an der Schulter, seine Haut war trocken und warm, etwas rauh an Kinn und Wangen. »Weißt du nicht, was hier los ist?« fragte ich, »hast du die ganze Zeit geschlafen?« Er streckte die Hand aus, wollte mich an sich ziehen. Ich machte mich los. »Die alte Frau ist tot«, rief ich. »Der alte Mann hockt betrunken auf der Kellertreppe. Die Wohnung ist voll von Frauen. Ein Arzt ist gekommen, um den Totenschein ...« P. hatte sich aufgerichtet. »Sei froh, daß du nicht allein bist in solch einer Nacht«, sagte er. Er versuchte, den Reißverschluß meines Kleides zu öffnen. »Weg mit dem Zeug«, rief er, warf alle Kleidungsstücke, seine und meine, auf den Boden.

Im Flur war es still geworden, alle Besucherinnen hatten die Wohnung verlassen. Ich fragte mich, ob sie die Kerzen im Leuchter ausgelöscht hatten. P. umklammerte mich so fest, daß ich kaum Luft bekam. »Der Alte«, sagte er, »kommt heut nacht nicht zurück. Niemand kann uns hören.« Bis jetzt hatten wir in dem möblierten Zimmer, Wand an Wand mit dem alten Paar, immer nur geflüstert. Bei meinem Einzug, als sie mir den Hausschlüssel gab, hatte die alte Frau gesagt: Herrenbesuch nur bis 10 Uhr abends.

»Denk nicht mehr an nebenan«, sagte P., »ich bin bei dir.« Ich wollte lachen, es gelang mir nicht. Auf einmal zitterte ich, ich klapperte mit den Zähnen, in einem Anfall von Schüttelfrost. P. hielt mich an den Schultern fest. »Ich habe Angst«, sagte ich. Jetzt war ich es, die ihn umklammerte. »Du mußt hier bleiben«, sagte ich, »ich will nicht allein sein in diesem Haus.« Wir benahmen uns schamlos laut, wir stöhnten, schluchzten und lachten. Das Bett knarrte. Wir wälzten uns herum. Ich fiel auf den Boden, zog ihn mit. Wir liebten uns auf dem staubigen Teppich, den die alte Frau nur noch selten gereinigt hatte. Jedesmal, wenn ich mich von ihm lösen wollte, fragte er: »Woran denkst du?« »An nichts«, sagte ich. In dieser Nacht erlebte ich zum ersten Mal jenen Krampf, der sich jäh verdichtet und nach einem Zucken in reine Lust auflöst. »So war es noch nie«, sagte ich. Einmal dachte ich an die alte Frau nebenan. Hinter der dünnen Tapetenwand arbeitete der Tod an seiner Beute, er vergiftete ihr Blut und ließ den Leichnam in Verwesung übergehen.

Nie mehr wird es zwischen uns so sein wie in dieser Nacht, dachte ich, daß die Spannung sich in mir endlich gelöst hat, verdanke ich der Toten. »Ich will dich immer so haben«, sagte P., »so und nicht anders.« Ich will wach bleiben, dachte ich, die ganze Nacht. Wir fielen voneinander ab. Sofort hatte der Schlaf mich verschluckt. Ich träumte, daß wir uns weiterliebten im Ehebett der alten Leute, bei Deckenlicht, im Angesicht der Toten. Einmal stieß ich mit der Schulter an ihre kalte Hand mit den stumpfen Nägeln. Ich schrie auf und erwachte. P. hielt mir den Mund zu. »Beruhige dich«, sagte er, »es war nur ein Traum. Du mußt dich ganz still neben mich legen.«

In der Morgendämmerung wurde die Wohnungstür aufgeschlossen. Mehrere Personen waren auf einmal im Flur. Ich hörte den Schritt der Nachbarin mit dem um den Kopf gewundenen Zopf. »Hier herein«, sagte sie. Jemand drückte aus Versehen die Klinke zu meinem Zimmer nieder. Ich richtete mich im Bett auf. P. lag von mir abgewandt. Er schlief, er wachte nicht auf von den Geräuschen in der Wohnung. Im Zimmer der Toten wurde die Schranktür geöffnet und wieder zugestoßen, Wasser lief ins Becken. Ich stellte mir vor, wie sie die alte Frau drüben auszogen, wuschen und in ein langes Hemd kleideten. Der alte Mann war nicht da, keiner fragte nach ihm, niemand schien ihn zu vermissen. Saß er noch immer auf der Kellertreppe, war er dort eingeschlafen? Ich knipste die Nachttischlampe an. Auf dem Flur brannte wieder das Deckenlicht. Ich betrachtete P. wie er schlief und die Luft mit einem rasselnden Geräusch ausstieß, das noch kein Schnarchen war. Er kam mir fremd vor mit seinem verschlossenen, etwas verstockten Gesicht. Ich betrachtete ihn so, wie ein Mann am Morgen nach einer Liebesnacht ein unbekanntes Mädchen ansieht, das er an seiner Seite findet. Wenn es erwacht, wird er es wegschicken.

Die Schritte auf dem Flur wurden lauter, eine Stimme, in der ich die der Nachbarin mit dem Zopf erkannte, rief mehrmals hintereinander: »Fräulein!« Ich weckte P. auf, ich sagte ihm, er könne nicht länger hier bleiben. Ich zog meinen Morgenrock an, ich wusch mein Gesicht, kämmte mein Haar. »Ich komme gleich«, rief ich. »Mit wem redest du?« fragte P. Er saß auf der Bettkante und sammelte seine Kleidungsstücke vom Boden auf. »Was für ein Lärm ist in der Wohnung«, fragte er, »wird sie schon abgeholt?«

Ich bat ihn, solange zu warten, bis ich im Schlafzimmer der alten Leute war, so daß er ungesehen die Wohnung verlassen konnte. »Wann sehen wir uns wieder?« fragte er. »Ich melde mich«, sagte ich. Ich wußte, ich würde es nicht tun, wir würden uns nicht wiedersehen. »Fräulein«, rief die Stimme der Nachbarin aus der Küche. Ich kam im Morgenrock auf den Flur. Sie deckte den Tisch in der Küche. »Er steht draußen«, sagte sie, »ich mache Kaffee. Er muß nüchtern werden. Holen Sie ihn.« Ich öffnete die Wohnungstür. P. war schon verschwunden. Im Vorgarten des Hauses stand der alte Mann. Ich sah die Hausschuhe an seinen bloßen Füßen. Sicher hat er gefroren heut nacht auf der Kellertreppe, dachte ich.

Lehrzeit

Manuel sitzt auf dem Holztisch im Glashäuschen, wo ich in Stellvertretung des Meisters den Lohn ausbezahle. Er raucht eine Zigarette, bläst mir den Qualm ins Gesicht. »Einen komischen Meister haben wir heut«, sagt er, »man könnte denken, es ist ein kleines Mädchen.« Ich trage den weißen Kittel der kaufmännischen Lehrlinge dieser Maschinenfabrik, Manuel seine blaue Arbeitskluft. Wenn ich aufblicke, sehe ich durch das Glas die Stahlkonstruktion der Werkhalle. Rechts und links vom Mittelgang stehen in Doppelreihen die Maschinen, an der Fensterwand arbeiten Dreher, Fräser und Schweißer an ihren Werkbänken. Manuel prüft den Inhalt der Lohntüte, vergleicht ihn mit der Abrechnung. »Fehlen ein paar Überstunden«, sagt er, »wenn man nicht aufpaßt ... die im Lohnbüro verrechnen sich immer zu ihren Gunsten.« Manuel ist Autogenschweißer, ein Künstler in seinem Fach, treibt mit Geschick und Feingefühl mit dem Brennstrahl den Metalltropfen vor sich her, ohne ein Loch in das Werkstück zu brennen. Ein Italiener, seine Mutter arbeitet in der Elektrodenabteilung, sein Vater ist vor ein paar Jahren tödlich verunglückt bei Ladearbeiten am Anschlußgleis.

Vor der Glasscheibe des Meisterhäuschens drücken sich einige von Manuels Kollegen die Nasen platt. Ein Mädchen, das Lohntüten austeilt, sieht man nicht alle Tage. Kein Meister, keine Aufsicht! Ich addiere Zahlen, schon in der Schule war ich im Rechnen mangelhaft. Manuel weist mir einen Fehler nach. An der linken Hand fehlt ihm ein halber Finger. Arbeitsunfall beim Rückschlag der Flamme seines Schweißbrenners. So etwas kommt vor, wenn man leichtsinnig ist und den Asbesthandschuh vergißt. Manuel betrachtet seine grauweißen Sportschuhe, die er zur Arbeit trägt. Er rückt etwas näher, stößt mein Bein unter dem Tisch mit seiner Fußspitze an. Er macht sich an seiner Zigarettenschachtel zu schaffen, läßt sie auf- und zuklappen, bis ich einen Blick auf die Innenfläche des Dekkels werfe. Mit dem Bleistift, der dem Meister gehört, hat er eine Skizze gezeichnet, die mir den Weg zu einem geheimen Treffpunkt in der Pause beschreibt. Der Strich bricht rechtwinklig ab, es geht rechts, dann wieder links, eine Treppe hinunter, in einen Nebenraum der Kantine, wo sonst der Betriebsrat tagt. Manuel kann nicht so gut zeichnen wie schweißen. Ich setze das Spiel mit der Zigarettenschachtel fort, indem ich den Deckel mit der Skizze in kleine Stücke zerreiße.

Der Meister vom benachbarten Glashaus öffnet die Tür. Er ist alt, wird wegen seiner rötlich entzündeten Augen und wegen des weißen Haarschopfs Albino genannt. »Bleib, wo du bist«, sagt er zu Manuel, der vom Tisch aufstehen will, »wir haben keine Geheimnisse.« Er kündigt uns hohen Besuch an. Eigentlich sollte der Minister schon vor einigen Tagen kommen. Jetzt hat er sich, in Begleitung einiger hoher italienischer Offiziere, für den Nachmittag zur Werksbesichtigung angemeldet.

»In einer Stunde sind sie da«, sagt der Meister. Die Arbeiter werden mit Säubern und Blankreiben der Maschinen beschäftigt, weibliche Fege- und Wischkolonnen reinigen die Mittelgänge der Werkhalle. »Ich verdrücke mich«, sagt Manuel, »ohne mich.« »Du bleibst da wie alle anderen«, sagt der Meister, »deine Spaghettifresser sind auch dabei.« Noch während der Säuberungsaktion nehmen die Arbeiter Wartehaltung an, verlagern ihr Gewicht von einem Fuß auf den anderen, sie senken die Köpfe. So können sie stundenlang stehen, ohne zu ermüden.

Alle Räder und Motoren stehen still, die Schweißbrenner zischen nicht mehr. In der Halle ist auf einmal ein Summen wie von einem Insektenschwarm. Ein Murren des Protestes, das mit jeder Minute stärker wird, obgleich niemand ein Wort sagt. Die Frauen vom Fließband der Elektrodenabteilung ziehen durch die Werkhalle, drehen die Köpfe in den bunten Tüchern herum. Mit ihnen kommt Bewegung in den Raum. Sie lachen, sie gehen eingehakt durch den Mittelgang – Mädchen einer Schulklasse, stelzbeinig, affektiert. Fast alle sind jung, haben daheim kleine Kinder und einen Mann, der aufs Essen wartet. Als die Arbeiter ihnen etwas zurufen, strecken sie sich, elektrisiert, bekommen einen anderen Gang, einen anderen Gesichtsausdruck. Ein Wechselgespräch, Anruf und Gegenruf, laut, als müsse man weite Entfernungen überwinden. Auf einmal ist die Halle voller Stimmen.

Wir Lehrlinge müssen in Dreierreihen vorm Fabrikgebäude im Freien antreten. Ein kleiner, untersetzter, fast kahlköpfiger Mann in schlecht sitzender Uniform, unauffällig, Typ Stammtischspießer, schreitet mit erhobenem Arm die Front ab, vergißt jedoch, uns dabei in die Augen zu blicken. Hinter ihm kommen drei Generäle in der Uniform italienischer Schwarzhemden. Der Minister bleibt vorm Betriebsführer stehen und erklärt die Firma zum Musterbetrieb für Lehrlingsausbildung. Weil er nicht weiß, was er noch tun soll, gibt er jedem von uns die Hand. Sein Blick ist trübe, er hat tiefe Schatten um die Augen. Er fährt sich mit der Zunge über die Lippen. Dann deutet er nach der Baracke auf dem Rasenplatz des Werkgeländes. »Ist das die Kantine?« fragt er. Und er lädt seine italienischen Gäste zu einem Umtrunk ein. Die Gruppe der Uniformierten verschwindet in der Eßbaracke. »Die kommen nicht so bald wieder«, sagt einer der Posten, die an den Eingängen zur Werkhalle aufgestellt sind.

Die Arbeiter warten noch immer vor ihren Maschinen. Sie schweigen, kauen auf etwas herum, sind zu faul, um sich zu unterhalten. Einige lehnen an Pfosten, scheinen im

Stehen zu schlafen. Es fängt zu dämmern an. In der Halle wird es kühl. Es zieht von den offenstehenden Toren her. Jemand schaltet das Fließlicht ein, von irgendwoher blitzt der Strahl eines Schweißbrenners auf, erlischt jedoch gleich wieder. Aus allen Fenstern dringt das Licht. Soll es die in der Kantine Trinkenden an ihre Inspektionspflicht erinnern? Der Minister und seine Gäste kehren der Halle den Rücken zu. Regungslos hocken sie am Kantinentisch und lassen sich bewirten.

Keiner der Meister wagt es, ohne Weisung von oben, die Plätze vor den Maschinen räumen zu lassen. Jetzt warten die Arbeiter schon seit zwei Stunden, sie treten von einem Fuß auf den anderen. Als die Fließbandarbeiterinnen aus der Elektrodenabteilung ein Lied anstimmen, bricht der Tumult aus. Manuel, der noch immer mit mir im Glashaus sitzt, beobachtet aufmerksam, wie sich die Arbeiter vor den Transformatoren zu Gruppen zusammenschließen. Dann treten sie gemeinsam den Marsch durch den Mittelgang an. Auf einmal wird es finster, jemand hat die Hauptsicherung ausgeschaltet. Die Männer grölen in der Dunkelheit.

Draußen vor den Werktoren ist es noch dunkler, eine mondlose Nacht. Wir finden im Schreibtisch des Meisters Kerzen, zünden sie mit Manuels Feuerzeug an. Keiner weiß, wie viele Arbeiter, die Finsternis ausnutzend, schon gegangen sind, welche noch an den Maschinen ausharren, wer sich am Marsch durch den Mittelgang der Halle beteiligt hat. »Streik«, sagt Manuel, »Sciopero«. »Sabotage«, murmelt der Albino-Meister. »Wenn sie jetzt aus der Kantine kommen, dann ist was fällig.« »Sie kommen nicht mehr«, sage ich. Manuel verteidigt die faschistischen Generäle: Italiener betrinken sich nicht, sie machen nur aus Höflichkeit mit. Wenn einer hier betrunken ist, dann ist es der deutsche Minister.

»Ist es wahr«, fragt Manuel den alten Meister, »daß die Sauerstofferzeugungsanlagen, die hier hergestellt werden, auf Stickstoff umgestellt werden können: Sprengstoff, Nitroglyzerin? Dann sind wir ein Rüstungsbetrieb und produzieren für den kommenden Krieg.« Der Meister hustet vom Kerzenrauch, dann sagt er, Fremdarbeiter wie Manuel täten besser daran, nicht zuviel über Dinge, die sie nichts angingen, nachzudenken. Manuel benutzt die Dunkelheit, um mein Knie zu umfassen. Ich springe auf, will zur Tür. In der Halle ist es noch immer dunkel, schattenhafte Gestalten laufen am Glashaus vorüber. »Scheiß-Führer«, sagt Manuel laut. Der Meister stößt die brennende Kerze vom Tischrand. Ich bin schon in der Halle. Ich kenne den Weg zum nächsten Ausgang, ich stoße an keine eiserne Kante, an keine Werkbank. Dort wo die Luft kälter wird, bin ich im Freien. Die Kantine auf der anderen Seite der Rasenfläche strahlt Licht aus allen Fenstern. Die Halle ist dunkel wie an jedem Tag nach Feierabend. Die Fahrradgestelle vorm Eingang sind fast leer. Auf der Landstraße springe ich auf die nächste haltende Trambahn auf, obgleich es sich nicht um die Nummer handelt, die ich brauche.

Von der Betriebsleitung wird am Tag darauf keine Erklärung abgegeben, aus welchem Grund der Minister und seine Begleitung keine Zeit gefunden haben zu der geplanten Besichtigung. Niemand rügt die Arbeiter, weil sie ihre Plätze vorzeitig verlassen haben. Auch die Männer beschweren sich nicht über die vergebliche Wartezeit. Der Vorfall scheint vergessen zu sein. Ist es ein Zufall, daß Manuel einen Monat später den Betrieb verläßt? »Familiäre Gründe«, sagt der Meister, »seine Mutter will nach Italien zurück, der treue Sohn läßt sie nicht allein.« »Ich dachte schon, er hätte Ärger gehabt«, sage ich. »Hier wird niemand entlassen«, sagt der alte Meister, »heute hat jeder Arbeit. Keiner braucht stempeln zu gehen wie noch vor ein paar Jahren. Wir können auch jeden Ausländer brauchen. Aber natürlich hat jeder die Freiheit wegzugehen, wenn er will.« Er schließt die Tür des Glashauses hinter sich, damit niemand in der Halle seine Worte versteht.

Kriegsausbruch

Als wir im Fichtenwald den ersten Panzer entdeckten, dessen Raupen sich über die nadelbedeckte Erde fraßen, sagte ich: »Es ist nicht halb so schlimm wie im vergangenen Jahr. Damals war ich in Rom, bei Nonnen, auf dem Gianicolo, in einem Pilgerhotel. Tagelang sprach ich kaum ein Wort. Ich stand vor den Tempeln des Forums und las im Reiseführer die Daten ihrer Geschichte. Ich ging die vorgeschriebenen Wege zum Kolosseum, über den Tiber zur Engelsburg und zum Vatikan. In der Sixtinischen Kapelle hörte ich zum ersten Mal von Touristen, daß es wohl Krieg geben würde – wegen der Sudetendeutschen.«

Der Himmel über den Tannen und Fichten im Schwarzwald war grün, gläsern. Von der Höhenstraße aus, wo wir spazierengingen, konnte man den Sonnenuntergang nicht sehen, weil ein steiler Bergkegel die Sicht versperrte. Am Abend besuchten wir, weil wir Freikarten hatten, das Stadttheater. Man gab Coppelia, ein Ballett um eine lebendige Puppe. Die Tänzerin war für diese Rolle zu groß und zu dick, ihre Perücke saß schief. Bleich geschminkt, mit tiefen Augenschatten und blutroten Lippen, sah die Balletteuse wie ein weiblicher Clown aus.

Auf dem Heimweg entdeckten wir, daß hinter vielen Fenstern der Häuser in der Nähe des Marktplatzes noch Licht brannte. »Sonst schlafen sie schon um diese Zeit«, sagte mein Bruder.

Wieder hörten wir das Motorengeräusch von schweren Transportern und Geländewagen mit Kriegsgerät auf der Umgehungsstraße am Ausgang des Ortes. Alles, was aus Metall war, Antennen, Drähte, Telefonleitungen, schien zu vibrieren. »Truppenbewegungen in der Nacht«, sagte mein Bruder, »Mobilmachung.«

»Das ganze könnte auch ein Manöver sein«, sagte ich.

»Vor einem Jahr in Rom, während der Sudetenkrise, lag der Krieg wie der Qualm eines Holzfeuers über den Dächern von Trastevere. Ich war auf dem Friedhof der Deutschen hinter der Cestius-Pyramide. Dort roch es nach Pinien und nach Verwesung. Vor dem Grab John Keats mit der Inschrift ›Here lies one whose name was writ' in water‹ blieb ich stehen. So wie ihm, dachte ich, wird es jetzt Millionen junger Männer ergehen. Am Abend stand ich in der Menge vorm Palazzo Venezia. Auf dem Balkon erschien der Duce. Er hob den Arm und rief mit geschulter Schauspielerstimme: ›A Monaco abbiamo operato per la pace secondo giustizia. Non è questo l'ideale del popolo italiano?‹ Die Menge auf dem Platz brüllte: ›Si si si!‹ Auch ich. Eine Stimmung wie auf einem Volksfest.«

»Rede nicht immer von damals«, sagte mein Bruder, »schau dich hier um, damit du später erzählen kannst, wie es gewesen ist in diesen Tagen.« Wir blieben vor einem der spitzgiebeligen Eckhäuser am Marktplatz stehen, in dessen unterem Stockwerk ein Bierlokal war. Männer in Uniform sprangen von einem Geländewagen. Ich weiß nicht mehr, waren es Soldaten oder Polizisten. Einer schlug mit Fäusten an ein Haustor, das zu einem Innenhof führte. Eine Klingel schellte eine halbe Minute lang ununterbrochen. Hatte sie sich festgeklemmt oder hielt jemand den Finger auf dem Klingelknopf? Auf einmal standen alle Türen des Hauses, vor dem der Wagen hielt, offen. Von der Holztreppe her tönten Schaftstiefelschritte. Hinter den Gardinen der Fenster bewegten sich schattenhafte Gestalten. »Sie holen die Männer«, sagte mein Bruder. Es war, als würden friedlich schlafende Bürger bei Nacht und Nebel verhaftet. »Mir kommt das ganze unwirklich vor«, sagte ich, »wie auf dem Theater. Die altdeutschen Häuserkulissen stinken nach Pappe und Leim. Vor einem Jahr in Rom war alles echter, es roch nach Krieg.«

»Hör endlich auf damit«, sagte mein Bruder, »wir sind im August neunzehnhundertneununddreißig, merk es dir!« Auf einem gelben Fahrrad bog ein Postbote um die Straßenecke. Er stieg ab, indem er das Bein mit Schwung über die Querstange hob. Er pfiff und bewegte sich munter wie am frühen Morgen, wenn er seinen Dienst antrat. »Er trägt Gestellungsbefehle aus«, sagte mein Bruder. Im Innern der Häuser am Marktplatz mit der Kirche in der ungewöhnlichen Kreuzform rumorte es, als würde das unterste zu oberst gekehrt. Über einem Kastanienbaum stand ein Fenster offen. Eine junge Frau beugte sich hinaus. Sie rief »Willi, wo bist du?« Niemand antwortete ihr. Auf dem Kopfsteinpflaster der Straße schichteten sich Säcke und Kisten auf. »Sie packen«, sagte mein Bruder, »sie dürfen keine Stunde verlieren. Der Plan rollt.« Vor dem Brunnen am Marktplatz, dessen Wasserstrahl friedlich plätscherte, brach ein Holzkarren unter der Last der Gepäckstücke zusammen. Passanten halfen dem Jungen, der den Karren geschoben hatte, beim Aufsammeln der Koffer und Rucksäcke. Mir war, als zöge die ganze Stadt aus, mit Sack und Pack, als wollten die Bürger sich vor einem Erdbeben oder vor einer Feuersbrunst retten.

Mein Bruder ging vor dem Eckhaus mit dem Bierlokal auf und ab, er spitzte die Lippen. Wollte er ein Lied pfeifen wie der Postbote auf dem gelben Fahrrad? Mir fiel auf, wie leicht sein Schritt war und wie gerade er sich hielt. In den letzten Wochen, bei den Ferienspaziergängen durch den Wald, war er geschlichen, als habe er Bleigewichte an den Füßen. Mein Vater hatte ihm seinen Spazierstock unter die Ellbogen geschoben: »Halt dich gerade, Kopf hoch, Schultern zurück.«

Mein Bruder nieste ein paar Mal, mit geweiteten Nasenflügeln schnupperte er die Höhenluft. Er war erregt, nervös, elektrisiert. Ich dagegen blieb stumpf, wie gelähmt.

Vor einem Jahr in Rom hatte mich die gleiche kribblige Erregung umgetrieben. Man steigt nicht zweimal in den gleichen Fluß, dachte ich.

Im Ecklokal nahmen wir einen Abendtrunk. Es war noch zu früh, um schlafen zu gehen. An der Theke standen Bauernjungen in Hemden mit Hosenträgern. Sie tranken Obstschnaps. Es roch nach Kirschen und Himbeeren. Am Stammtisch hockten drei alte Männer, unbenutzt lagen die Skatkarten vor ihnen. Einer rauchte eine Pfeife mit bemaltem Porzellankopf, wie man sie in Antiquitätengeschäften für Touristen kaufen kann. Er wandte uns sein braun gegerbtes Profil zu. »Man müßte noch mal jung sein«, sagte er. Auch wir tranken Obstschnaps. Der alte Mann mit der Pfeife prostete uns zu. Wir vergaßen, unsere Gläser zu erheben. Die Rücken der Bauernjungen an der Theke kamen mir abweisend vor. Die Stimmung war bedrückt. Plötzlich schlug der alte Mann mit der Faust auf den Tisch, daß die Gläser klirrten: »Noch ist Polen nicht verloren«, rief er. Niemand achtete auf ihn, keiner lachte. Die Bedienung in der Tracht eines Schwarzwaldmädels räumte die Gläser ab. Der Wirt, ein dicker Mann mit rotem Gesicht, Glatze und blutunterlaufenen Augen, zeigte sich hinter der Theke. »Feierabend«, rief er. Keiner der Gäste erhob sich oder rief die Bedienung, um zu zahlen. Die Augen meines Bruders leuchteten fiebrig, sein Gesicht, das in den vergangenen Wochen eine ungesund gelbliche Hautfarbe gehabt hatte, rötete sich. »Du siehst fast erleichtert aus«, sagte ich. Er nickte: »So wäre es nicht weitergegangen.«

Wochenlang hatte ich zugesehen, wie er sich mit seinen Sorgen abquälte. Nach bestandener Doktorprüfung wußte er nicht, ob er bis zum Staatsexamen weiterstudieren sollte. Lehrer konnte und mochte er nicht werden, so wie die Dinge lagen. Die Universitätslaufbahn war ihm aus politischen Gründen versperrt. Zu einem Leben als freier

Schriftsteller fehlte ihm die Existenzgrundlage. »Das ist auch eine Lösung«, sagte er, »Krieg.« Er suchte Kleingeld in seiner Hosentasche, um zu bezahlen, fand aber nichts und überließ es mir, unsere Zeche vorn an der Theke zu begleichen. Als wir das Lokal verließen, sagte er, mehr zu sich selbst als zu mir gewandt: »Komisch, auf das Naheliegende kommt man nicht. In zwei Tagen muß ich mich bei meinem Ersatztruppenteil in Bad Saarow melden.«

Wir hatten noch immer keine Lust, nach Hause zu gehen. Es war wieder wärmer geworden, schwül wie vor einem Gewitter. Aber der Himmel war klar, übersät mit Sternen. Wir schlenderten durch den Kurpark. Zwischen den Rabatten und Hecken war es still. Wir hörten nichts mehr vom Motorengeräusch und vom Vibrieren der Konvois mit dem Kriegsgerät, die sich auf der Umgehungsstraße nach Norden bewegten. Auf einmal war der Mond da, er verschüttete sein Licht in einer milchigen Lache über die Wiesen. Die alten Bäume in den Anlagen warfen Schatten. Wir kamen zu einem Weiher. Unter den Laubgirlanden der Trauerweiden blinkte der Wasserspiegel. Wir entdeckten weiße Flecken von Schwänen, die sich kaum von der Stelle bewegten. Am Ufer, auf dem Rasen, saß ein Liebespaar. Das Mädchen legte den Kopf in den Nacken zurück, als wolle sie ein Mondbad nehmen. Der Saum ihres Rockes hatte sich hochgeschoben, man sah ihre bloßen Schenkel. Der junge Mann, der uns den Rücken zukehrte, versuchte, ihr die Bluse aufzuknöpfen. Sie wehrte sich nicht, aber er stellte sich ungeschickt an und sie half ihm nicht. »Morgen werde ich allein sein«, sagte das Mädchen. Mit einem Ruck beugte sie sich nach vorn, als habe der junge Mann, der ihre Brust umfaßte, ihr wehgetan. Ihr Haar fiel in die Stirn, es bedeckte die Schultern. Ich nahm den Arm meines Bruders, er ließ sich wie ein Kind über die Wiese zur Hauptallee mit den Kastanien führen. »Das war ein Abschied«, sagte ich. Unterwegs stießen wir auf ein zweites Paar. Die beiden lagen unbeweglich nebeneinander ausgestreckt auf der Parkwiese, das Mädchen auf dem Bauch, der Mann auf dem Rücken. Fast wäre ich über seinen Schuh gestolpert, den er abgestreift oder verloren hatte. Ein Hund, der quer über den Rasen lief, nahm den Schuh ins Maul und biß auf ihm herum wie auf einem Ball. Der Mann merkte es nicht. Er blickte zum Nachthimmel auf, er hatte die Arme hinterm Kopf verschränkt. Das Mädchen schluchzte leise.

Hinter den meisten Fenstern der Altstadthäuser waren inzwischen die Lichter ausgegangen. Die Tür des Ecklokals wurde geschlossen. Die Uhr der Marktkirche schlug Mitternacht. Gewohnheitsmäßig zählte ich die Glockenschläge, es waren dreizehn. Mein Irrtum kam mir wie ein böses Vorzeichen vor. »Komm nach Hause«, sagte ich zu meinem Bruder, »du solltest noch einmal ausschlafen.«

Im Wohnzimmer des gemieteten Ferienhauses brannte noch Licht. Am Eßtisch, von dem er die Zierdecke zurückgeschoben hatte, saß der Vater. Vor ihm lag der Katalog einer Ausstellung mit Gemälden aus dem Prado, die er gerade in Genf gesehen hatte. Er fragte nicht, wo wir uns so lange herumgetrieben hatten. Er zeigte uns eine Fotografie im Katalog. »Was ist das?« wollte er wissen. »Velasquez«, sagte ich, »die Meninas.« Er nickte, erfreut, daß ich das Bild wiedererkannt hatte. »Es gibt Krieg«, sagte mein Bruder. Der Vater blickte ihn erstaunt an, er zog die Lippen nach innen und senkte die Lider, als habe mein Bruder etwas Ungehöriges gesagt. Dann schlug er den Katalog zu und räumte das Tagebuch weg, in das er Anmerkungen zur Ausstellung eingetragen hatte. »Endlich habe ich diese Bilder im Original gesehen«, sagte er, »die Reise hat sich gelohnt. Von diesen Erinnerungen kann ich noch lange zehren.«

Am Morgen darauf kauften wir in einer Drogerie Zahnbürste und Zahnpasta, Kamm, Bürste, Seife und einen neuen Rasierapparat für meinen Bruder. In einem Feinkostgeschäft bekam ich noch einige Konserven. Alle Lebensmittelläden waren überfüllt von Leuten, die sich mit dem Nötigsten eindecken wollten. »Wer hat, der hat«, sagte eine Hausfrau, »in ein paar Tagen gibt es Lebensmittelkarten.« Gegen Abend brachten wir meinen Bruder zur Bahn. Sein Zug war überfüllt, er hatte jedoch kaum Verspätung. In den Fensterrahmen hingen die Soldaten, auf dem Bahnsteig standen Mütter und Mädchen.

»Hier bin ich!« Der Kopf meines Bruders erschien zwischen anderen Köpfen im Fensterrahmen. Er sah blaß, schmal und spitznasig aus. »Ich habe noch einen Platz gefunden«, rief er uns zu. Noch einmal erzählte der Vater von seiner Reise in die Schweiz. Der Zug, mit dem er gefahren war, sei leer und komfortabel gewesen. Die Lokomotive ließ zischend Dampf ab, die überfüllten Wagen waren schmutzig, die Fensterscheiben rußverschmiert. Man würde jetzt alle Kunstwerke von Weltrang in Sicherheit bringen, sagte der Vater, auch die Gemälde aus dem Prado. Wir gaben keine Antwort. Die letzte Friedensreise des Vaters nach Genf schien schon in weiter Ferne zu liegen. In diesem Augenblick war es uns gleichgültig, ob die Gemälde des Prado oder des Louvre den Krieg überleben würden. Der Zug setzte sich langsam in Bewegung. In der Nacht darauf meldete das Radio die ersten Kampfhandlungen in Polen. Mit einem gemieteten Auto fuhren wir zwischen Militärkolonnen aus dem Höhenkurort im Schwarzwald nach Hause zurück.

Selbstverstümmelung

Noch heute würde ich die Tapete meines Zimmers im Bahnhofshotel einer französischen Provinzstadt wiedererkennen, in dem ich während der Besatzungszeit als Angestellte der deutschen Wehrmacht wohnte: Lilien und Nelken, die sich gierig umschlingen, unklar im Umriß, kraftlos, halb verwelkt. In der Mitte des Zimmers stand ein Doppelbett, auf dem ich wie aufgebahrt lag. Der karminrote Teppich war vollgesogen mit Staub. Vor den hohen Fenstern lag der Bahnhofsplatz mit grauen Fassaden aus der Zeit der Jahrhundertwende. Die Mauern waren verrußt vom Kohlenstaub. Seitdem die Deutschen die Stadt besetzt hatten, verkehrten nur noch zwei Züge täglich auf dieser Strecke. Sie waren für Truppentransporte und Urlauber bestimmt. Nachts rollten Güterzüge durch den Bahnhof, Kriegsgerät wurde hin- und herrangiert.

Wir wohnten im zweiten Stockwerk, an einer Ecke des dunklen Korridors – zwei weibliche Wehrmachtbedienstete, die durch ein Versehen der Militärbehörden zu früh durch die noch rauchenden Trümmer der Maginotlinie nach Frankreich geschickt worden waren, und ein Reserveoffizier, der als Sechzehnjähriger im Ersten Weltkrieg mit Tschapka und Lanze als Ulan gedient hatte. Später war er Handelsvertreter geworden. Weil er in diesem Beruf kaum etwas verdiente, hatte er sich vom Vermögen seiner Familie ernährt. Seit dem Ausbruch des Zweiten Weltkriegs spielte er wieder Soldat, wie er es nannte, war aber trotzdem seinen Liebhabereien, Reitsport, Roulettespiel und Frauen, treu geblieben. Einmal lagen wir zusammen auf einer Sommerwiese zwischen den Moselkanälen und blickten in die Wolken am Frühsommerhimmel, die der Wind zerfetzte. »Ein Kamel«, riefen wir im gleichen Augenblick, »eine Hexe mit fliegendem Haar, ein

Kriegsschiff, eine Flotte von Schnellbooten.« Wir fuhren Boot auf den Kanälen, wir fischten Forellen mit bloßen Händen, wir plünderten Mirabellenbäume in verlassenen Gärten, wir machten Jagd auf Niederwild im Schilf mit einer altmodischen Schrotflinte. Es hätte nicht mehr sein sollen als eine Freundschaft zwischen Bürgerkindern, die sich in fremder Umgebung zusammenschließen. Aber weil wir auf dem gleichen Stockwerk des Bahnhofshotels wohnten und zu oft die Tapete mit den ineinanderverschlungenen Nelken und Lilien betrachteten, wurde eine Liebschaft daraus.

Meine Kollegin, zehn Jahre älter als ich, war für alle ein farb- und gesichtsloses Wesen, dessen Gegenwart sich am faden Geruch ihres Parfüms und an ihrer schätternden Stimme verriet. Auch zu ihr unterhielt der ehemalige Ulan flüchtige Beziehungen, von denen ich nichts wußte. Eines Morgens rief er mich an. Die T. – wir nannten sie nur mit Nachnamen – habe ihm zwischen Weinkrämpfen gedroht, sie wolle endgültig Schluß machen. Irgend etwas an ihrer Stimme hatte ein Warnsignal in ihm ausgelöst. Er bat mich, in ihrem Hotelzimmer nach dem Rechten zu sehen. Ich fand die Tür unverschlossen. Ein bitterer Geruch fiel mir auf. Es war neun Uhr morgens. Im Zimmer herrschte stickige Finsternis. Ich stolperte über ihre Schuhe, die auf dem Teppich lagen. Ich knipste den Lichtschalter an. Sie lag auf dem Bett, ihr Gesicht war bläulich, die Züge verquollen. Sie bewegte sich nicht, sie gab keine Antwort, als ich ihren Namen rief. Ihre Handgelenke kamen mir geschwollen vor. Auf dem Nachttisch neben Glas und Röhrchen mit Tablettenstaub lag ein Abschiedsbrief ohne Namen. Ich händigte ihn später ungelesen dem Empfänger aus, der ihn vor meinen Augen zerriß.

Statt etwas zu unternehmen, starrte ich durch das Fenster, dessen Vorhänge ich aufgezogen hatte, auf den Bahnhofsplatz hinunter. Draußen war kein Mensch zu sehen. Das Leben schien sich von dem Platz mit den Häusern aus der Jahrhundertwende zurückgezogen zu haben. Waren die Bewohner dieser Stadt über Nacht evakuiert worden? Von Zeit zu Zeit stieß die Frau auf dem Bett Röchel- und Blubbergeräusche wie ein Säugling aus. Endlich raffte ich mich auf und hob den Hörer des Zimmertelefons ab. Niemand meldete sich am Empfang. Um diese Zeit pflegte der Portier sein Frühstück im benachbarten Bistro einzunehmen. Endlich hörte ich eine dünne Kinderstimme. Es war die Tochter des Portiers. Ich bat sie, mir eine Amtsleitung zu geben. Nach längerem Warten meldete sich eine Feldwebelstimme. Eine falsche Verbindung. Beim zweiten Versuch bekam ich die Ordonnanz des Chefs meiner Dienststelle an den Apparat. Von den leitenden Herren sei keiner da, sagte er, sie befänden sich auf Inspektionsfahrt. Ich verlangte den Stabsarzt. »Ist das ein Notruf?« fragte der Telefonist. »SOS«, sagte ich. Im Lazarett erreichte ich nur den Stellvertreter des diensttuenden Arztes, dem ich den Unfall meldete: »Schicken Sie einen Krankenwagen. Es ist keine Zeit zu verlieren.« »Moment mal«, sagte der Stellvertreter, »eins nach dem anderen. Gibt's hier denn überhaupt weibliches Wehrmachtpersonal?« »Ein Fall auf Leben und Tod«, unterbrach ich ihn. »Was Fälle auf Leben und Tod sind«, sagte der Stellvertreter, »überlassen Sie uns. Darauf haben wir studiert. Was geht es uns an, wenn irgendein hysterisches Weibsbild... Ein Fall von Selbstverstümmelung.« Er hängte ein.

Ich war wieder mit der Ohnmächtigen allein. Gern hätte ich das Fenster geöffnet, um frische Luft zu bekommen und klar denken zu können, aber ich wußte, daß in solchen Fällen die Gefahr einer Lungenentzündung besteht. Selbstverstümmelung: wer sich auf diese Weise dem Dienst fürs Vaterland entzog, war nicht besser als ein Deserteur, auf ihn wartete das Kriegsgericht oder das Strafbataillon. Ich kannte verschiedene Spielarten dieses Vergehens. Ein Freund von mir hatte sich wochenlang nur von Bier und Brot ernährt, um bei der Musterung die Diagnose »zuckerkrank« zu erhalten. Der Selbstverstümmler starb später an seinem angezüchteten Leiden. Ein anderer junger Mann hatte sich ein Fingerglied abgehackt, ein dritter opferte sogar einen Fuß. Sein Beinstumpf wurde im Lazarett falsch behandelt. Er bekam Wundbrand, das Bein mußte bis zum Oberschenkel amputiert werden. Die Simulanten von Geisteskrankheiten spielten ihre Rolle oft schlecht, weil sie die Symptome nur aus dem Studium medizinischer Fachzeitschriften kannten. Sogar Geschlechtskrankheiten wurden zu Versuchen von Selbstverstümmelung erklärt, besonders wenn die Soldaten sie sich außerhalb der kontrollierten Wehrmachtbordelle zuzogen.

Zum ersten Mal bewegte die Bewußtlose sich: sie streckte eine Hand über den Bettrand aus und wälzte sich zur Seite. Würde sie zu sich kommen? Es fiel mir auf, daß sie jünger als früher aussah. Die Falten um Mund- und Lidwinkel waren beinahe verschwunden. Ich kannte sie nur mit einem nervösen Zucken um die Lippen. Im Büro bewegte sie sich fahrig, sie stieß sich an Tischkanten und klagte über blaue Flecken und Schmerzen. Von der auf dem Bett liegenden Frau ging Ruhe aus. Die Hand, die sich grifflos ins Leere ausstreckte, ballte sich nicht zur Faust, um etwas zu umklammern und zu besitzen.

Eine halbe Stunde ging verloren, ehe ich ein Krankenhaus für die Zivilbevölkerung zur Aufnahme der immer noch Ohnmächtigen überreden konnte. Nur mit großer Anstrengung gelang es mir, der Bewußtlosen einen Mantel überzustreifen. Ich versuchte auch, ihr Strümpfe anzuziehen, sie hatte spitze, lackierte Fußnägel. In ihrem Schrank fand ich nur seidene Unterwäsche, die ihr jemand aus Paris mitgebracht hatte. Vergeblich suchte ich nach einer Wollhose. Warm anziehen, hatte die Nonne vom Spital gesagt. Als die Bahrenträger kamen, hatte ich der Frau ein Kopftuch ums Kinn gebunden. Sie sah wie eine Bäuerin aus.

Die Träger hoben sie mit geübtem Griff auf die Bahre. Sie stießen gegen die Tür zum Badezimmer, die Frau erwachte und jammerte vor sich hin. Die Bahre wurde in den Lastenaufzug geschoben. Unten standen der Portier und sein Kind. »Gut, daß die Stromsperre vorbei ist«, sagte er, »sonst wäre der Aufzug steckengeblieben.« »Keinen Tag länger bleibt das Weibsbild hier«, sagte mein Chef, als er von dem Selbstmordversuch erfuhr, »wenn sie durchkommt, wird sie abgeschoben.« Die Rolle des ehemaligen Ulanen blieb den Vorgesetzten verborgen. Ich war die einzige Mitwisserin. Von nun an verband uns Komplizenschaft, ein Treueverhältnis, das die Jahre des Kriegs überdauerte. Als ich meine Kollegin einige Tage später bei den Nonnen im Krankenhaus besuchte, fand ich sie in einem Einzelzimmer. Alles um sie herum atmete klösterliche Stille. Solange sie hier lag und die Glocken der kleinen Kapelle über den ehemaligen Kreuzgang hinweg zu ihr drangen, war sie sicher vor dem Marschbefehl in die Heimat. Sie hatte wieder den leicht schielenden Blick und das hämische Lachen, das ihr Gebiß freilegte. Ihr erstes Wort war eine Klage. Niemand kümmere sich um sie. Sie erwähnte keinen Namen, aber ich wußte, daß sie den ehemaligen Ulanen meinte, den sie auf diese Weise an ihr Krankenlager hatte zwingen wollen. Es sollte für ihn ein Bußgang sein.

»Es geht mir besser«, sagte sie, »bald werde ich wiederhergestellt sein.« Dann kam der wohlgezielte Hieb: »Sie haben mir mein bestes Paar Strümpfe zerrissen. Das müssen Sie mir ersetzen.« Ich hatte kein Wort des Dankes erwartet, obgleich mir jetzt klar war, daß sie wußte, wer sie aufgefunden, angezogen und aus dem Hotelzimmer gebracht hatte. Ich fragte sie, ob das mit den Strümpfen so wichtig sei, da sie sich doch das Leben habe nehmen wollen. Über diese Äußerung schien sie beleidigt zu sein. »Aber jetzt brauche ich Strümpfe«, sagte sie, »es gibt keine auf Bezugsschein. Die zerrissenen hat mir ein Freund aus Paris mitgebracht. Sie sind unersetzbar. Echte Seide.«

Von diesem Gespräch berichtete ich dem ehemaligen Ulanen. Nach seiner Rückkehr von einer Dienstfahrt nach Paris gab er mir zwei Paar Seidenstrümpfe. Eines sollte ich an die entsprechende Stelle weiterleiten. Er drückte sich dienstlich aus, als diktiere er mir einen Brief. Ich legte die Strümpfe auf ihren Schreibtisch, als sie noch einmal ins Büro kam, um sich zu verabschieden. Sie nahm sie an sich, ohne ein Wort des Dankes. Sie sagte zu denen, die nicht Bescheid wußten, sie selbst wünsche wegzugehen, der Dienst im Besatzungsgebiet sei zu hart für ihre Nerven. In der Heimat wolle sie sich auf Kosten der Wehrmacht bei einer Kur erholen. Sie hatte sich beim Bahnhofsfriseur das Haar richten lassen, glatt niederhängend, mit einer Innenrolle, wie sie damals die Filmstars trugen.

Exodus

Von der Berliner Parteizentrale kam der Befehl, die Dorfbewohner aus der Umgebung der Garnisonsstadt zu evakuieren und durch Wolgadeutsche und Ukrainer – fleißige Ackerbauern und Viehzüchter, die den Sowjets entronnen sind, wie es in der Verfügung hieß – zu ersetzen. Die Aktion wurde fast ebenso streng geheimgehalten wie die Vorbereitungen zum Abtransport der Juden. Eines Tages war es dann soweit. Wir erfuhren es eine Stunde vorher durch einen Verbindungsmann zur Partei. Mein Chef, ein Oberst, der dem Gauleiter feindlich gesinnt war, nahm mich im Auto mit, um den Tatort zu besichtigen, wie er sagte. »Nur ein winziges Zwischenspiel bei den Zwangsverschickungen und Völkerwanderungen in diesem Krieg«, lautete sein Urteil. Unterwegs ging uns das Benzin aus. Wir füllten den Tank nach aus einem Wehrmachtkanister. Ein Herbsttag, hochgerückter, wolkenloser Himmel. Die Reben in den Weinbergen färbten sich gelb und rot. In der Nähe des Dorfes, zu dem wir fuhren, wurde vor dem Krieg Sekt hergestellt. Jetzt waren die Zimmer des Schlosses am Waldhang ohne Bewohner, die Keller geplündert und leer.

Die meisten Felder im Umkreis des Dorfes waren unbestellt, weil es billiger war, das Getreide aus Algerien einzuführen. »Faule Köppe«, pflegte der Gauleiter die Bauern zu nennen. Der Ort bestand aus einer einzigen Straße, deren fensterlose Mauern zusammengewachsen zu sein schienen. Es gab weder einen Marktplatz noch vereinzelte Gehöfte am Rande des Dorfes. Mittelpunkt war das Gasthaus, früher ein Verwaltungsgebäude des Schlosses am Waldhang. Im Park stand eine Orangerie, gelb gestrichen, mit Stuckornamenten. In der ersten Besatzungszeit hatte man dort ein Wehrmachtbordell eingerichtet. Die Mädchen wurden aus dem Balkan geholt. Die Salons hatte man durch Zwischenwände in Kammern mit Schlafkojen verwandelt, die Wände reichten nicht bis zur hohen Zimmerdecke, sie glichen Paravents, welche die Liebesnester nur unvollkommen voneinander trennten. Jetzt standen die Kabinen leer, die Mädchen hatten den Ort verlassen. Nur eines von ihnen war im Dorf zurückgeblieben. Sie stand an der Tür des Gasthofs. Über ihrem mit Silberfäden durchwirkten Kleid, das ihr zu eng geworden war, trug sie eine Schürze. Sie war hochschwanger. Sie stakte auf hochhackigen Schuhen auf die Straße. In den Händen hielt sie zwei vollgestopfte Koffer, die aus den Nähten platzten. Sie war rot vor Anstrengung im Gesicht, ihre Augen traten hervor, von den Lippen rann aufgelöste Schminke.

Auf der anderen Seite der Dorfstraße waren zwei Omnibusse vorgefahren. Ich entdeckte keine Chauffeure, die Türen standen weit offen. Die Dorfbewohner hatten sich im Festsaal des Gasthofs versammelt, um die Abschiedsrede des Bürgermeisters anzuhören. Als wir ins Haus wollten, quoll uns die Menge entgegen: vorneweg Kinder, Frauen und Mädchen, dann alte Männer, Greisinnen und Fremdarbeiter, beladen mit Taschen, Koffern und Säcken. Sie drängten sich vor den Autobussen, jeder wollte den besten Platz haben. Auf der Dorfstraße war es still. Kein Laut drang aus den Höfen mit den Ställen, weder Hühnergackern noch Pferdewiehern, nicht einmal Hundegebell. Was war aus dem Vieh in den Ställen geworden? Hatten die Bauern es abgeschlachtet und das Fleisch im Gepäck verstaut? Der Dorfladen war abgeschlossen, vor Tür und Fenster waren Eisengitter herabgelassen. Der Ort sah aus, als sei er schon jahrelang von seinen Bewohnern verlassen worden. Die Plakate mit den Anweisungen der Besatzungsmacht waren verblichen von der Sonne und schmutzig von Regengüssen.

Plötzlich wurde die Stille von Lärm und Gelächter abgelöst. Fast alle Dorfbewohner, die sich vor den Omnibussen zusammendrängten, waren betrunken. Der Wirt des Gasthofs hatte zum Abschied Bierfässer und Weinflaschen freigegeben. Jetzt stand er in der Tür und schenkte seinen letzten Calvados gratis aus. Die Vertriebenen wandten die Köpfe nicht nach ihren Höfen und Häusern um. Sie ließen sich von französischen Polizisten in die Autobusse helfen, sie kurbelten die Fensterscheiben herunter, zeigten sich lachend, schüttelten die Hände der Draußenstehenden, die wegen Platzmangel auf den nächsten Bus warten mußten. Alle redeten und grölten durcheinander. Mein Chef hielt ein Blatt mit einer Gegenverfügung in die Höhe, um dem Bürgermeister klarzumachen, daß er dem Ausweisungsbefehl nicht zu folgen brauchte. Der Mann verstand kein Deutsch, er hob die Schultern. Auch er hatte zuviel getrunken, man sah es seinem geröteten Gesicht mit den hervortretenden Schläfenadern an. »Zu spät«, sagte mein Chef. Hatte jemand den Wirt bestochen, damit er Alkohol ausschenkte und so die Leute über den Ernst ihrer Lage hinwegtäuschte? »Die wissen nicht, was sie tun«, sagte unser Fahrer.

Alle waren mit dem Verstauen des Gepäcks beschäftigt. Sie machten das ab wie Erntearbeit, wie das Hochhieven von Strohgarben oder Heu auf den Wagen. Die Arbeit beruhigte sie, nur noch ab und zu ertönte ein Lachen. Noch einmal rief mein Chef mit Kommandostimme: »Aussteigen. Alle aus dem Bus raus. Herhören. Ihr könnt hierbleiben. Fahrt nicht weg, sonst kommt ihr niemals wieder.« Die im Autobus grinsten ihn an. Er zerrte zwei Kinder an den Armen zurück, als sie einsteigen wollten. Die Mütter brüllten ihn an, sie beschwerten sich bei den Polizisten. Jedesmal, wenn es uns gelang, einen Betrunkenen aus dem Wagen auf die Straße zurückzuholen, brach Geschrei unter den im Autobus Sitzenden und Stehenden aus. Manche der Bäuerinnen freuten sich auf die Gratisreise. Eine alte Frau sagte zu ihrer Tochter: »Wir kommen in die Provence. Da wollte ich schon immer hin. Die Sonne, die Wärme. Es gibt keinen Winter da unten.« Einer der Männer trank den Rest Schnaps aus einer Flasche und warf sie auf die Straße. »Sie treiben uns weg wie das Vieh«, rief er. Seine Ehefrau hatte ihr Strickzeug vergessen, sie lief ins Haus zurück, um die Handarbeit zu suchen. »Beeile dich«, riefen die Nachbarinnen ihr nach, »sonst fahren wir ohne dich los.« Keine von ihnen schien zurückzudenken an das dörfliche Leben, an die verlassenen Wohnungen mit dem Hausrat, an das Vieh in den Ställen, an die Gärten und Weinberge. Die Männer rissen zotige Witze, sie streckten die Arme nach den Mädchen aus, die kreischten und bei den älteren Frauen Schutz suchten. »Nimm's nicht tragisch, Kamerad«, sagte der Wirt, der gut deutsch sprach, zu meinem Chef, »früher oder später hätten sie uns doch geholt, genau wie die Zigeuner und die Juden.« »Ihr seid doch Zivilisten«, rief der Oberst, »niemand hat das Recht... Es gibt keine Verfügung.« Mit wehender Soutane kam der Pfarrer aus der Kirche, ein junger bärtiger Mann, der nicht aus dieser Gegend stammte. Hinter ihm her lief eine unförmig dicke Blondine, seine Haushälterin. Hatte der Priester von seinem Meßwein getrunken? Er faselte etwas vom Auszug der Kinder Israels, vom gelobten Land, das er nicht mehr mit eigenen Augen erblicken würde. Er war entschlossen, im Dorf zu bleiben und die Stellung zu halten. Er half den kleinen Mädchen in schwarzen Schulkitteln, in den dritten Autobus zu steigen. Kurz bevor die Motoren angelassen wurden, bog ein Pferdewagen mit einer Fracht von jungen Burschen, ehemaligen Kriegsgefangenen, um die Kurve der Dorfstraße. Die jungen Männer sprangen ab, ließen den Wagen am Straßenrand stehen und stiegen auf die Trittbretter der überfüllten Omnibusse.

Nur die Schwangere blieb vor der Tür des Gasthofs zurück. Auch sie wollte einsteigen, aber die Frauen aus dem Dorf hinderten sie daran. Sie riefen ihr Schimpfwörter zu. Als der erste Autobus anfuhr, winkten uns die Dorfbewohner wie bei einem Ausflug ins Grüne zu. Eine Frau warf einen Schlüsselbund aus dem Fenster. Die Schwangere fing ihn auf. »Schau nach, ob alles in Ordnung ist«, rief der Ehemann der Frau. Die Schwangere hatte einen kleinen Kopf, ihr Haarschopf war in die Stirn gekämmt. Die Omnibusse bogen um die Kurve am Bach, sie zogen Staubfahnen hinter sich her. Als sie verschwunden waren, wurde es auf einmal in den Ställen laut. Hühner gackerten, eine Kuh brüllte, Pferde wieherten, Hunde bellten. Der Pfarrer war zu seiner Kirche zurückgegangen, wir sahen ihn nicht mehr. Auf einmal läuteten die Glocken, hell und hastig.

Das verlassene Dorf tönte. Wenn sich nur das Vieh beruhigen würde, dachte ich, man sollte es auf die Weiden treiben, dort verhungert es nicht so bald. Die Schwangere drehte sich zur Mauer des Gasthofes um. Ihr war übel, sie mußte sich übergeben. Man hatte sie ausgestoßen aus der Dorfgemeinschaft, sie durfte nicht teilnehmen am Exodus mit unbekanntem Ziel. Ich wollte über das Pflaster eines Hofs in den Stall gehen, um nach den Kühen zu sehen, verfehlte jedoch den Eingang, war plötzlich in einer Küche. Benutztes Geschirr stand auf dem Tisch neben einer halbleeren Weinflasche. Es roch nach Alkohol und nach dem Rauch schwarzer Zigaretten. Nichts anrühren, dachte ich, keine Fingerabdrücke hinterlassen, so als handle es sich um ein Verbrechen, daß ich ins Haus eingedrungen war. Ich blickte in die Schlafstuben mit dicken Kissen und kariertem Bettzeug. Auf der Fensterbank standen Töpfe mit kleinblättrigen, sternblütigen Pflanzen. Als ich wieder ins Freie kam, blendete mich die Sonne. Vom Waldhang starrte das Schloß aus leeren Fensterhöhlen auf uns nieder. Seine Bewohner hatten es schon beim Einmarsch der deutschen Truppen verlassen. Mein Chef, der mit Fahrer und Ordonnanz vorm Gasthof stand, rief mir etwas zu. Als ich näher kam, entdeckte ich auf dem Boden, vorm Hoftor, die Schwangere. Sie wälzte sich hin und her, sie schrie, ohne Atem zu holen. Ihre Wehen hatten begonnen. »Das kommt von der Aufregung«, sagte der Fahrer. In der Pause zwischen zwei Wehen stand sie auf, sie bat uns, sie mitzunehmen. Wir machten den Wagenfond für sie frei. Der Fahrer gab ihr eine Wolldecke. In gleichmäßiger Geschwindigkeit fuhren wir über die Chaussee, unbehindert durch ländlichen Gegenverkehr. Ab und zu blickte ich mich nach der Schwangeren um. Sie gab keinen Laut von sich. Die Ordonnanz und ich, wir kauerten auf dem Boden des Wagens. Die Straße war leer, wir brauchten nur eine halbe Stunde, dann erreichten wir die Kasernen am Rande der Stadt. Der Fahrer fragte meinen Chef, ob er ins Büro zurück wolle. Der Oberst drehte sich nach der Schwangeren um. »Zum Lazarett«, sagte er.

Wir leben noch

Um zehn Uhr abends gingen wir zum Yachthafen hinunter: sechs Mann Besatzung, drei Paare. Es machte Mühe, Segel zu setzen, unsere Hände waren unsicher, die Augen für das Zwielicht nicht scharf genug. Wir starteten ohne Erlaubnis. Vor einigen Tagen hatte ein hektographiertes Schreiben in den Büros des Armeeoberkommandos die Runde gemacht. Wegen der Minengefahr war es verboten, nachts auf dem Fjord zu segeln. Niemand sah zu, wie Troll lautlos mit einer Wende um die Mole des Hafens bog. Wenn wir überfällig wären, würde man unser Boot nicht zwischen den Schären suchen.

Kapitän war ein Marineoffizier. Außer ihm hatten wir einen Förster in der Uniform eines Verwaltungsfachmannes an Bord. Er verstand etwas von nordischen Wäldern, aber nichts von Wasser und Wind. Wie er später gestand, konnte er nicht einmal schwimmen. Der dritte Mann war gerade von der Ostfront gekommen. Er hielt sich schlecht, war blutjung, gehörte zu den Aristokraten, von denen einer den anderen nach hier oben holte. Seine Augen waren noch starr vom Schrecken über das, was er an der Front gesehen hatte. Manchmal lachte er ohne Grund, dünn und hell. Wir kannten das schon: es dauerte immer einige Wochen, bis sich die Neulinge unserem Lebensstil angepaßt hatten.

Die Paare waren »eingeteilt«, keiner machte dem anderen den Partner streitig. Wir wußten, wie wir zusammengehörten. Die weibliche Besatzung: eine Baronesse, Freundin des Forstmanns, Elfriede, genannt Elfie, die zum Kapitän gehörte, und ich, das Geburtstagskind, zu dessen Ehren man die Segeltour unternahm. Schweigend sahen wir zu, wie der Bug des Bootes das Wasser des Fjords durchschnitt. Die Sicht wurde unklar, das gläserne Zwielicht ging in Dämmerung über. Wir hatten keine Positionslampen. Hielten den Kurs nach dem Kompaß. Stadt und Hafen blieben in der Bucht zurück. Hier draußen auf dem Fjord gab es kein Fahrzeug, mit dem wir zusammenstoßen konnten. Das Wasser war leer und glatt. Der Kapitän überließ mir das Ruder. »Nicht ins Segel schauen«, sagte er, »aber das Ziel, auf das du zuhältst, fest im Auge behalten. Mit dem Ruder den Widerstand des Wassers spüren, dann machst du schnelle Fahrt.«

Es wurde wieder heller. Die Baronesse hielt das Focksegel. Der Förster hatte den Arm um ihre Schulter gelegt. Schattensegeln. Das Ufer näherte sich nicht, rückte aber auch nicht in die Ferne. Wir glitten auf eine der Felsinseln zu. Einmal drehte ich mich um. Wir waren schon weit draußen, man konnte die Stadt mit der Festungskulisse und den Backsteinblöcken der Rathaustürme überblicken. Auf einmal schrien alle zugleich, ich erschrak, ließ das Steuer los. Troll machte einen Sprung. Der fünffache Schrei hallte von der Wasserfläche wider. Unwillkürlich suchte ich den Himmel nach feindlichen Flugzeugen ab. Auf dem Fjord war das Boot deutlich auszumachen. Endlich begriff ich den Sinn des Gebrülls. Es galt mir, wie das Knallen der Sektpfropfen. Die Uhren standen auf Mitternacht, nur meine nicht, sie ging entweder nach oder vor. »Happy birthday to you«, grölten die Segler. Der Kapitän löste mich am Steuer ab, damit ich das Sektglas zum Anstoßen in die Hand nehmen konnte.

Der Kapitän fand den Wind so zahm, daß er das Ruder festzurrte. Troll hielt weiter Kurs auf die Felsinsel zu. Es wurde lebhaft an Bord, ständig wechselten wir die Plätze. Das Boot schwankte, das Großsegel schlackerte. Die Pärchen trennten sich. Die Baronesse und der Forstmensch verschwanden in der Kajüte, um die Platten mit den belegten Brötchen vorzubereiten.

Der letzte, der mit mir anstieß, war »mein Graf«, wie Elfriede, auf klare Besitzverhältnisse bedacht, ihn nannte. Wir bekamen Urlaub vom Kapitän, legten uns, für die anderen unsichtbar, an den Bug, in den Schatten des Großsegels. Glühwürmchenschwärme stoben vom Wasser auf. Es war nun wieder vollkommen hell. Nur die Sonne blieb unsichtbar. Elfie und der Kapitän machten es sich am Heck bequem. Sie fischten eine neue Sektflasche aus dem Kielwasser. Das Boot schwankte leicht, die beiden lachten, dann wurde es still. Ich vergaß den Jungen an meiner Seite, glaubte allein durch die helle Nacht zu segeln. Es wurde noch flauer, wir machten immer weniger Fahrt. Einmal kam die Baronesse aus der Kajüte, um etwas zu trinken zu holen. Sie hatte die Trainingshosen ausgezogen, war im Badeanzug. Ihre Haut hatte rote Flecken, in ihren Augen war ein flackriges Licht. »Da innen ist es heiß zum Erstikken«, rief sie mir zu, »sei froh, daß du an der frischen Luft bist.« Sie wirkte etwas altjüngferlich, war die älteste von uns, fast dreißig Jahre. Hatte sich zu lange aufbewahrt für einen Offizier mit Generalstabsstreifen, dann weggeworfen, wie sie es selber nannte, an ihren Freund, den Forstmenschen. Während ich am Bug von Troll lag, fiel mir der Morgen in unserem gemeinsamen Wohnquartier ein, an dem sie mir die nächtliche Szene geschildert hatte.

Sie lag in der Badewanne, ich saß auf dem Rand, trank eine Tasse Kaffee. »Abends sind wir durch leere Straßen gegangen«, erzählte die Baronesse, »kein Posten hielt uns an. Am Hafen rannte eine Ratte schräg über den Kai. Ich schrie, er wurde böse. Der Alkohol, dachte ich. Wir fanden ein Stundenhotel für Soldaten. Offiziere durften da nicht verkehren. Aber er trug keine Uniform. Ich blieb draußen, ging hin und her, ich fror. Im Vorraum des Hotels gab es eine Szene. Einzelheiten habe ich nicht verstanden. Er kam mit rotem Kopf auf die Straße. Er hatte ein Zimmer genommen. Ich war wacklig auf den Beinen, kam mir schon ausgezogen vor, als ich noch was anhatte. Das Zimmer war eng wie ein Schlauch, zwei Betten, die hintereinander standen. Ich wollte die Deckenlampe ausmachen, er duldete es nicht. Das Licht blendete mich. Ich starrte die grob gestrichene Wand an. Hoffentlich gibt's hier kein Ungeziefer, dachte ich. Das Ganze war enttäuschend. ›Mach dir nichts draus. Das ist oft so beim ersten Mal‹, hat er gesagt. Vielleicht war die Umgebung schuld. Vorm Fenster hing ein Verdunklungsvorhang aus Papier, der bei jedem Luftzug raschelte. Die Art, wie er sich auszog, hat mich gestört. Gedankenlos, aber zugleich pingelig. Er benutzte die Stuhllehne als Bügel für seinen Zivilanzug, stellte die Schuhe so hin, wie er es als Kind von der Mutter gelernt hatte. Er gab mir noch etwas zu trinken aus einer Taschenflasche. Dann warf er mich aufs Bett, lag auf mir, mit seinem ganzen Gewicht. Ich war so wenig bei der Sache, daß ich abschätzte, wieviel er wog. Er war enttäuscht, daß ich nicht mehr Busen habe. Dagegen war er begeistert von meinen Beinen. Hat mir die Strümpfe zerrissen. ›Ich werde dir neue aus Frankreich schicken‹, sagte er. ›Mach die Haare runter. Du trägst eine Frisur wie eine Pfarrersfrau.‹ Er lag auf meinen Haaren, es ziepte, aber ich sagte nichts. Er war in Fahrt, in solchen Fällen sagt man nicht gern: könntest du deinen Arm da wegnehmen oder das Knie, du tust mir weh. Ich habe die Zähne aufeinandergebissen. Tapferkeit bei Schmerzen, so etwas lernt man in meiner Kinderstube. Die ganze Nacht über hat er mich Püppchen genannt. Er sagte: ›Ich muß dir was antun, Püppchen. Meine Prinzessin auf der Erbse, ich werde vorsichtig sein.‹ Das war er dann nicht, zum Glück, sonst wäre die Sache schiefgegangen. Ich wollte es hinter mich bringen, jetzt oder nie, hab ich mir gesagt. Der Schmerz war wirklich ziemlich stark. Das blutige Taschentuch wollte er als Trophäe aufbewahren. Zum Schluß hatte er es geschafft. Ich war so zerstört, daß ich schon wieder so etwas wie Lust empfand. Das war wie beim Zureiten eines Pferdes, dachte ich, man schafft es durch Härte, ohne Zügel und Sporen, sattellos. Entweder du oder ich, einer gibt nach. Schließlich hab ich sogar mitgemacht, mich ihm entgegengebäumt. Er lobte mich: ›So ist's recht, mein Püppchen, du lernst es noch.‹«

Sie schwieg, das Badewasser war kalt geworden. Sie fror, ich merkte es an den aufgestellten Härchen auf ihrer Haut. Ich half ihr beim Abtrocknen. Sie rauchte eine Zigarette. Zum Frühstück trank sie nur Saft. Als wir die Wohnung verließen, sagte sie: »Schwamm drüber.« Ich dachte, sie würde ihn nie wiedersehen. Aber sie haben sich dann doch noch gefunden. Sie trieben es, wo es sich gerade ergab, am liebsten im Freien. In letzter Zeit sprach sie nie mehr von Intimitäten.

Elfriede, die Freundin des Kapitäns, kam aus kleiner Kiste, wie sie selber sagte. Sie hatte noch nie auch nur halb so herrschaftlich gewohnt wie in dem Besatzungs-Appartement, das wir eine Weile teilten, ehe ich mit der Baronesse zusammenzog. Vor dem Krieg hatte sie kein eigenes Zimmer gehabt. Ein Bett schon, darauf legten ihre Eltern Wert, und wenn sie noch sechs Kinder zu den fünf vorhandenen dazu gehabt hätten. Durch ein eigenes Bett unterschied man sich von den Proletenkindern, die auf Pritschen wie Sardinen nebeneinanderlagen. Sie war sechs Jahre älter als ihre Geschwister, sie vertrat Mutterstelle an ihnen. Ihre Kindheit war hart, sie trug die Verantwortung. Die Mutter starb früh, sie mußte den Haushalt führen. Man merkte ihr heute noch das Mutterspielen an. Sie war rechthaberisch und mit erzieherischen Hinweisen bei jeder Gelegenheit zur Stelle. Ich habe einmal versucht zu zählen, wie oft am Tag sie »du darfst nicht, das sollst du nicht« sagte. Auch mich kommandierte sie herum, behauptete, ich sei nie aus den Kinderschuhen herausgekommen, ich wolle die Welt nicht so nehmen, wie sie nun einmal sei, zöge mich zurück in meine Träumereien, statt den Ernst der Lage zu erkennen. Elfriede war die Kriegsbraut des Marineoffiziers, der Troll durch den Fjord steuerte. Fragte man, ob ihr Heinz zu Hause verheiratet sei, so rötete sich ihre Sommersprossenhaut, ihre Augen verblaßten, es war, als altere sie in Sekundenschnelle. Ich konnte mir vorstellen, wie sie in zwanzig Jahren sein würde, besser in dreißig Jahren: eine köchelnde, nörgelnde Hausfrau, die nach dem Krieg einen gehbehinderten, hilfebedürftigen Rentner geheiratet hatte. Sie gab auf die Frage, ob ihr Freund Familie habe, keine Antwort, als habe man etwas Unanständiges gesagt. Mußte Heinz ihr die Ehe versprechen, ehe sie sich ihm hingegeben hatte, wie das in der Frauensprache hieß? Der Seemann drückte es im Kasino nach Mitternacht ein wenig anders aus, wie ich vom Forstmenschen wußte: »Die hab ich aufs Kreuz gelegt. Ein Kunststück war es nicht. Ich war gar nicht recht darauf gefaßt, da lag sie platt wie ein Pfannekuchen, sie hat nicht das geringste Hügelchen Brust, auf dem Rücken und machte die Beine breit, damit man sehen konnte, daß sie ein Mädchen war, sonst hätte man sie wie die Norwegerinnen beim Sonnenbaden mit einem Jungen verwechseln können. Sie ist flach wie die Nordseeküste, farblos wie das Watt bei Ebbe. Schleswig-Holstein – meerumschlungen. Was das Umschlingen anbetrifft, so hat sie es gut heraus, umklammert einen mit Armen und Beinen wie ein Krake.«

Das einzige Paar an Bord des Troll, das keines war – der Graf und ich. Unsere Liebe war erst ein schwaches Pflänzlein, sagte Elfriede in ihrer blumigen Ausdrucksweise. Wer weiß, ob es je blühen würde. Nach Meinung der Baronesse war der junge Mann nicht mit den Freibeuterbräuchen bei uns vertraut, vielleicht auch ein wenig schwul, das gab es oft beim Militär, sie wußte Bescheid, stammte selbst aus einer alten Soldatenfamilie. Der Graf und ich, ein ungleiches Paar: er hochgewachsen, schlaksig und blaß, ein hübscher, etwas farbloser Junge, ich von allem so ziemlich das Gegenteil. Am Bug liegend sprachen wir über den Tod, statt über die Liebe. Er hatte draußen viele seiner Tricks kennengelernt, Finten, durch die er sich ohne Ankündigung näherte. Er mußte sich das von der Seele reden, ein grausames Geburtstagspräsent, diese Schilderungen von nackten, mit Kot beschmutzten, mit Erbrochenem besudelten Leichen. Einmal sollte der Graf an einer Exekution teilnehmen, vielmehr sie befehligen. Er hatte das abgelehnt, nicht weil es um Soldaten, also um Kameraden ging, die fahnenflüchtig geworden waren, sondern aus Prinzip. Er wurde strafversetzt, erhielt jedoch nicht etwa ein Himmelfahrtskommando, sondern den ruhigen Posten bei uns am Fjord. Er traute dem Frieden nicht, offenbar handelte es sich um ein Mißverständnis, eine Fehlleitung des zuständigen Wehrbezirkskommandos.

Im Süden zogen Wölkchen auf, Sofitten auf einer von künstlichem Rampenlicht erhellten Bühne, in verschiedenen Tiefenebenen gestaffelt, am unteren Rand gerade abgeschnitten, oben blühend, sich blähend. Es war vier Uhr morgens nach dem Zeigerstand der wasserdichten Militäruhr, die der junge Mann trug. Die Sofittenwölkchen schlossen sich zu einer Wand zusammen, die sich nach oben zu entfaltete, der Balken an ihrem unteren Rand färbte sich dunkler. Das gibt Sturm, dachte ich, man müßte den Kapitän darauf aufmerksam machen. Wir blieben am Bug, bis der Wind mit voller Wucht in das Großsegel einfiel und Troll sich zur Seite neigte. Sofort war ein Stück der Leinwand vom Wasser durchnäßt. Wir klammerten uns aneinander, als die erste Welle über den Bug rollte. Endlich übernahm Heinz das Ruder und korrigierte den Kurs. Mit

Elfriedes Hilfe gelang ihm, kurz vor dem Zusammenstoß mit der Felsinsel, ein Wendemanöver. Wir krochen nach hinten, der Kapitän rief mir etwas zu, das Tosen des Sturms verschluckte seine Worte. Auf einmal hockten wir alle sechs hinten im Heck, auch die beiden aus der Kajüte. Der Kapitän wollte das Großsegel einholen. Etwas hatte sich am Mast verheddert. Wir sahen zu, wie der Kapitän, mitten im Sturm, mit affenhaft geschickten Bewegungen den Großmast hochkletterte. Er fand das Hindernis, glitt wieder hinunter, ging mit dem Boot in den Wind, riß das Segel nieder. Alle duckten sich außer dem Forstmenschen, der darauf bestand, dem Sturm von Angesicht zu Angesicht gegenüberzutreten. Die Mädchen wurden zum Wasserschöpfen angestellt, der Kapitän versuchte, das schrägliegende Boot durch kleine Ruderrucke wieder aufzurichten. Der Forstfachmann bedauerte, daß er nichts von diesem Handwerk verstand. Wenn es um einen Sturm im Wald gegangen wäre! Er wußte, wie man Bäume schnell und an der richtigen Stelle fällt. Am liebsten hätte er den Großmast mit einer Axt umgehauen.

Wir waren weit draußen. Hier kamen weder Fischkutter noch Fähren vorbei, die zum Arbeitsbeginn von den Inseln zum Hafen fuhren. Ich kam mir verlassen vor im Gefängnis des Bootes, dessen dünne Wände mich vor den Wellen schützen sollten. Wir verständigten uns durch Zeichen, wir folgten den Weisungen des Steuermanns. Eine einzige falsche Bewegung konnte das Ende bedeuten.

Der Freund der Baronesse hatte bei der Landung der Truppen in Norwegen im Frühjahr 1940 schon einmal Schiffbruch erlitten, wie er es nannte. Er war Kommandant der Landser auf einem Transporter gewesen, der von einem Torpedo getroffen wurde und sank, so daß er eine halbe Stunde lang im eisigen Wasser schwimmen mußte. Er hatte das neu zu erobernde Land triefendnaß, ohne

Stiefel, barfuß, betreten. Viele, die hier den Mitsommerfrieden genossen, kannten den Fjord, wenn er böse und bitterkalt war, einigen hatte er Lungenentzündungen oder chronische Blasenleiden gebracht. Seine sanfte Bläue täuschte. Das neue Jahr fängt gut an, dachte ich, vielleicht wird sein erster Tag auch der letzte sein. Doch unser Kapitän, der plötzlich in Hochform war, manövrierte uns in einen Seitenfjord. Dort flaute der Sturm ebenso jäh ab, wie er gekommen war. Wir landeten ohne Zwischenfall an einer Kaimauer, holten die Segel ein und legten sie zum Trocknen an Deck.

Es war fünf Uhr morgens; in dem kleinen Fischerort, dessen Namen keiner von uns vorher gehört hatte, fanden wir ein Gasthaus. Wir holten den Wirt aus dem Bett, wir verlangten Quartier. Bevor wir in die Zimmer mit den Bauernbetten hinaufgingen, mußte der Wirt uns ein Frühstück richten. Er wußte, wir gehörten zur Besatzungsmacht. Aus Angst gab er uns Eier und Schinken aus seinen Vorräten. Die Milch, die er aus dem Stall holte, schmeckte lauwarm und ekelhaft. Elfriede wurde es übel, sie verschwand nach oben und kam nicht wieder. Im Gasthaus gab es nur zwei bewohnbare Zimmer. Der Graf und ich bekamen eines für uns allein, die beiden anderen Paare mußten sich zusammen einrichten. Wir gingen nicht zu Bett, wir lehnten am Fenster. Im Hof gackerten die Hühner, eine Magd, sauber und bunt wie aus dem Bilderbuch, trug Milcheimer über das Pflaster des Hofs. Wir versicherten uns beide, daß wir eine so billige Gelegenheit wie die des gemeinsamen Zimmers nicht ausnutzen wollten. Der Himmel über dem Strohdach des Bauernhauses war wieder klar, Sonnenstrahlen brachen sich in den Fensterscheiben. Ich spürte die Wärme auf den Lidern. Es würde ein heißer Tag werden.

Mein Kind

Mein Kind wurde in einem Osloer Lazarett geboren. Ich habe es auf die Welt geholt, eine schwierige Niederkunft. Stationsschwester und Hebamme mußten den Arzt zu Hilfe rufen, der mit Verwundeten der finnischen Winteroffensive beschäftigt war. Zu viert standen wir am Fußende des Bettes und beugten uns über den Schoß der Wöchnerin. Ich konnte ihr nicht ins Gesicht sehen, weil mir ihr hochgewölbter Leib die Sicht versperrte. Von weitem hörte ich ihre unterdrückten Schreie bei den Preßwehen. Ich achtete nicht darauf; nur der Vorgang der Geburt war mir wichtig. Als er im Vorzimmer Gummihandschuhe überstreifte, hatte der Arzt gesagt: »Auf das Kind, nicht auf die Mutter kommt es an. Merken Sie sich das, Schwester!« Nach einem Lehrgang des Roten Kreuzes tat ich einmal wöchentlich Dienst im Lazarett. Dies war mein erster Tag auf der Entbindungsstation. Bei der Wöchnerin handelte es sich um eine Norwegerin, die von einem deutschen Besatzungssoldaten geschwängert worden war, eine Erstgebärende von etwa dreißig Jahren.

Die Lage des Kindes war nicht normal. Die Stationsschwester deckte Schenkel und Leib mit Tüchern ab. Um so deutlicher trat die klaffende Wunde des Schoßes hervor. Ich entdeckte den dunkel behaarten Hinterkopf des Kindes. Er bewegte sich nicht, die Wehen hatten aufgehört, der Schoß gab das Kind nicht heraus. Ich dachte: auf diese Weise wird es ersticken, vielleicht ist es schon tot. Der Arzt verlangte ein Instrument mit einem mir unbekannten Namen, eine Zange. Ich wandte mich ab, um nicht mitansehen zu müssen, wie diese Zange an den Seiten des in der Scheide steckengebliebenen Kopfes angesetzt wurde. Die Hebamme sagte zu mir auf deutsch, sie sei eine Gegnerin von Kaiserschnitt und von Zangengeburten, sie habe es immer auf natürliche Weise geschafft, manchmal ohne Assistenz auf abgelegenen Bauernhöfen. Nachdem sie zu Ende gesprochen hatte, wurde die Stille im Raum nur noch vom schweren Atmen und Stöhnen der Wöchnerin unterbrochen. Trotz der wiedereinsetzenden Wehen und dem sich noch höher wölbenden Leib blieb sie für mich fast unbeteiligt an der Geburt, so als habe nicht sie, sondern ich, die ich untätig dabeistand, dem Kopf des Säuglings mit einem Ruck durch die schmale Öffnung in die Freiheit verholfen. Der Körper des Neugeborenen glitt glatt und feucht hinterher. Bei seinem Anblick mußte ich an einen abgezogenen Hasen denken. Die Nabelschnur kam mir ungewöhnlich lang vor. Ich war überrascht, auf wie einfache Weise sie abgebunden und zerschnitten wurde.

Ein Blutstrom schoß aus dem Schoß der Wöchnerin. Ich mußte ihr Gummilaken unterschieben, blutgetränkte Tücher wegtragen, Schüsseln mit heißem Wasser und Desinfektionsmitteln bringen. Ich wurde zu weiteren Handreichungen angestellt, so daß mir einige Phasen des Nachgeburtsvorgangs entgingen. Beim Hin- und Hergehen fiel mir auf, daß die Beine der Wöchnerin, in den Knien abgebogen, zur Seite gefallen waren. Ich wunderte mich, daß sie so dünn waren, spitzige Knie, die Fußsohlen nicht ganz sauber, an der linken kleinen Zehe ein Hühnerauge. Der Leib war immer noch gewölbt, der Anblick der bloßen Beine kam mir schamlos vor. Ich legte eine Decke darüber. Nachdem das Kind von der Mutter getrennt war und man mit ihm allerlei Prozeduren wie Hochheben, Klapsen, Injektion geben, veranstaltete, kam ich mir überflüssig vor. Während der Wehen, als wir noch allein im Zimmer waren, hatte die Hebamme mir erzählt, daß dies Kind natürlich unerwünscht sei. Der Vater war irgendwo an der Ostfront, unauffindbar, vielleicht schon tot. In seiner deutschfeindlichen Verwandtschaft würde das Mädchen Schwierigkeiten mit dem Besatzungskind haben. Sie müsse es aufs Land oder in ein Heim geben.

Während ich angeekelt auf den mit verkrustendem Blut bedeckten Mutterkuchen starrte, fiel mir ein, daß mir bis jetzt nicht erlaubt worden war, das Kind anzurühren. Ich stand in der Türöffnung, da hörte ich den ersten Schrei des Neugeborenen, ein gequältes Quäken. Endlich zeigte die Hebamme der Mutter ihr Kind. Arzt und Stationsschwester wandten sich ab, so als wünschten sie als Lazarettpersonal keinen Kontakt mit der Wöchnerin, die hier ein Bett wegnahm, das man dringend für einen Verwundeten gebraucht hätte. Flüchtig, aus den Augenwinkeln, sah ich die junge Frau an. Sie kam mir mädchenhaft vor. Sie wird diese Geburt vergessen und froh sein, wenn sie das Kind los ist, dachte ich. Als ich in den Vorraum kam, wäre ich fast über den Arzt gestolpert, der sich die Hände wusch. Er blickte mich an und sagte: »Sie sehen grün aus im Gesicht.« Mir wurde übel, ich mußte mich übergeben. »Unbrauchbar«, sagte der Arzt. »Wer schickt uns Hilfskräfte, die nur eine Belastung sind?«

Ich ging ins Freie hinaus, schloß die Lider und atmete tief die Herbstluft ein. Ich hatte Lust, den Hügel vor der Eingangspforte des Krankenhauses hinunterzulaufen und meinen Dienst für diesen Tag zu beenden.

Die Stationsschwester rief mich: zu zweit betteten wir die Wöchnerin um in ein anderes Zimmer – eine feuchte, schwere Last, die mich fast zu Boden drückte. Die junge Frau schlang beide Arme um meinen Hals. Ihr krauses Haar kitzelte mich an den Augenwimpern. Die Stationsschwester rügte mich, weil ich den Tragegriff, den ich im Erste-Hilfe-Kurs gelernt hatte, nicht beherrschte. Sie war mager und groß, von unbestimmbarem Alter, mit einem harten Medaillenprofil. Von ihr erfuhr ich den Vornamen der Wöchnerin: Ragnhild. Auch das Kind, ein Mädchen, tauften wir auf diesen Namen. Keiner fragte danach, ob dies der Wunsch der Wöchnerin war.

Am Tag danach übernahm ich den Lazarettdienst für eine Kameradin. Die Stationsschwester schickte mich ins Kinderzimmer, wo die Neugeborenen lagen. Es waren fünf, im Alter von zwei bis zehn Tagen. Es fiel mir schwer, sie voneinander zu unterscheiden. Die Stationsschwester zeigte mir Ragnhild, sie hatte dichteres Haar als die anderen Säuglinge. Das Gesicht mit den zugekniffenen Augen und dem schnappenden Saugmund gefiel mir nicht, um so mehr die Hände, vollkommen ausgebildet bis in jedes Fingerglied. Wer hatte ihr die rosigen sauberen Nägel nach der Geburt geschnitten? Um das rechte Handgelenk trug Ragnhild ein rotes Band, das mit einer Plombe verschlossen war. Auf ihr stand eine Nummer. Eine halbe Stunde lang hatte ich nichts weiter zu tun, als vor den Kinderbetten Wache zu halten. Die Luft war abgestanden, ich hätte gern das Fenster geöffnet, wußte jedoch, daß dies verboten war. Die Stationsschwester wies mich an, ihr beim Waschen, Windelwechseln und Wiegen der Säuglinge zu helfen. Die Babies lagen nackt in einer einzigen Wanne mit warmem Wasser. Ich verlor mein Kind aus den Augen. Mit nassem Haar sahen die Neugeborenen sich zum Verwechseln ähnlich. Ich merkte mir die Nummer auf der Plombe an Ragnhilds Handgelenk, eine 32.

In zwei Stunden mußte Ragnhild gestillt werden. Die Stationsschwester zeigte mir die Zeit auf ihrer Uhr. »Pünktlichkeit ist das Wichtigste bei der Säuglingspflege«, sagte sie. Sie schloß die Tür hinter sich. Ich kleidete die Säuglinge an und legte sie in ihre Gitterbetten zurück. Ich drehte die vier anderen auf den Bauch, Ragnhild auf den Rücken. In diesem Augenblick kam mir zum ersten Mal der Gedanke, mein Kind zu entführen. Ich überlegte mir, wie ich das Baby unbemerkt, wie ein Bündel schmutziger

Wäsche, aus dem Zimmer tragen konnte. Meine Rolle als Kindsräuberin gefiel mir. In der Stationsschwester glaubte ich aus irgendeinem Grund eine Verbündete zu haben. Sie würde mich nicht verraten, sondern der Wöchnerin eine Lüge erzählen, ihr sagen, das Kind sei gestorben.

Ich setzte mich auf einen Schemel, ich sammelte Kraft für meine Flucht. Wie ich beim Waschen festgestellt hatte, waren alle Säuglinge außer Ragnhild männlich. Schon aus diesem Grund hätte ich sie nicht miteinander verwechseln können. Gleichsam in Ragnhilds Stellvertretung beneidete ich die Jungen. Sie haben es leichter im Leben, dachte ich. Mein Kind aber war ein Mädchen. Ich überlegte mir ein Versteck, in dem ich meine Beute aufbewahren konnte. Meine Wohnung, die ich mit einer Kameradin teilte, kam hierfür nicht in Frage. Ich fand einen Ort, an dem man das Kind auf keinen Fall suchen würde: die Kapitänskoje an Bord eines Minensuchbootes, das gerade im Osloer Hafen lag. Es war dazu eingesetzt, Konvois von Truppentransportern zwischen Dänemark und Norwegen zu begleiten. Mit dem Kommandanten dieses Bootes war ich befreundet. Einige Male hatte ich mich in letzter Zeit heimlich an Bord geschlichen, einmal sogar in Schwesterntracht. Ich kannte die enge harte Koje von flüchtigen Liebesbegegnungen her: ihren Nestgeruch nach ungelüfteter Bettwäsche. Ich dachte: die Luft, die ich atme, muß auch mein Kind ertragen.

Noch immer hockte ich auf dem Schemel im Raum mit den Gitterbetten der Neugeborenen. Meine Hände lagen auf der Schwesternschürze, die ich erst vor einer Stunde in der Kleiderkammer empfangen hatte; die vom vorigen Tag hatte Blutflecken von meinen Handlangerdiensten bei Ragnhilds Geburt. Die Stationsschwester gab mir eine Schere, mit der ich Papierwindeln schneiden sollte. »Herumsitzen ist ungesund«, sagte sie, »wer sich beschäftigt, kommt nicht auf dumme Gedanken.« Ich fragte sie, ob sie selbst Kinder habe. Frauen, die so aussehen wie sie, hart, mager, hoch aufgeschossen, sind die besten Mütter, dachte ich. Sie blickte mich erstaunt an. Es war gegen die Regel, im Lazarett etwas nicht Dienstliches zu besprechen. Dann sagte sie: »Aber natürlich, ja.« Ein Sohn war gefallen, der zweite galt als vermißt, eine Tochter... Ich hatte genug gehört. Meine Hände zitterten, ich hantierte ungeschickt mit der Schere. Ein Baby schrie, ich konnte Ragnhilds Stimme nicht von den anderen unterscheiden, war aber sicher, daß sie sich meldete. Vielleicht hat sie Hunger, oder man müßte ihre Windeln wieder wechseln, dachte ich. Die Stationsschwester nahm ihre Haube ab, sie setzte sich auf den Schemel, sie sagte, ihr sei heiß. Ohne Haube sah sie älter aus. Ihr Haar mit den grauen Strähnen war straff nach hinten gekämmt. Als sie merkte, daß ich sie beobachtete, versuchte sie, die Haube wieder aufzusetzen, kam aber nicht damit zurecht. Über Ragnhilds Bett hing ein Spiegel, den ich ihr zeigte. Sie sagte, in ihrem Alter komme man ohne Spiegel aus. Sie verließ das Zimmer.

Ich begann mit meinen Vorbereitungen zur Flucht. Ein Verbrecher muß ebenso logisch und scharfsinnig vorgehen wie ein Kriminalkommissar oder ein Detektiv. Keine Kleinigkeit darf er übersehen. Ein einziger falscher Schritt kann ihn verraten. Ich ging zum Fenster und hob die Gardine auf. Zwischen den einzelnen Gebäuden lagen Rasenflächen mit Blumenrabatten, die von Sandwegen eingerahmt waren. Am Eingangstor war die Pförtnerloge, in der ein Sanitäter saß. Trotz des Verbotes öffnete ich das Fenster. Ich nahm Ragnhild aus ihrem Bett. Mir fiel ein, daß mein Kind noch nie die Luft im Freien geatmet hatte. Ob es die Anstrengungen der Flucht ertragen wird, fragte ich mich. Ich sah mich in Gedanken mit einem toten Säugling im Arm durch die Straßen der fremden Stadt gehen.

Aufgestört vom Luftzug fingen alle Kinder gleichzeitig zu schreien an. Ich legte Ragnhild ins Gitterbett zurück. Die Stationsschwester kam nicht, um nach dem Rechten zu sehen. Ich schloß das Fenster, sackte auf dem Schemel zusammen. Auf einmal wußte ich, ich würde es nicht tun. Der Kommandant des Minensuchbootes würde kein ausgesetztes Kind in seiner Koje finden. Er war nur ein Ersatzmann, der Stellvertreter eines Ungenannten.

Statt der Kapitänskajüte sah ich das Schlafzimmer einer Offizierswohnung vor mir, in dessen Mitte ein quadratisches Bett im nordischen Stil mit Baldachin, das wir das Wikingerschiff nannten. Wenn ich übermüdet und abgehetzt in die leere Wohnung kam, warf ich mich mit dem Gefühl der Besitzerin auf dieses Bett, das die ehemaligen Wohnungsinhaber zurückgelassen hatten. Ich studierte die Mäander- und Schlangenornamente an den Holzpfosten unterm Baldachin. Ich warf mich hin und her auf dem knarrenden Rost mit der durchgelegenen Matratze. Ich tat, als schliefe ich, um zu beobachten, wie mein Freund mich weckte und beiseite schob, weil ich ihm seinen Platz streitig machte. Nur keine Zeit verlieren, nur keine Umstände! Wir hatten immer Eile. Zieh dich aus, mach schnell!

Seitdem ich Bescheid wußte, was für ein Ziel er verfolgte, war aus dem Spiel ein Kampf geworden, erbittert, zäh, schmerzhaft. Einer blieb Sieger, der andere wurde niedergerungen. Wir führten gegeneinander Krieg. Er tat alles, um mich zu überlisten. »Du willst ein Kind«, sagte ich, »alles andere ist nicht so wichtig.« »Wenn es soweit ist«, sagte er, »heiraten wir.« Er ist wie ein Bauer, der erst an Ehe denkt, wenn der Hoferbe unterwegs ist, dachte ich. Immer wieder kam es zu Gesprächen über das Kinderkriegen. »Du bist im richtigen Alter«, sagte er, »bald wird es zu spät sein.« Ich blieb verkrampft und angespannt. Jedes Mal kämpften wir um Sein oder Nichtsein des Kindes, das er sich wünschte. Es kam der Abschied. Marschbefehl über Nacht Richtung Osten, letzte Begegnung im Morgengrauen, kurz und heftig, zwischen dienstlichen Telefongesprächen und gepackten Kisten und Koffern, der Schreibtisch leergeräumt. »Es riecht schon nach meinem Nachfolger«, sagte er. Wir standen nebeneinander auf der Balkonterrasse. Hafen und Fjord rückten nah wie vor einem Gewitter. Wir konnten den Truppentransporter erkennen, der ihn nach Dänemark bringen sollte. Schleppendes, lustloses Gespräch wie auf dem Bahnsteig vor der Abfahrt des Zuges – man hat sich nichts mehr zu sagen. Drei Tage später rief mich mein Chef in sein Büro, um mir mitzuteilen, der Transporter, auf dem er sich befunden hatte, sei torpediert worden. Zwei Dutzend Überlebende, von ihm keine Spur. Mein Chef begann einen militär-technischen Monolog über die Radargeräte feindlicher U-Boote und über die Gefährlichkeit unserer Insellage. Ich hörte nicht zu, ich rechnete zurück: kaum acht Stunden nach unserer letzten Begegnung war es geschehen. Auf meinem Kalender kreuzte ich seinen Todestag an. Einige Wochen vergingen. Meine Periode verzögerte sich. Das ist nervös, sagte ich mir. In einer Apotheke ließ ich einen Test machen. Das Ergebnis war negativ. Am gleichen Tag, an dem ich es erfuhr, kam die Monatsblutung.

Zwei Wochen später machte ich meinen ersten Besuch an Bord des Minensuchbootes. Diesmal wußte ich, was mir fehlte. Ich wollte es mit Gewalt herbeizwingen, indem ich, genauso wie der Tote es mit mir getan hatte, meinen Partner hinterging und zu überlisten versuchte. Ich wollte ein Kind haben. Aber der neue Freund war nichts als ein Liebhaber auf Abruf. Er paßte höllisch auf, wie er es nannte. Ich beobachtete ihn kalt. Ich verfolgte mein Ziel. Auch in der Koje des Minensuchbootes spielte sich ein Kampf ab. Er siegte und überlebte.

Eines der Babies auf der Entbindungsstation schrie. Ich sprang vom Schemel auf, hob Ragnhild aus dem Bett, wiegte den Säugling auf den Armen: beruhige dich, ich bin ja da. Die Stationsschwester öffnete die Tür. Sie wies auf den Zeigerstand ihrer Uhr. Die Zeit zum Stillen war gekommen. Sie schickte mich in das Zimmer der Wöchnerin. Ich sollte der Mutter ihr Kind bringen. Ich bat die Stationsschwester, mich zu vertreten. Ich fühle mich nicht gut. »Das kommt in letzter Zeit ziemlich häufig vor«, sagte sie. Sie nahm mir das Kind ab und wandte mir den Rükken zu.

Ich vergaß, meinen Mantel überzuziehen. In meiner Schwesterntracht lief ich den Hügel vorm Lazarett hinunter. Die frische Luft tat mir gut, ich vergaß den Krankenhausgeruch, der noch an meiner Schürze und am gestreiften Kittelkleid haftete. Bis zum Hafen ging es abwärts. Ich lief am Kai entlang, an den Lagerschuppen vorbei, bis zur abgesperrten Mole, an der noch am Morgen das Minensuchboot gelegen hatte. Das Schiff war weg; wo es gelegen hatte, klaffte eine Lücke. Das Wasser im Hafenbecken war mit Ölschlieren bedeckt. Ich kehrte um, ich beschloß, nie mehr an diese Stelle des Hafens zurückzukehren. Das Minensuchboot kam nicht wieder, es hatte einen neuen Kampfauftrag an der Invasionsfront bekommen. Zu Hause schrieb ich einen Brief an die Führerin des Roten Kreuzes, die mich zum Lazarettdienst eingeteilt hatte: »Ich sehe mich leider nicht in der Lage, weiter als Hilfsschwester... Ich bin bereit, ein ärztliches Attest ... ich fühle mich den nervlichen Anstrengungen nicht gewachsen.« Mein Gesuch wurde bewilligt. Ich bin nicht noch einmal in das Krankenhaus zurückgekehrt, ich habe mein Kind nicht wiedergesehen.

Ein Mann vom Widerstand

Ich erinnere mich an meine erste Einladung ins Wochenendhaus des Oberquartiermeisters zum Frühstück im Kameradenkreise. Gastgeber war ein einbeiniger Truppenoffizier, der, wie er sagte, von Literatur nichts kannte außer den Balladen des Freiherrn von Münchhausen, eines entfernten Verwandten seiner Familie. Heller Frühsommermorgen, südliches Licht, Fichtennadelgeruch, vermischt mit Seeluft, die vom Fjord heraufdringt. Der holzgetäfelte Raum des Blockhauses, in dem wir, in lockeren Gruppen verteilt, sitzen, liegt in der Sonne. Jemand zieht die Jalousie vors Terrassenfenster wegen der Blendung. Am Tisch des Gastgebers haben sich ein halbes Dutzend Generalstabsoffiziere zusammengefunden, sie schlagen die Beine mit den roten Streifen an der Hosennaht übereinander.

»Bitte keine Rangbezeichnungen«, sagt einer von ihnen zu seiner Tischdame, einem adligen Fräulein, das er von früher her kennt, »wir sind hier nicht im Dienst.« »Ich heiße Hans Dieter«, höre ich einen Major zur Baronesse, meiner Zimmerkameradin, sagen, »vor dem Krieg war ich in den Vereinigten Staaten. Dort nennt man sich Jack, Jim und John, auch wenn man sich zum ersten Mal sieht. Es ist praktischer und unverbindlicher so.« Das allgemeine Gespräch wendet sich den Sauna-Sitten des Landes zu. »Erkälten kommt nicht in Frage«, sagt der Gräberoffizier, ein Rittmeister, ehemaliger Lebemann, zynisch vergnügt, »Wechselbad für den Kreislauf, Jungbrunnen. Männlein und Weiblein nackt wie Adam und Eva. Aus der überhitzten Baracke geradewegs in den Schnee. Voriges Jahr gab es eine Schneeballschlacht. Die Geschlechter schlossen sich zu zwei Mannschaften zusammen. Sie dampften vor Kälte. Total unerotisch«, er lacht, »die Mädels sind einfach zu gut gewachsen, langgliedrig und schmalhüftig, geschlechtslos.«

Ich sitze an einem Katzentisch am Fenster, wie es sich für einen Neuling in diesem Kreis gehört. Die jüngeren Herren fordern mich auf, mit ihnen zum Tisch des Hausherrn hinüberzugehen, wo sich inzwischen ein Stehzirkel gebildet hat. »Später vielleicht«, sage ich. Ein Schatten löscht das Lichtstreifenmuster, das die durch die Jalousienspalten dringende Sonne auf Tisch und Parkett wirft. Ich blicke auf: vor mir steht der Chef meiner Abteilung, ein Feuerkopf, Schöngeist, Musikliebhaber. Imponierende Erscheinung, rötliches Inkarnat, Leuchtaugen, fleischiger Mund, schlohweißes Haar. Er führt sich mit einem Horaz-Zitat ein: »Odi profanum vulgus et arceo.« Setzt sich zu mir an den Katzentisch, wendet der Clique des Gastgebers den Rücken zu. Redet um einige Grade zu laut. Das Gespräch drüben ist intimer geworden, mit halbem Ohr höre ich zu. Jetzt sind die finnischen Lottas dran, Helferinnen des Militärs aus dem verbündeten Nachbarland, die bei den Damen vom Stab einen zweifelhaften Ruf genießen. Sie begleiten die Herren von Standort zu Standort, eine Art moderner Marketenderinnen, die aber nichts zu verkaufen haben außer sich selbst. Sie sind beliebt als Masseusinnen, auch als Rutenpeitscherinnen in der Sauna. Manche Kommandierende halten sich einen Harem von ihnen, zum Ärger der ortsfesten Stabshelferinnen aus heimatlichen Bereichen. Eine Lotta tat zur Zeit Dienst beim Standortarzt, sie assistierte bei den monatlich durchgeführten Impfungen. »Wie die einem die Typhusspritze in den Thorax jagt«, erinnert sich der Gräberoffizier, »geschickt und zugleich sadistisch. Später, im Tête-à-tête, hat sie mir gesagt, sie benutze die Spritze, um Männer zu kitzeln, wie diese es sonst mit Mädchen tun. Ein Racheakt. Auch so eine verhinderte Männin.« »Sparen Sie sich Ihre Anzüglichkeiten für die Kasinoabende auf«, unterbricht Fräulein von D., die hier die Rolle der Anstandsdame spielt, »oder sollen wir einen Heidespaziergang machen und die Herren sich selbst überlassen?«

Der Feuerkopf kennt meinen Familiennamen, er weiß, daß ich für die Machthaber persona ingrata bin und einen schlechten Abwehrbescheid habe. Vielleicht zieht er mich deshalb ins Vertrauen. Die Einleitung unseres Zweiergesprächs fällt kurz und bündig aus: schöner Sommermorgen, Heiterkeit im Kameradenkreis kann nicht über den Ernst der Lage hinwegtäuschen. Wenn die Soldaten von der russischen Front dies Dejeuner im Besatzungsgebiet mit ansehen könnten! Scham und Trauer seien angebracht, darin wisse er sich mit mir einig. Wer sich noch einen Rest von Sensibilität bewahrt habe, wie es für Angehörige einer gewissen Bildungsschicht selbstverständlich sei... Dann kommt es, trifft mich ohne Vorbereitung, Schlag ins Gesicht, so daß ich erröte. Keineswegs im Flüsterton, sondern in Kasinohaltung, weder gebückt noch vorgebeugt, unvorsichtig laut. Ein Selbstbekenntnis, begleitet von gelegentlichen Seitenblicken in den Spiegel und auf die wohlgepflegte Hand mit dem Siegelring. Hat er vergessen, daß er nicht allein ist? Er nennt sich »im Grunde konservativ und Christ.« Er sei von der Zeit wider Willen in die Rolle des Rebellen gezwungen worden, habe Verbindungen zu Christen anderer Nationen und Gesellschaftssysteme, von Schweden über die baltischen Länder bis zur orthodoxen Kirche in der Sowjetunion. Mit einem Wort, ich könne in ihm einen Mann des Widerstandes sehen, der allerdings keiner bestimmten Gruppe angehöre. Gewalt sei im contre coeur, deshalb beschränke er sich, mit Hilfe einiger ähnlich denkender Herren im Stab, auf Fluchthilfe für gefangene Offiziere, auf die Rettung der Juden im Land, unter ihnen zahlreiche Emigranten, für die man einfach keinen Schiffsraum ins Reich zur Verfügung stelle. Eigentlich habe er zu solchen Sonntagmorgenvergnügungen weder Zeit noch Lust.

Er blickt sich nach dem Tisch des Gastgebers um. Einer der jüngeren Herren zieht die Jalousie hoch und öffnet die Tür zur Terrasse. Ein Kurierflugzeug nach Schweden sei fällig, sagt der Feuerkopf, von dort aus könne man manche Verbindungen besser aufnehmen. Ich versuche, dem Gespräch eine andere Wendung zu geben, will ihn veranlassen, einen Spaziergang im Garten zu machen. Jetzt beugt er sich wirklich vor, wieder beweist er, daß er seinen Horaz seit Gymnasiastenzeiten nicht verlernt hat. Er gebraucht ein Zitat, das in meinem Leben in anderem Zusammenhang eine Rolle gespielt hat: »Integer vitae Scelerisque purus.« »Non eget mauris jaculis nequ'arcu«, fahre ich fort. Ein Erkennungszeichen zwischen Verbündeten. Für den Tag X, fährt der Feuerkopf fort, sei alles vorbereitet. Was sein müsse, werde reibungslos erledigt, nicht mehr und nicht weniger an Blutvergießen als nötig. Neubesetzung der Führungspositionen und weiter Krieg bis zu ehrenhaftem West-Frieden. »Alle Posten sind schon besetzt.«

Die Herren vom Nebentisch haben den Ausdruck von angespannt Lauschenden, die vor sich selbst so tun, als hörten sie nichts. Der Feuerkopf lehnt sich in seinem Sessel zurück. Nach einem Blick zur Zimmerdecke geht er zu allgemeinen Betrachtungen über, hält ein Privatkolleg für mich. Aus Gründen der Moral und des Glaubens müsse man in allen Lebenslagen gegen Anarchie und Gewalt sein. Er wisse, wie wichtig die staatliche Ordnung für jedermann sei, aber es habe schon bei der Tyrannenherrschaft in der Antike Ausnahmen gegeben... Ich sehe ihn als Professor auf dem Katheder stehen und Vorlesungen für die Nachkriegsjugend halten. Im nächsten Augenblick jedoch kommt er mir vor wie ein Staatspräsident. Er könnte hinter einem Schreibtisch von übergroßen Ausmaßen sitzen, als Vorgesetzter von Ministern, als erster Mann der Nation: er hält Reden, er repräsentiert, reist in der Welt herum, empfängt exotische Delegationen. Auf den Briefmarken des Landes ist sein Feuerkopf abgedruckt. Alle kennen seinen Namen. Er blickt durch die offene Terrassentür in die Landschaft hinaus. »Heroisches Land«, sagt er, »jungfräulich, entzieht sich jedem Zugriff, gehört uns nicht, läßt sich nicht vergewaltigen oder besitzen. Beim Anblick des Fjords muß ich an Brünhildes Rüstung denken.« Der Oberst mit dem Holzbein stellt das Grammophon an. Grieg, ich kenne das Stück nicht, aber den musikalischen Stil. Der Feuerkopf summt die Melodie mit. Nordische Stimmung, nicht ganz echt, ein wenig touristisch, als befänden wir uns auf einem Passagierdampfer, der an der Küste entlang, zwischen Wasserfällen und Felsen gen Norden bis zum ewigen Eis von Spitzbergen zieht, mit Bordmusik, immer lautloser und geschwinder, ein Geisterschiff, mit einer Gallionsfigur, die im Profil Fräulein von D. ähnlich sieht.

Der Feuerkopf erhebt sich, er nickt mir zu, leutselig, zerstreut, als sei meine Audienz beim künftigen Staatsoberhaupt beendet. Mit steifen Schritten durchquert er den Raum, nimmt Platz in der Runde am Tisch des Gastgebers, stimmt in das Gelächter über einen Witz ein, den er nicht mit angehört hat. Der Hausherr bittet zum kalten Buffet. Lottas, die hier als Serviererinnen beschäftigt sind, haben es, den Umständen entsprechend, bescheiden, immerhin mit Lachs und Kaviar, hergerichtet. Als die Gäste um das Buffet versammelt sind, bleibt der Gastgeber im Nebenzimmer zurück. Der Ausdruck seines Gesichts verändert sich, er starrt aus vorgewölbten Augen ins Leere, hat eine Strähne von Schwermut, wie er es selber nennt. »Sowas kommt bei ihm manchmal vor«, sagt sein Adjutant, »plötzlich schaltet er ab wie ein Sportler, der ein

Konditionstief hat.« Blickt er in die Zukunft? Ahnt er etwas voraus von seinem Absturztod in den Bergen hinter Drontheim, wo fast alle Herren unseres höchsten Stabes auf dem Flug nach Narvik umkommen werden? Erst nach der Kapitulation wird ein Suchtrupp die Leichen (und die Geheimakten, die sie mit sich führten) im Bergland finden. Vorher gibt es bei uns Gerüchte, die Führungskräfte seien als Deserteure und Verräter zum Feind nach Schweden geflüchtet.

Mit einem Ruck erhebt er sich, das hölzerne Gelenk seiner Prothese knarrt. Er bittet mich in sein Ankleidezimmer, eine Art von Boudoir, das Wohnraum von Schlafraum trennt. Er erklärt, er müsse sich zehn Minuten ausruhen. Er bettet sich und sein Holzbein auf eine schmale Couch, schließt die Lider. Schläft er ein, wird er gleich zu schnarchen beginnen? Er bittet mich um einen Gefallen: ich sei doch literarisch bewandert, ich möge ihm eine der Balladen des Freiherrn von Münchhausen vorlesen. Er deutet auf das Bücherregal, auf dem nur einige schmale Bände stehen. Zwar kann er fast alle Gedichte von kindauf auswendig, doch möchte er eines, das ich besonders liebe, aus meinem Munde hören. In dem Gedichtband liegt als Lesezeichen ein getrockneter Schachtelhalm aus den Wäldern des Holmenkollen. Mit eintöniger Stimme fange ich zu lesen an, allmählich komme ich in Schwung, berausche mich an den Versen. Der Oberst liegt auf dem Rücken, er hat die Augen aufgerissen, seine Lippen formen Buchstaben, er murmelt den Text mit. Nach fünf Minuten schnellt er von seinem Ruhelager hoch, streicht sich das Haar aus der Stirn.

»Traurig«, sagt er, »aber nicht niederziehend. Mich richten diese Balladen auf.« Er macht die Schiebetür auf, geht hinüber zu seinen Gästen. Ich bleibe mit dem Gedichtband zurück. Niemand vermißt mich. Die Damen und Herren sind mit dem Vertilgen von Fischspezialitäten am kalten Buffet beschäftigt. Ich gehe auf die Terrasse hinaus, mache einige Runden im Garten mit den zwischen Steinen wachsenden Alpenblumen, atme tief die Luft ein, dies unwiederholbare Gemisch, das es nur in dieser Region gibt. Ozonreiche Höhenluft und Seewind, der mich zugleich schwindlig, schläfrig und frisch macht. Diese Luft wirkt stärker als der Champagner, von dem ich drei Gläser getrunken habe. Ohne sie wäre der Krieg hier oben nicht zu überstehen.

Im Garten begegne ich noch einmal dem Feuerkopf. Er ist in Gedanken mit der Zukunft beschäftigt, hat keine Lust, unser Gespräch von vorhin noch einmal aufzunehmen. Stumm blicken wir über die Fichtenwaldungen hinweg zum Fjord mit den Schildkröteninseln hinunter. »Es ist zu schön hier«, sage ich, »eine Hölle, die aussieht wie das Paradies.« Er blickt mich flüchtig von der Seite an. »Depressionen«, sagt er, »können wir uns nicht leisten. Sie führen nicht weiter. Was wir brauchen, ist der Glaube an die Zukunft, Idealismus, Aktivität.« Er klopft mir kameradschaftlich auf die Schulter: »Nicht schlappmachen, Mädchen!« Er lächelt, seine Augen leuchten. »Oder haben Sie persönliche Sorgen? Wenn etwas ist, ich bin immer für Sie da.« Er entschuldigt sich, er muß jetzt allein sein, um neue Kräfte zu sammeln. Ich gehe ins Blockhaus zurück: nie werde ich ihn mit meinen Angelegenheiten belästigen. Er baut an einer Zukunft, an die ich nicht glaube.

Am Abend des 20. Juli, nachdem auch hier bekannt geworden ist, daß das Attentat auf Hitler mißglückte, wird der Feuerkopf auf dem Flugplatz verhaftet. Wir erfahren davon nur durch Gerüchte, die zuverlässiger als Wehrmachtsberichte und Verfügungen des Oberbefehlshabers sind. Freunde des Verhafteten, die gestern noch mit ihm am Kasinotisch saßen, verlieren über den Zwischenfall kein Wort. Es gibt nur ein Gesprächsthema in diesen Tagen: laut höchster Verfügung wird der militärische Gruß abgeschafft und durch den deutschen Gruß mit vorgestrecktem Arm ersetzt. »Das ist der Untergang des Preußentums«, sagt der Oberst mit dem Holzbein. »Wissen Sie denn nicht«, fragt ihn der Gräberoffizier, »daß wir hier alle im Dienste des Teufels stehen?«

Es wird noch gesprochen

Abends um neun geselliges Zusammensein in der Sesselecke des Appartements: junge Offiziere auf dem Weg zu ihren Stützpunkten in der Polarnacht, die sich noch einmal unterhalten wollen vor der Wintereinsamkeit. Zu viele, die nicht mehr leben, haben vor ihnen auf diesen Plätzen gesessen. Zwei von ihnen wurden als Verschwörer vom 20. Juli hingerichtet. Einer, der nicht Bescheid weiß, weil er die ganze Zeit über eine Stellung an einem Felsenriff über einem Fjord gehalten hat, fragt nach dem Ergehen eines der beiden Verurteilten: »Was macht denn der A.?« Alle schweigen. Ich beuge mich vor und sage verlegen: »Sie wissen nicht... Ist das denn nicht bis zu Ihnen gedrungen? ... Seit einem halben Jahr ist er tot, er gehörte zu denen...« Ich bin zu feige, um die Sätze zu Ende zu sprechen. Christa, mit der ich zusammenwohne, legt eine Schallplatte auf. Das Zimmer ist überfüllt von der Stimme der Zarah Leander: »Ich steh' im Regen und warte auf dich.«

»Habt ihr nicht was Klassisches?« fragt der Leutnant, der sich soeben nach dem Befinden des Gehenkten erkundigt hat. Da sirrt das Telefon. »Für dich«, sagt Christa, sie hält mir den Hörer hin. »Weit weg. Ich kann kaum etwas verstehen.« Sie stellt das Grammophon ab, die Gäste reden nicht mehr miteinander. Hören sie zu bei dem Telefongespräch? »Wer ist da? Hallo?« rufe ich einige Male hintereinander. Ein Rauschen ist in der Muschel, ein Riesenraum schwingt da mit. Auf verschiedenen Ebenen höre ich Stimmen von Gesprächen, die nicht für mich bestimmt sind: Dienstliches, Codewörter, Morsezeichen. Dann meldet sich ein Oberst mit Namen Wildemann. »Wann kommt denn nun endlich der Bataillonsstab. Es ist dringend.« In meiner Vorstellung sehe ich ihn irgendwo auf verlorenem Posten im Osten. Die Telefonleitung ist das letzte, was ihn mit der Außenwelt verbindet. Er ist mit seinen Leuten eingekesselt, sie warten auf den Ausbruchsbefehl. Aber der Bataillonskommandeur ist unauffindbar, er schläft. Sein Adjutant hat keinen Dienst, dessen Stellvertreter trinkt mit Kameraden im Kasino. Dies Netz hält noch, denke ich, aber es kann jeden Augenblick zerreißen, dann sind wir alle ohne Verbindung, hängen im Leeren, können uns nicht mehr erreichen. Das Riesennetz der Telefonleitungen, Tausende von Kilometern in alle Himmelsrichtungen, mit zahllosen Verästelungen bis in die vordersten Stellungen, ist das einzig Eindrucksvolle, was sie im Krieg geschaffen haben.

Plötzlich ganz nah, wie aus dem Nachbarzimmer, vom Hohl- und Echoraum des Verstärkers umgeben, seine Stimme. Aber bevor wir die ersten Worte gewechselt haben, meldet sich ein Mädchen von der Vermittlung: »Wird noch gesprochen?« Es knackt in der Leitung: nur nicht trennen! Sein Anruf hat keinen praktischen Grund. Er wollte nur wieder einmal meine Stimme hören. Keine Aussicht, sich in absehbarer Zeit wiederzusehen. Urlaubssperre. Keine Ahnung, von wo er spricht, darf nicht fragen: nehme an von Ostpreußen oder von Berchtesgaden, wohin sie jetzt manchmal mit dem »Führerhauptquartier«, wo er als Obergefreiter am Kriegstagebuch mitwirkt, ausweichen. Entfernung spielt keine Rolle. Früher hat er manchmal mitten in der Nacht aus der Ukraine angerufen. Das klang nicht nach der Einsamkeit russischer Wälder, sondern recht munter und aufgekratzt: ›Habe Nachtdienst, eben echten Kaffee getrunken, zu stark fürs Herz, es klopft wie verrückt.‹ Die Ferngespräche, die wir über die Dienstleitung widerrechtlich führen, werden von vielen Ohren überwacht.

Die Gäste, die heute auf den Sesseln meiner Wohnung

sitzen, sind nur Statisten, die gegen ihren Willen mithören. Die wirklichen Lauscher in der Leitung bleiben unsichtbar, sie schalten sich ein, sie trennen die Verbindung, wenn sie merken, daß wir die Dienstleitungen ohne Erlaubnis benutzen. Unsere Gespräche haben ein festes Zeremoniell. Die meisten Fragen und Antworten sind tabu. Für nicht Eingeweihte klingt es einfältig, was wir uns zu sagen haben. Pausen entstehen, in denen ich darüber nachdenke, ob ich mich nach dem oder jenem erkundigen darf. Mehrmals frage ich nach dem Gesundheitszustand, das ist unverdächtig. »Wie geht es? Ehrlich, deine Stimme klingt etwas matt. Du sprichst so langsam. Bist du müde? Warst du krank? Das kommt von der Eintönigkeit des Dienstbetriebs. Du müßtest einen Tapetenwechsel haben. Aber jetzt ist nicht der richtige Zeitpunkt für Veränderungen. Mir geht es ähnlich. Hier oben tut sich überhaupt nichts, das zehrt an den Nerven. Wir warten. Tag und Nacht sind wir mit Warten beschäftigt. Noch sind wir da. Wir sind beschäftigt mit Überleben.«

Von der Sitzecke her kommt ein Warnungszeichen. Christa legt den Finger vor den Mund. Mit hellerer, wacherer Stimme setze ich hinzu: »Natürlich wissen wir alle, wozu wir die Stellung halten. Jeder Quadratmeter Bodens hier ist von Bedeutung. Der Schiffsraum wird für wichtigere Transporte als für Heimaturlauber gebraucht.« Helle verstellte Lügenstimme, sie strengt an. Schon wieder falle ich in meinen müden Tonfall zurück. »Das letzte, was ich von zu Hause gehört habe, war nicht gut. Volkssturmeinberufung, Fabrikeinsatz. Wie sollen sie das nur schaffen? Seit Wochen ist die Verbindung abgerissen. Es kommt keine Post mehr durch.« Wieder ist eine fremde Stimme in der Leitung, diesmal männlich, ein hessisch sprechender Gefreiter oder Unteroffizier: »Wird noch gesprochen?« »Aber ja.« Der in der Vermittlung sitzt, tausend Kilometer von hier, ist guter Laune. Er hat ein Einsehen mit uns, macht sogar einen Witz. »Mer werd ja noch frage derfe.« Ob er zu seiner Arbeit kommt, will ich wissen, zu Studien außerhalb des Dienstes. Kurz vor dem Anruf hatte ich einen Brief an seine Feldpostnummer zu schreiben angefangen. Jetzt fällt mir das Wichtigste nicht ein, was ich wissen wollte. Seine Stimme ist auf einmal weit weg, erstickt, nur noch einzelne Satzfetzen kommen an, den Rest muß ich mir zusammenreimen.

»Halsweh, Katarrh? Du müßtest etwas für dich tun. Krankschreiben lassen. Hänge noch nicht ein. Du hast recht, ich bin nicht allein. Ein paar gute Freunde, vor ihnen habe ich keine Geheimnisse. Hauptsache, wir reden einmal wieder miteinander. Man verliert sich nicht ganz aus den Augen, vielmehr aus den Ohren. Was macht denn Gisela? Du kennst kein Mädchen, das so heißt? Ich meine die Neue aus Berlin, mit der du im vergangenen Herbst Pilze gesammelt hast. Sie ist weg? Das finde ich schade. Das Private ist das einzige, was uns jetzt bleibt. Was ich in dieser Hinsicht ... das kann ich nicht sagen. Immer dasselbe, ja noch derselbe. Es ging ihm in letzter Zeit nicht so gut, dienstliche Schwierigkeiten, das Übliche.« Wieder mischt sich jemand von der Sesselrunde ein. Es ist der Freund, von dem ich soeben gesprochen habe. Er schüttelt den Kopf über meine Unvorsichtigkeit, macht mir ein Zeichen, das Telefongespräch zu beenden. Ich klammere mich an den Hörer. Ich bin noch nicht am Ende. »Komisches Wetter. In diesem Jahr haben wir wenig Schnee, nichts zum Skilaufen. Das letzte Mal Weihnachten in Lillehammer, ein paar herrliche Sonnentage. Ich kam dort hin, weil ich schon seit zwei Jahren keinen Urlaub mehr gehabt habe. Meinen Brief haben sie dir von zu Hause geschickt? Tut mir leid, wenn das, was ich geschrieben habe, nicht echt klang, zu pathetisch. Was meinst du? Falsch verstandene Philosophie von Jaspers und Co. Aber ich wollte doch nur... Eine Grenzsituation in seinem Sinne dürfte doch jetzt gegeben sein. Mit Schuld hat das nicht viel zu tun. Immerhin wirst du nicht leugnen, daß man gerade in diesen Tagen den Unterschied zwischen Dasein und Existenz in seinem Sinne spürt.« Ich schweige, unser Gespräch droht in ein Kolleg über die Dienstleitung auszuarten. Zum dritten Mal das »Wird noch gesprochen?« Diesmal jemand mit einer scharfen Stimme, der sich nicht hineinreden läßt. Er wird uns trennen. Wir legen eine halbe Schweigeminute ein. Wir sprechen schon fast fünf Minuten. Das finden sogar die Freunde der Abendrunde zuviel. Sie nehmen keine Rücksicht mehr auf die Fernverbindung. Sie unterhalten sich, je zwei und zwei.

»Bist du noch da?« Er meldet sich schwach, dann ist er auf einmal wieder dicht neben mir, so als könne er die Unterhaltung der geselligen Runde in meiner Wohnung mithören. Ich schließe die Lider und bemühe mich, um seine Stimme herum die Umgebung aufzubauen, in der er sich aufhält: Schreibtisch, Bücherregal, Stühle, Büroeinrichtung und seine Gestalt. Wie sitzt er wohl da? Oder liegt er? Hat er sich hingelegt zu einer unerlaubten Ruhepause auf dem Feldbett während des Nachtdienstes? Seine Stimme klingt gepreßt, ist aber atemnahe, droht die Muschel des Hörers zu sprengen, er räuspert sich, hustet in mein Ohr. Was hat er eben gesagt: wir werden uns lange nicht sehen, vielleicht nie wieder miteinander sprechen? Was sollen die sibyllinischen Andeutungen? Er kann nur das Kriegsende meinen, das dicht bevorsteht, den Untergang unserer Welt.

»Bleib da oben, solange es geht«, rät er mir, »nur keine Ortsveränderung jetzt, hast du verstanden?« Es ist die Stimme des besorgten Verwandten, der Vaterstelle an mir vertritt. So spricht der Ältere, streng, nicht ohne Autorität.

Ich lache, bereue es gleich wieder, denn jetzt reißt die Verbindung endgültig ab. Der väterliche Rat sind die letzten Worte, die ich von ihm höre. Seine Stimme ertrinkt in einem rauschenden Meer. Ich suche sie, kann sie nicht wiederfinden. Höre, wie ein mir nur flüchtig bekannter junger Mann der Sesselrunde Christa fragt: »Mit wem spricht sie eigentlich? Mit ihrem Verlobten?« »Es ist nur ihr Bruder«, sagt Christa. Dies »nur« ärgert mich, ich nehme mir vor, ihr das später zu sagen. Ein böses Vorzeichen, daß das letzte Wort unseres Telefongesprächs nicht persönlicher oder versöhnlich abschließend war: ein gute Nacht. Mach's gut, bis zum nächsten Mal oder auf bald! Eine Kommandostimme ist in der Leitung, sie fragt noch einmal nach irgendeinem Stab. Wieder meldet sie sich mit »Oberst Wildemann. Hier spricht Oberst Wildemann.« Als sei dieser Name ein Zauberwort, ein Sesam-öffne-dich, das alle Türen der Kommandozentralen sprengt.

»Ich trenne«, sagt schlaftrunken ein Mädchen von der Vermittlung. Ich halte noch immer den Hörer in der Hand. Christa nimmt ihn mir ab, sie hängt ein. »Es hat keinen Sinn«, sagt sie, »vielleicht versucht er es noch einmal später.« Die Gäste verabschieden sich bald. Aber das Telefon bleibt stumm. »Was war denn mit ihm?« fragt Christa, »hat er dir keinen guten Eindruck gemacht?« Ich öffne das Fenster, um frische Luft ins Zimmer zu lassen. »Er behauptet, es geht ihm nicht schlecht. Das ist viel, mehr kann man nicht verlangen. Aber irgend etwas an seiner Stimme war mir fremd. Sie hätte ebensogut einem Menschen gehören können, mit dem ich zum ersten Mal sprach. Unpersönlich, schwingungslos. Als höre jemand zu, als sei die Tür zum Nebenzimmer nur angelehnt.« »So etwas kommt vor«, sagt Christa, »man ist nicht immer in Stimmung, besonders wenn man vorher stundenlang auf die Verbindung gewartet hat.«

In der Nacht konnte ich nicht einschlafen. Ich wartete auf einen neuen Anruf. Dann träumte ich, halb noch im Wachen, ich sei draußen auf dem Meer nach einem Schiffsuntergang, im Wasser schwimmend. Das Meer war still, dunkel, unübersehbar groß. Auf einmal war es nicht ich, die dort draußen schwamm, sondern er. Ich wollte rufen, konnte ihn aber nicht erreichen. Noch eine Weile würde sein Kopf über den Wellen sein, dann würde er versinken und ertrinken. Übrig blieb nur das Meer, gleichgültig, Wellentäler und -berge bildend und wieder vernichtend.

Kriegsgefangen

Wir sind dreißig im Rundzelt. Wir liegen im Kreis, die Füße zur Mitte, die Köpfe an der Peripherie. Ab und zu geistert der Lichtkegel einer Taschenlampe durch die Dunkelheit. Die Stille wird unterbrochen von Geflüster, Gekicher und Zischen. Die Zeltplane am Eingang bläht sich im Luftzug. Ich träume vom Fjord mit den Felsinseln, sehe das unvermischt reine Blau des Wassers vor mir und den Himmel, der zittert von der Überfülle des Lichtes. Ein Schrei weckt mich auf, ein Hilferuf. Stöhnt eines der Mädchen unter den Schmerzen einer Kolik? Ich wickle mich aus den Wolldecken aus und taste nach meinen Sportschuhen. Ich will den Lagerarzt holen. Bin die Zeltälteste, die ungewählte Führerin der Gruppe. Jetzt schreien schon drei, in verschiedenen Tonlagen, eine Stimme heller und greller als die andere. Freundinnen klammern sich aneinander, starr vor Entsetzen. Ich knipse meine Taschenlampe an. Das ganze Zelt ist voller Bewegung. Im Mittelgang kriechen und krabbeln die Mädchen durcheinander, sie haben ihre Schlafplätze verlassen. Mühsam bahne ich mir den Weg zum Zeltausgang. Ein halbes Dutzend Stimmen vereinen sich zu einem sirenenartig anschwellenden und wieder verebbenden Ton.

»Macht Platz, laßt mich durch!« Vorm Zelteingang halten zwei Mädchen Wache. Die Umrisse ihrer Gestalten in den Trainingsanzügen zeichnen sich vom helleren Hintergrund der Lagerwiese ab. Sie stehen aufrecht da, angespannt bis in die Finger- und Zehenspitzen. »Was ist hier los?« frage ich. Die Wächterinnen schweigen. Plötzlich wendet die Ältere sich mir zu. »Neger«, sagt sie, »ein Schwarzer war eben im Zelt. Wir haben ihn am Gestank erkannt, Augen und Gebiß schimmerten im Dunkeln.« Aus dem Innern des Zeltes brandet eine neue Welle von Klagen und Jammern. Der Atem von Männern liegt in der Luft. Die Mädchen schreien wie Schwangere, die in den Wehen liegen. Hinterm Stacheldraht des Lagerzaunes steht eine mehrstöckige Kaserne. Sie ist von farbigen Amerikanern belegt. Tagsüber sind die Schwarzen bei den Mädchen beliebt, sie winken, lachen und werfen Schokolade und Obst über den Zaun. Doch mit der Nacht bricht der Schrecken aus in den Zelten, wo die weiblichen Gefangenen schlafen. Die freundlichen Schwarzen verwandeln sich in Urwaldbestien, die durch die Finsternis schleichen und zwischen die Zeltplanen kriechen.

Im Rundzelt kreisen Gerüchte: eines der Mädchen hat ein Rudel von Negersoldaten gesehen, die sich im Dämmerlicht vorm Lagerzaun zusammenrotteten, um nach Einbruch der Dunkelheit die Zelte zu überfallen. Die Wachtürme des Lagers sind von Farbigen besetzt. Schwarze halten zusammen. Kein Posten wird die Kameraden hindern, über den Zaun zu klettern. Kein Neger wird dem weißen Kommandanten den Überfall melden. Überall lauert Gefahr. Die Mädchen wagen es nicht, in der Dunkelheit ohne Begleitung über die Lagerwiese zur Latrine zu gehen. Ich stehe zwischen den Wächterinnen im Zelteingang. Der Lichtkegel meiner Taschenlampe tastet die Umgebung ab. Wir entdecken kein menschliches Wesen, keine Schattengestalt. »Blinder Alarm«, sage ich zu den Wächterinnen, »geht wieder schlafen.« Die beiden Mädchen ziehen sich ins Zelt zurück. Ich mache einen Kontrollgang über die Lagerwiese. Sternlose Nacht, Nieselregen. Ich stolpere über einen Stein, stoße mich an einem Pfosten. Auf einmal packt auch mich die Angst vor dem Unbekannten. Schauer rinnen mir den Rücken hinunter, ich friere und schwitze zugleich.

Vor dem Nachbarzelt entdecke ich eine Gestalt in einem Uniformmantel. »Wer da?« Es ist Evelyne, ein Mädchen aus dem Nachbarzelt. Der Männermantel, den sie sich um die Schultern gehängt hat, stammt von einem in der Kriegsgefangenschaft gestorbenen Freund. »Du bist's, Evelyne?« Gemeinsam gehen wir über die sumpfige Wiese. Evelyne trägt Schaftstiefel, an deren Sohlen Schmutz und Schlamm kleben. Wir hocken uns auf eine umgedrehte Kiste, die zwischen den beiden Zelten steht. Wir machen uns lustig über den Ekel der Mädchen vor Negerschweiß und schwarzer Haut. Tagsüber gibt es kaum Männergespräche im Lager. »Auch ohne sie geht das Leben weiter«, sagt Evelyne, »sie sind lästig, sie bringen nur Unruhe und Streit.« Sie zieht den Uniformmantel enger um die Schultern, ihr kurzgeschnittenes Haar glänzt vor Nässe, ihre Nase geht fast ohne Knick in die Stirn über. »Fast alle Mädchen hier«, sagt sie, »sehnen sich nach Vergewaltigung, nach Notzucht durch einen Schwarzen.« Schon in den ersten Tagen der Gefangenschaft haben sich in diesem Lager feste Freundinnenpaare gebildet. Die Stärkeren übernehmen den Schutz der Schwächeren. Evelyne spielt eine Männerrolle, sie hat eine jüngere und hübschere Freundin, die ihr blind ergeben ist. Solche Partnerschaften werden von den anderen geachtet. Beim Tausch von Freundinnen gibt es Eifersuchtszenen.

Evelyne und ich unterhalten uns wie Kameraden auf Wache, während wir nebeneinander auf dem Kistensitz hocken. »Träumst du nie von Männern?« frage ich. Sie schüttelt den Kopf. »Und du?« Ich verschweige, daß ich in der vergangenen Nacht von einem riesenhaften Neger geträumt habe, der mit einer brennenden Fackel unsere Zelte anzündete und mit gewaltiger Stimme »Feuer« schrie. Evelyne hat die Ellbogen auf ihre Knie und den Kopf in die Hände gestützt. »Kann nicht schlafen«, sagt sie, »erzähl mir was.« Im ganzen Lager bin ich bekannt als Erfinderin von Geschichten, mit denen ich die Mädchen unterhalte, wenn die Abende zu eintönig und langweilig sind. »Mir fällt nichts ein«, sage ich, »aber ich möchte dich gern etwas fragen.« »Bitte«, sagt Evelyne, ohne sich nach mir umzudrehen.

»Hast du noch nie einen Liebhaber gehabt?« Evelyne lacht wie ein Mann, hart, unmelodisch. »Natürlich habe ich welche gehabt«, ruft sie so laut, daß ich mich umdrehe, um zu sehen, ob uns niemand aus den Zelten belauscht. »Eines Tages hört man auf sie zu zählen. Manchmal verwechsle ich sie miteinander. Alle Männer sind gleich.« Sie kratzt sich mit dem Fingernagel Schlammspritzer von den Schaftstiefeln, ein trockenes, scharfes Geräusch. »Du vermißt sie nicht?« Noch einmal höre ich ihr Landsknechtsgelächter. »Ich habe mich niemals so frei wie im Lager gefühlt«, sagt sie, »ich habe Angst vor dem Tag der Entlassung.« Eine Weile schweigen wir. Die Stille vertieft sich mit jedem Atemzug. Ich würde mich gern in der abgestandenen Wärme des Zeltes verkriechen, um zu schlafen. Evelyne hat ihre wache Stunde, nachts ist sie gesprächiger als am Tag. Sie berichtet von vergangenen Wanderungen und Zeltnächten mit Lagerfeuer und Gitarrenspiel. Als sie merkt, daß ich friere, legt sie mir den Uniformmantel um die Schultern. Der feuchte schwere Stoff riecht noch immer nach Zigarettenrauch. Es wird heller, die Wolkendecke hinter dem westlichen Wachturm reißt auf. Der Mond wird sichtbar, er ist beinahe voll.

Neben der Bretterwand der Latrine steht ein Brunnen mit einer Wasserpumpe. Evelyne erhebt sich vom Kistensitz. »Seit Tagen habe ich mich nicht gewaschen«, sagt sie, »jetzt ist die Gelegenheit günstig. Niemand spioniert mir nach.« Fröstelnd sehe ich zu, wie sie die Jacke des Trainingsanzugs öffnet. Ich muß ihr helfen, die Schaftstiefel auszuziehen. »Die Feuchtigkeit macht mir nichts aus«, sagt sie, »ich bade gern im Regen.« Ich muß Wasser ins Brunnenbecken pumpen. Evelyne zieht die Jacke des Trainingsanzugs über den Kopf. Sie steht mit nacktem Oberkörper da. Sie hat breite Schultern, aber kleine Brüste, ihre Haut ist auffallend weiß. Sie schöpft Wasser mit den hohlen Händen. Aus ihrer Hosentasche holt sie ein Stück Seife. Sie prustet, als das kalte Wasser ihre Haut berührt. Sie spritzt mir Tropfen ins Gesicht. Ich entdecke, daß sich die Warzen ihrer Brüste vor Kälte zusammenziehen. Weil sie kein Handtuch hat, trocknet sie sich mit dem Mantel ab, den ich ihr gebe. Die Wolken schließen sich wieder zusammen, es fängt zu regnen an. Evelyne bückt sich, sie sucht ihre Schaftstiefel. Sie geht schnell, um sich zu erwärmen, nur mit Mühe halte ich mit ihr Schritt. Wieder fällt mir die Stille im Lager auf. Die Posten auf den Wachtürmen scheinen im Stehen zu schlafen. Evelyne und ich bewachen den Schlummer der Gefangenen.

Am Morgen darauf werden wir von einem Soldaten zum Lagerkommandanten gerufen. Er ist kaum einundzwanzig Jahre alt, hat ein kindliches unausgeprägtes Gesicht. Der Anflug eines Schnurrbartes macht ihn noch jünger und hilfloser. Er spricht besser deutsch als englisch, er stammt von jüdischen Emigranten ab, die inzwischen Amerikaner geworden sind.

Als wir kommen, sitzt er hinterm Schreibtisch in seiner Baracke. Rechts und links von ihm stehen zwei Gruppen von Mädchen und schwarzen Soldaten. Der Kommandant fühlt sich nicht wohl in der Rolle des Richters. Er stößt mit seinem Siegelring auf den Schreibtisch, um sich Ruhe zu verschaffen. Die Mädchen reden durcheinander, sie sind erregt, eine deutet mit dem Zeigefinger auf den längsten und kräftigsten der Farbigen, einen Riesen mit Glotzaugen und Wulstlippen, aber auffallend zierlichen, an der Innenseite zartrosa Händen.

»Der da ist es gewesen«, kreischt sie, »er hat mich gepackt und weggeschleppt, durchs Lagertor in die Kaserne. Das kann ich beschwören.« »Ich habe ihm mit der Taschenlampe ins Gesicht geleuchtet«, bezeugt das zweite Mädchen, »ich erkenne ihn wieder.« »In der Kaserne drüben«, unterbricht sie die dritte, die schon älter ist und kränklich aussieht, »haben sie einen Extraraum mit leeren Betten, zweimal drei übereinander. Er heißt der Ziegenstall. In ihn werden die Mädchen verschleppt und vergewaltigt. Wer schreit, bekommt das Maul gestopft. Wer sich wehrt, wird von drei Männern zugleich festgehalten.« Das Gesicht des Kommandanten ist den Soldaten zugekehrt. Sie stehen still, haben ausdruckslose Gesichter, keiner meldet sich, um ein Wort zu seiner Verteidigung zu sagen. Sie verstehen die deutsche Sprache nicht. »Schwere Beschuldigungen«, sagt der Kommandant, »auf Notzucht stehen bei uns harte Strafen.« Den Blick auf den Schreibtisch mit den Akten gerichtet, fügt er leiser hinzu: »Bei uns geht es nicht wie bei den Russen zu.« Der letzte Satz ist ein neues Signal für die Anklägerinnen. Die Ältere mit dem kränklichen Gesicht verzieht den Mund, dessen Winkel zucken. »Bei mir haben sie es auch schon einmal versucht«, ruft sie, »der Arzt kann es bestätigen. Überall am Unterleib habe ich Biß- und Kratzwunden. Einer hat sich auf mein Gesicht gesetzt, um mir die Luft zum Atmen zu nehmen, der zweite hielt meine Arme fest, der dritte hat mich gezwungen, die Schenkel breit zu machen. Es hat so schrecklich weh getan. In mir ist alles wund. Ich bin schwerverletzt. Ich habe mich geschämt, dem Arzt oder dem Sanitäter Bescheid zu sagen.« Sie bricht in Tränen aus, sie schluchzt immer heftiger und schneller. Die Kameradinnen müssen sie stützen. Der Kommandant bietet ihr einen Stuhl an, auf den sie niedersinkt, immer noch stöhnend, mit geschlossenen Augen.

Mit drei langen Schritten tritt Evelyne bis zum Schreibtisch vor. Sie blickt dem jungen Mann gerade ins Gesicht aus ihren groß und genau geschnittenen Augen. »Alles Lügen«, sagt sie, »dafür verbürge ich mich.« Der Kommandant steht auf, er ist klein und zierlich gewachsen. Evelyne ist fast einen Kopf größer als er. Die Rollen scheinen vertauscht zu sein. Sie ist der Mann, sie hat die Befehlsgewalt, sie gibt dem Kommandanten, der mit hängenden Schultern hinterm Schreibtisch steht, Befehle. »Ich kenne sie«, sagt sie mit einem Seitenblick auf die Gruppe der Anklägerinnen, »sie können die Wahrheit nicht von ihren Einbildungen unterscheiden. Das ist das einzige, was man zu ihrer Verteidigung sagen kann.« Der Kommandant setzt sich auf die Schreibtischkante und zündet sich eine Zigarette an. »Abtreten«, ruft er. Die Soldaten nehmen noch einmal Haltung an, kehren auf dem Absatz um und verlassen den Raum. Die Mädchen spucken vor Evelyne auf den Fußboden aus. »Unverschämtheit«, ruft eines von ihnen, »wir werden unser Recht bekommen, verlaßt euch darauf.« Sie laufen aus der Baracke, sie haben es eilig: durch das Fenster der Baracke sehe ich, wie sie dicht zusammenstehen, um sich zu beraten. »Gehen Sie ihnen nach«, sagt der Kommandant, »sonst hält man Sie für Denunziantinnen. Sie haben dann keine ruhige Minute mehr. Ich kenne diese Sorte von Frauen. Wenn die sich gegen Sie beide zusammenschließen.« »Das werden sie nicht wagen«, sagt Evelyne.

Wir verlassen die Lagerbaracke. Quer über den Weg, vor der Wiese, stehen die Mädchen. Sie haben inzwischen Verstärkung bekommen. Es sind zwanzig, sie bilden eine Kette. »Laßt uns durch«, sagt Evelyne. Sie schließen sich noch enger zusammen, sie schweigen. Dann sagt ein ganz junges Ding, das nicht mit im Büro des Kommandanten war: »Ihr steckt mit dem Feind unter einer Decke.« Die Blasse mit den fiebrig glänzenden Augen schreit: »Verräterinnen!« Die anderen lachen, es klingt nicht lustig, sondern gereizt. »Der Kommandant ist ein Jude«, sagt die Anführerin des Trupps. »Juden und Neger halten zusammen.« Einige Mädchen bücken sich, sammeln Steine vom Weg, andere bewaffnen sich mit Knüppeln von den Bäumen am Lagereingang. Die Jüngste der Gruppe ist üppig und klein, ihre vollen Brüste sind deutlich erkennbar unter dem roten Pullover. Sie stellt sich dicht neben Evelyne, sie blickt zu ihr auf, sie grinst: »Du hast etwas mit ihm«, sagt sie, »du treibst es mit jedem, du bist eine Hure.« Evelyne schiebt die Kleine weg, sie will sich den Weg zum Zelt bahnen. Die Mädchen schreien durcheinander: »Hure, Neger, Jude!« Plötzlich fliegen die ersten Steine. Einer trifft mich an der Stirn. Er ist klein aber spitz, es tut nicht sehr weh, aber ich spüre, wie das Blut über Stirn und Wange rinnt. Für Evelyne ist dies Blut ein Signal zum Angriff. Die üppige Kleine wirft sie achtlos beiseite, mit der flachen Hand schlägt sie die Ältere mit den glänzenden Augen ins Gesicht. Die geht zu Boden wie unter einem Fausthieb. Einige der eben noch feindlichen Mädchen nehmen für Evelyne und mich Partei. Die Blutjunge mit den üppigen Brüsten hat sich an mir festgekrallt, sie will mich in den Hals beißen. Ich wehre mich, biege ihr den Kopf zurück, ich rieche ihr ekelhaft süßes Parfüm, das sie sogar in der Gefangenschaft benutzt. Keine der Kämpferinnen vergreift sich an Evelyne. Um sie hat sich ein freier Raum gebildet. Sie überragt die anderen um Haupteslänge. Kommt mir zur Hilfe, packt die Mädchen, die sich auf mich als Opfer stürzen, an den Haaren, im Nacken, an den Jacken, zerrt sie hoch, wirft sie zu Boden mit ihren Männerkräften. Trotzdem verwickle ich mich in ein Knäuel von Armen und Beinen, von Haaren und Haut, von feuchtem Stoff und vom Leder der Gürtel und Stiefel. Schmerz spüre ich nicht, mir wird nur heiß. Die Bewegung tut gut, das Blut der

Schläfenwunde ist schon eingetrocknet. Eine Balgerei, nichts Ernsthaftes, ein Ausbruch lang aufgestauter Kräfte. »Aufhören«, ruft eine schneidende Stimme. Der Kommandant steht im Eingang der Lagerbaracke. »Wenn nicht gleich Schluß ist, rufe ich die Lagerwache.« Die Hände lassen mich los, auf einmal spüre ich die Kühle des Regentages. Ich stelle fest, daß ich auf dem Gras der Lagerwiese sitze. Meine Feindinnen haben mich fallengelassen, das Wort »Lagerwache« hat sie gelähmt. »Sind Sie verletzt?« Der Kommandant tritt auf mich zu, er hilft mir beim Aufstehen, ich mache ein paar Schritte. »Alles in Ordnung.« Noch immer habe ich keine Schmerzen. Nur mein Herz klopft an einer falschen Stelle.

Der Kommandant hält Appell ab. Er läßt dreihundert Mädchen in mehreren Reihen hintereinander antreten. Es regnet, die Mädchen stehen unbeweglich in der Nässe, keines sagt ein Wort. Die Haare hängen ihnen in die Gesichter. Das Wasser beruhigt sie, sie merken nicht, daß es immer stärker gießt. »Abzählen«, ruft der Kommandant. Auch er steht ohne Schutz im Regen. An seinen Seiten zwei Wachsoldaten, die die Reihen der Gefangenen überblicken. Schon seit Wochen hat der Kommandant die Mädchen nicht mehr antreten und abzählen lassen. Er wollte ihnen diese Erniedrigung ersparen, wie männliche Kriegsgefangene behandelt zu werden. Sein Appell zu dieser Stunde ist die Strafe für die Rebellion gegen Evelyne und mich.

Die Mädchen rufen laut und schnell hintereinander die Zahlen aus. Sie nehmen Haltung an, noch immer beklagt sich keine über dies Stillstehen im Regen, der ihre Wut niederschlägt. Der Kommandant kehrt ihnen den Rücken zu, er gibt den Wachsoldaten einen Befehl, den ich nicht verstehe. Dann dreht er sich langsam, mit einer fast tänzerischen Bewegung, wieder zu den Gefangenen um. »Wegtreten« ruft er. Die Mädchen laufen schnell auseinander, auf einmal schütteln sie sich vor Kälte, einige niesen. Sie verschwinden in die Zelte, um sich die nassen Kleider auszuziehen. Im Nu ist die Lagerwiese leer. Nur Evelyne, der Kommandant und ich sind übrig geblieben. Der junge Mann entschuldigt sich anstelle der Angreiferinnen, er erkundigt sich nach meinem Befinden. »Sie sieht nicht gut aus«, sagt Evelyne. In diesem Augenblick wird mir übel. Ich komme nicht mehr bis zur Bretterwand der Latrine, schon unterwegs muß ich mich übergeben. Trotz meiner Schwäche fühle ich mich erleichtert, befreit von einer Last, die ich tagelang mit mir herumgeschleppt habe. Aus einiger Entfernung höre ich ein Gespräch zwischen Evelyne und dem Kommandanten.

»Ich schäme mich, eine Frau zu sein«, sagt Evelyne. »Auch als Mann hat man es nicht immer leicht«, sagt der Kommandant. Vergeblich versucht er, sich im Regen eine Zigarette anzuzünden. »Manchmal denke ich, es wäre gut, wenn die Welt nur aus Männern bestünde«, sagt Evelyne. Beide lachen, die Stimme des Kommandanten klingt jungenhaft unbekümmert und hell. Mir fällt ein, was mir Evelyne aus ihrer Kindheit erzählt hat – daß sie immer als Junge gekleidet ging und sich einen männlichen Vornamen zulegte. Sie hielt es für einen Mangel, ein Mädchen in einer von Männern geschaffenen Weltordnung zu sein.

»Geht es dir besser, Kleine?« Noch nie hat sie mich ›Kleine‹ genannt. In ihrem Mund klingt das Wort jedoch weder mitleidig noch geringschätzig. Der Kommandant verabschiedet sich. Er geht mit steifen Schritten auf die Baracke zu. Evelyne kriecht in ihr Zelt. Sie kommt mit dem Uniformmantel wieder, legt ihn mir um die Schultern. »Mir ist nicht mehr kalt«, sage ich, »ich fühle mich wohl.« Evelyne bringt mich zu meinem Zelt zurück. »Du kannst den Mantel behalten«, sagt sie, »decke dich nachts damit zu.« Sie umarmt mich. Einige Mädchen, die dicht beim Zelteingang hocken, sehen uns zu. Sie lachen nicht, sie sagen kein Wort. Ihr Schweigen bedeutet, daß Evelyne und ich als neues Freundinnenpaar von der Lagergemeinschaft angenommen worden sind. Mit ihr zusammen bin ich stark, denke ich, von jetzt an wird sich niemand mehr an mir vergreifen.

Es müßte ein Mittel geben, das zu beenden: Hungerstreik. Sie begriff nicht, weshalb keine der grauen Gestalten, die vor den Ämtern und Läden Schlange standen, auf diesen Ausweg kam. Während sie selbst zwei Stunden lang in dieser Schlange wartete und fürchtete, das Amt könne zur Mittagspause schließen, ehe sie an die Reihe gekommen war, malte sie sich aus, wie es sein würde, wenn sie sich am nächsten Morgen weigerte aufzustehen. Es müßte ein Mittel geben, sich auszuschließen von der widerwärtigen Tätigkeit, mit der sie hier alle beschäftigt waren – dem Überleben. Sie waren übriggeblieben, sie klammerten sich am Geländer fest, sie klebten am Kesselrand mit der dünnen Suppe, die sie am Leben erhielt. Aus ausgezupften Wollfäden strickten sie Pullover und Unterzeug, um zu überwintern. Sie bastelten Schuhe und Stiefel mit Holzsohlen und Schnüren. Uniformen veränderten sie zu Mänteln und Jacken. In der Dämmerung schlichen sie sich zu den Lieferanteneingängen und in die Küchen der beschlagnahmten Villen, wo jetzt Offiziere der Besatzungsarmee wohnten. Sie trugen Essensreste in Tüten und Gefäßen fort. Von morgens bis abends waren sie mit ihrem Hauptberuf, dem Überleben, beschäftigt.

Stundenlang standen sie am Bahnhof, wo Schwarzhändler an ihnen vorüberstrichen und murmelten: »Tabak, Schnaps, Butter, Käse, Fleisch?« Und dazu die Preise und Kurse des Tages. Alle machten mit, Kranke und Krüppel, Verrückte und Trauernde, Kinder, Greise, Arbeitslose, Geschäftsfrauen. Sie hatten nur einen einzigen Wunsch: die Zeiten der Kälte und des Hungers zu überstehen. Wenn einer aufgeben wollte, redeten ihm die anderen so lange zu, bis er wieder das gleiche tat wie sie. Sie lebten in Klumpen zusammen, einer im Dunstkreis des anderen, um den Kanonenofen herum, in einem einzigen Zimmer. Einer überwachte den anderen. Nie war man allein, nicht einmal nachts konnte man die Tür abschließen.

An jedem der Lebenden hing ein Toter. Sie schleppten sich ab mit dem Gewicht derer, die eigentlich an ihrer Stelle hätten sein sollen. Die Toten ernährten sich von den Rationen mit, sie hielten die Stühle besetzt, sie wärmten sich am Ofen, sie schliefen in den Betten der Überlebenden. Es gab viele Gespenster in den ersten drei Nachkriegsjahren. Sie durchstreiften die Stadt, sie suchten nach Abfällen, fielen über die Lebenden her, als wollten sie ihnen das Blut aus den Adern saugen. Die meisten von ihnen hatten keine Gräber. Unbehaust geisterten sie durch die Straßen, wo sich die Überlebenden vor leeren Schaufenstern und vor den Türen der Ämter drängten. Noch nahmen sie Anteil am Leben der Hinterbliebenen, noch waren sie in deren Nähe, noch erschienen sie ihnen in den Nächten. Erst Jahre später würden sie sich allmählich entfernen. Die zwischen Waldhügeln und Fluß zusammengedrängte Stadt mit der langen Hauptstraße war überfüllt von Wiedergängern.

Auch wir beherbergten einen unsichtbaren Gast, von dem wir nicht wußten, wo er sich wirklich aufhielt – meinen älteren Bruder. Mit einem Vermißten zu leben ist schwieriger als mit einem Toten. Jeden Augenblick kann er vor der Haustür stehen und seine Ansprüche anmelden. Jeden Abend vor dem Schlafengehen fragte einer von uns den anderen – ein Zeremoniell, bei dem man sich kaum mehr etwas dachte: »Wo mag er sein. Weshalb meldet er sich nicht, warum schreibt er nicht. Wer hält seine Botschaften zurück?« Wir sprachen über alle Möglichkeiten, nur die wahrscheinlichste, die des Todes, erwähnten wir nie. Vielleicht war er gefangen in einem Schweigelager, wie es sie im Osten geben sollte. Vielleicht hatte er Grund, seinen Namen zu wechseln und irgendwo unterzutauchen. Schon immer hatte er eine Neigung zum lautlosen Verschwinden gehabt, einen Drang, sich zu tarnen und unsichtbar zu machen. Weshalb hätte er zurückkehren sollen in das stehengebliebene Haus im Neckartal, in die feuchten, stumpfgrünen Wälder? Er liebte keine Frau so sehr, daß sich die Heimkehr ihretwegen gelohnt hätte. Wir schickten unsere Gedanken ins Leere, sie würden ihn nie erreichen. Vielleicht hatte er ein zweites Leben angefangen, würde nie mehr Nachricht geben, weil ihn nichts zurückzog in die Kindheitswelt.

Ich besuchte Vorlesungen und Seminare der Universität. Ich schrieb mit, ich versuchte, Versäumtes nachzuholen. Aber immer wieder schweiften meine Gedanken ab. Was da gelehrt wurde, kam mir überflüssig vor. Einmal in der Woche hielt Karl Jaspers sein Schuld-Kolleg in der alten Aula. Er lehrte uns, Schuld von Verantwortung und Haftung zu unterscheiden. Er schilderte Grenzsituationen der Schuld, Liebe und Todesnähe, wie er es im Krieg bei meinen Privatbesuchen getan hatte. Er machte an immer neuen Beispielen den Unterschied zwischen Dasein und Existenz klar. Der Wille zum Überleben gehörte zum Dasein, dachte ich, Existenz dagegen gibt es nur in Ausnahmefällen, zum Beispiel beim Hungerstreik.

Ich stieg die Treppe von der Aula hinunter. Mir war schwindlig. Ich hatte noch nichts gegessen an diesem Tag. Ich klammerte mich am Geländer fest. Es gelang mir nicht, meine Gedanken zu ordnen. Das Gedächtnis läßt den Hungernden im Stich. Aber das ist nur die erste Prüfungsstufe. Mein Helfer war der Ekel. Im Hörsaal hatte neben mir Butterbrotpapier geknistert, eine Studentin packte ein Stück Käse aus. Von dem Gestank wurde mir übel. Ich mußte ins Freie, aber auch dort fand ich keine frische Luft. Alle Fenster schwitzten Gerüche nach Ersatzspeisen und

Desinfektionsmitteln aus. Ich konnte es in der Innenstadt nicht aushalten. Auf einer der Brücken blieb ich stehen. Vom Fluß herauf drang ein neuer Gestank, etwas Chemisches, vom Schaum der Abwässer, die sich im Becken des Stauwerks sammelten. Meine Kehle war ausgetrocknet. Irgendwo tropfte Wasser in ein Bassin. Durst quälte mich. Abscheu schüttelte mich bei dem Gedanken an das gechlorte Leitungswasser zu Hause. Ich schluckte über einen Widerstand in der Kehle hinweg. Ich bemühte mich gleichmäßig zu atmen. Schweiß brach aus, auf der Stirn, unter den Achseln. Anfängernöte, sagte ich mir. Ich dachte an den Durst, unter dem ich im Gefangenenlager gelitten hatte. Damals bissen wir auf Gräsern herum, um diesen Durst zu betäuben, bis uns jemand sagte, daß dies Gras Giftstoffe und Spaltpilze enthielt.

Mir war schwach, ich wollte nur noch schlafen. Ich ging, mühsam einen Schritt vor den anderen setzend, den halbstündigen Weg nach Hause. Züge verkehrten nur für die Besatzungsmacht, es gab keine Fluchtmöglichkeit für mich von dem Ort, an dem ich ein Recht auf Essensration, Ofenwärme und Schlafstätte hatte. Ich überlegte, ob ich einen Militärwagen anhalten und fragen sollte, ob die amerikanischen Soldaten mich ein Stück weit mitnehmen würden – fort aus dem engen Tal, aus der falschen Idylle der heilgebliebenen Stadt mit ihrer Schloßruine. Ich stieg den Berg hinauf, mein Herz klopfte unvorschriftsmäßig hart und laut. Unbemerkt kam ich ins Haus, legte mich ins Bett. Als die anderen sich im Nebenzimmer zum Essen versammelten und ich das Klirren von Besteck auf den Tellern hörte, wurde mir fast wieder übel. Keine Spur von Leichtigkeit und Überlegenheit, nichts als schwitzendes, übelriechendes Elend. Jemand kam, um mich zu wecken – ein Student, den wir einmal in der Woche zum Mittagstisch eingeladen hatten. Ich sagte ihm, mir sei schlecht, ich müsse etwas Unverdauliches gegessen haben, da helfe nur Fasten. Er nickte und lächelte, froh, meine Ration mit aufessen zu können. Kurz vor dem Einschlafen begann der Bilderfluß, eine Krankheit des inneren Auges, Erbteil meiner Mutter, an der ich in Stunden tiefer Erschöpfung leide. Die ineinander übergehenden Bilder erinnern an einen Film, sie erscheinen immer im gleichen Abstand, auf einer transparenten Schein-Leinwand. Was da vorgeführt wurde, hatte nichts mit Erinnerungen oder mit der Wirklichkeit des Tages zu tun: Landschaften aus der Vogelperspektive, die es nirgends gab, zusammengesetzt aus Bruchstücken, die nicht zueinander paßten. So jäh wie die Wüste von Oasen abgelöst wird, wechselten Hochebenen und Abgründe, Felsen und Wälder, Eisberge und Flüsse zwischen Wiesen. Dann wurde das Land überspült vom Ozean, die letzten Inseln versanken, die Formen wurden ersetzt vom Farbenspiel der Wellen. Hoffentlich fällt der Kamera endlich einmal etwas Neues ein, dachte ich, meinetwegen eine Geschichte, deren Held ich selber bin. Ich wollte mir zuschauen, wie ich zwergenklein oder riesengroß durch gerade Straßen auf einen Horizont zulief, der unsichtbar blieb. Manchmal war dies zweite Ich auf der Flucht vor Verfolgern. Meistens war der Jäger ein Tier, eine Raubkatze, Tiger, Jaguar, Leopard. Dann fing die kleine Gestalt, die ich sein sollte, zu laufen an.

Eine Weile schlief ich traumlos und tief. Kein Geräusch der Außenwelt drang zu mir, obgleich es immer noch Tag sein mußte. Dann sah ich ihn vor mir, ähnlich wie er in dem mit Stahlstichen illustrierten Buch aus der väterlichen Bibliothek, in Lesages »Hinkendem Teufel«, dargestellt war: Dämon der Dächer mit riesigen Fledermausflügeln. Schwarzer Engel, statt des Haars hatte er metallisch schimmerndes Kopfgefieder. Er flog mit mir zum höchsten Punkt der Stadt, auf den Turm der Kathedrale. Er streckte seinen Flügelarm aus. Da lag die Stadt unter geisterhaftem Licht, das weder vom Mond noch von der Sonne stammte. Röntgenstrahlen, die Häuser waren skelettiert, ohne Dächer. Überall hockten Menschen zusammen, manche schliefen, andere wiederholten die einförmigen Bewegungen des Hasses und der Liebe. Jeder lief vorgeschriebene Bahnen, alle führten Befehle einer unsichtbaren Zentrale aus. Die Einsamen waren nicht mehr allein in ihren vier Wänden. Im Raum daneben saß oder lag, für sie unsichtbar, der Nachbar, der die gleiche Haltung wie sie eingenommen hatte. Alle Bewohner der dächerlosen Häuser zusammen bildeten ein Muster, Miniaturfiguren auf hellem Grund. Der Dämon der Dächer sah alles, was sich dort unten abspielte, in tausendfacher Vergrößerung. Ich fand es langweilig, so viele Menschen auf einmal aus dieser Entfernung zu sehen. Der Dämon schwang seinen Flügelarm. Alle Häuser waren wieder von Dächern bedeckt, die Stadt schlummerte in der Nacht, der Turm der Kathedrale war ihr Wächter. »Laß uns wegfliegen«, sagte ich, »nimm mich mit.«

Jemand weckte mich, es war schon Morgen. Ich weigerte mich, etwas zu essen, ich trank nur ein Glas Wasser. Ich fühlte mich nicht geschwächt, ich hätte aufstehen können. Ein Hungerstreik ist wohl nicht das richtige Mittel, um zu sterben. Man braucht zu viel Zeit dazu. Das Leben meldete sich stärker als sonst in diesen Winterwochen. Das Tageslicht tat in den Augen weh, meine Finger kribbelten, die Gedanken arbeiteten fieberhaft. Ich war unruhig und erregt wie in Vorfrühlingstagen. Acht Tage blieb ich liegen, ohne etwas zu mir zu nehmen. Verschiedene Ärzte untersuchten mich. Einer, Psychotherapeut, den ich von früher her kannte, betrachtete mich und sagte: »Stehen Sie auf. Ihnen fehlt nichts.« Ich wandte den Kopf zur Seite, die Sehnen meines Halses spannten sich an, ich schluckte über den trockenen Widerstand in meiner Kehle hinweg. »Sie müssen weitermachen, das ist alles«, sagte der Arzt. »Aber wenn ich nun keine Lust zum Überleben habe?« sagte ich.

»Sie *haben* überlebt«, sagte der Arzt, »Sie *sind* übriggeblieben. Diese Tatsache müssen Sie anerkennen.« Er verabschiedete sich. »Es ist nicht leicht, sich selbst anzunehmen«, sagte er.

Von nun an bekam ich keine Besuche mehr. Ich war als Simulantin entlarvt worden. In der Überlebensgesellschaft der ersten Nachkriegsjahre galt das als schweres Verbrechen. Die Ekel- und Übelkeitszustände kehrten wieder, ich hatte keine Wachträume mehr. Ich dämmerte vor mich hin, ich hatte Gliederschmerzen. Eines Tages hielt ich es nicht länger im Bett aus. In der Nacht stand ich heimlich auf. Ich konnte gehen, ich hatte keinen Schwindelanfall. Ich schlich in die Küche, ich öffnete die Speisekammer. Ich ging zum Syruptopf, nahm einige Löffel von dem süßen, klebrigen Zeug. Ich mußte mich sofort übergeben. Dann fand ich einen Rest Milch, den ich mir aufwärmte.

Am Morgen darauf wurde ich von Ausrufen der Überraschung geweckt. Der Briefträger brachte Post, die die Familie in Aufregung versetzte. Ich lief barfuß ins Treppenhaus.

»Habt ihr Nachricht?« fragte ich, »hat er geschrieben?« Aber es war nur ein Care-Paket, von einem amerikanischen Freund an mich adressiert. Als ich ins Wohnzimmer kam, rissen die anderen es auf und untersuchten den Inhalt. »Das gibt ein Festessen«, sagten sie, »wir feiern deine Genesung.« Mittags versuchte ich ein Stück Putenbrust. Das Fleisch schmeckte tranig und süßlich. Ich schämte mich, als ich noch einen Bissen davon nahm.

Die Welt wie ich sie sehe

Auf Reisen ist man besser allein

Zwanzig Jahre, nachdem es geschehen war, fand ich die Brücke wieder; sie hatte Krieg, Bomben und Feuer überstanden. Sie sah dunkler, rußgeschwärzt und baufälliger als in meiner Erinnerung aus. Laut Auskunft von Einheimischen war sie eine der letzten, überdachten Holzbrücken in dieser Gegend. Ich betrat die Bretterplanken, sie knarrten nicht. Ich trug Sandalen, keine Bergstiefel, die beim Laufen polterten und ein Echo aus der Holzdecke weckten. Am Ausgang des Brückentunnels führten die Geleise der Bahn am Flußufer entlang in Nord-Süd-Richtung durch das Tal mit den Weinterrassen und Obstwiesen. Am Felshang hing das Kastell mit zinnengekröntem Turm und Wehrmauer. Der Ort zwischen Steilhang und Fluß lag in tiefem Schatten, obgleich es erst kurz nach Mittag war. Zwölf Uhr dreißig, die gleiche Stunde, in der es geschehen war, vor dreißig Jahren. Der Kiosk, in dem man Zeitungen und Postkarten kaufen konnte, war geschlossen. Neben ihm stand der mir unbekannte, moderne Bau eines Kurhotels. Ich atmete mühsam, die Luft war dunstig, mit Rauch durchsetzt. Aus der Felsschlucht mit den Grenzbefestigungen sah ich einen Zug kommen, die elektrische Bahn fuhr fast lautlos ins Tal. Es fehlten die Qualmwolken und das Keuchen der Lokomotive an jenem Herbsttag:

Wir kommen aus den Bergen, nach einer Fußwanderung von vierzehn Tagen, mit Rucksack und genagelten Stiefeln. Wir sind zu spät aus unserem Nachtquartier in einer Schutzhütte auf einem Dreitausender aufgebrochen. Am frühen Morgen haben wir uns gestritten. Der Wortwechsel dauerte fast eine Stunde. Durch einen Kamin, über eine Moränenhalde, am Rand eines Felsgeländes mit zahllosen Löchern und Spalten, sind wir, einem Waldweg folgend, über die Matten einer Alm, an einem Bachbett entlang ins

Tal hinabgestiegen, bis zu den Lichtungen der Lärchenwälder mit den ersten Bauernhöfen. Es wird wärmer von Schritt zu Schritt, wir legen ein Kleidungsstück nach dem anderen ab und verstauen es im Rucksack. Die Sonne nistet sich ein auf unserem Weg ins Tal. Heißer Tag im Oktober mit dem Aroma des Südens. Wir gehen, einer in den Spuren des anderen, hintereinander. Fast zwei Stunden lang wechseln wir kein Wort. Der Streit vom frühen Morgen steht noch zwischen uns, er ist abgebrochen, nicht ausgetragen worden. Als ich weinend auf der Pritsche im Schlafraum der Schutzhütte lag, beschlossen wir, am gleichen Tag von der Talstation aus nach Venedig zu fahren.

Um das Gewicht meines Rucksacks und der Bergschuhe nicht mehr zu spüren, stelle ich mir während des Abstiegs vor, wie es in Venedig sein wird, das ich schon kenne. Ein schmalbrüstiger Palazzo am Kanal, der in ein Hotel umgewandelt ist, das Zimmer mit maurisch verziertem Balkon und gotisch gewölbten Fenstern. Das Wasser der Lagune schlägt Tag und Nacht mit einschläfernd eintönigem Geräusch gegen die Mauern. Vom frühen Morgen an dringt der Lärm von Stimmen, Ruderschlägen, Motoren in den abgedunkelten Raum. Erst gegen Abend verstummt es. Das letzte, was wir hören, sind Schritte auf dem Holzsteg der Landestellen, wo die Gondeln festgemacht werden. Wir haben es nicht mehr eilig, morgens aufzustehen, die Wanderung durchs Gebirge ist zu Ende. Halbe Tage verbringen wir im Bett, erholen uns vom frühen Aufbruch an den Wandermorgen, von Bergbesteigungen und vom Abstieg ins Tal. Wir wachen und schlafen, wir sind unfähig aufzustehen und die drei Schritte zum Fenster zu machen, um die Jalousien hochzuziehen und auf den Kanal hinunterzublicken. Wir sind zu träge geworden, um uns zu streiten. Unser einziger Wortwechsel: wer steht auf, um das Fenster zu öffnen oder zu schließen. Wer klingelt an der Tür, damit das Zimmermädchen das Frühstück zur Mittagszeit bringt? Wer macht das Deckenlicht aus? Wer läßt Wasser in die Badewanne laufen? Man hat uns vergessen in diesem Hotelzimmer, wir könnten tot sein, uns gegenseitig ermordet haben. Niemand wird uns hier finden in unserem Blut.

Kurz vor dem Holztunnel der Brücke dreht er sich nach mir um. »Trödle nicht«, sagt er, »wir müssen den Zug erreichen.« Mir tut der linke Fuß weh. Ich sage: »Ein Stein ist in meinem Stiefel. Ich muß ihn entfernen.« »Später«, sagt er, »wir haben jetzt keine Zeit.« Ich hinke, unter meinen Stiefeln rutschen die Steine weg, ich stolpere über eine Baumwurzel, falle hin. Er bleibt stehen, blickt auf mich nieder, statt mir beim Aufstehen zu helfen. Er sagt: »Beeile dich. Wir dürfen keine Minute verlieren.« Von meinem Knie läuft ein Blutfaden die Wade nieder. Er sieht sich die Schürfwunde fachmännisch an. »Ausbluten lassen«, sagt er, »Dreck heilt am besten.« Er muß es wissen, er ist Arzt.

Im Tal brütet die Hitze, Wein wird geerntet, reife Trauben hängen zwischen den Rebengärten. Es riecht süß, etwas faulig. Nach alter Dorfsitte wird der Traubensaft mit bloßen Füßen in Holzkübeln getreten. Lange Schritte auf einem ebenen Sandweg. Keine Steine mehr zwischen den Wiesen. Er ist hinter mir, treibt mich zur Eile an, blickt auf seine Armbanduhr, den Fahrplan für die Züge in den Süden hat er im Kopf. Wir sind am Fluß angelangt, vor uns liegt der Brückentunnel – eng, finster, leer. Am andern Ufer treppt sich der Ort am Felshang auf, über ihm das Kastell, unten die Bahnstrecke, ein Bündel von Geleisen, die aus der Schlucht hervorquellen und sich vor der Talstation vermehren. Die Luft ist rauchig, von Ruß rangierender Güterzüge durchsetzt. Im Brückentunnel stinkt es nach Benzin, Urin und Hundekot. Zwölf Uhr fünfundzwanzig, noch zehn Minuten bis zur Abfahrt des Zuges, der nach Venedig fährt. Der Tunnel hat uns verschluckt, unsere Stimmen klingen hohl wie die Schritte. Er kommt hinter mir her, ist mir auf den Fersen. Jetzt fängt er zu laufen an, zwingt mich, das gleiche zu tun. Meine Stiefel wiegen zentnerschwer. Ich keuche, will ihn vorbeilassen. Er nimmt mir den Rucksack ab, zerrt ihn von meiner Schulter. Wir laufen, als gehe es um Leben und Tod. Das Tunnelloch auf dem anderen Ufer ist weit weg, rund, hell und klein. Eine Hetzjagd. Wer ist der Jäger, wer der Gejagte? Vor wem sind wir auf der Flucht? Zwischen zwei lockeren Brettern des Brückenbodens entdecke ich Wasser des Gebirgsflusses, grün, reißend. Ich bin durstig. Noch zwanzig Meter, der Tunnelausgang ist größer geworden, das Tageslicht blendet. Wir laufen keuchend und schwitzend. In diesem Augenblick gehen die Bahnschranken am Ende der Brücke nieder. Ein Glöcklein läutet, wie bei einer Hinrichtung. Vor dem Tunnel funkelt ein rotes Warnlicht. Zu spät. Gleich wird der Zug mit der Dampflokomotive und den zwanzig Spielzeugwagen an uns vorüberfahren, südwärts. Daß er nichts sagt, während wir vor den rotweiß gestreiften Bahnschranken stehen, ist schlimmer als der ärgste Streit. Die Stille zwischen uns bedeutet: du bist gerichtet. Es dauert zwei Minuten, ehe der Zug, heißgelaufen von der Bergfahrt, dampfend und rußgeschwärzt, an uns vorüberfährt und kurz an der Talstation hält. Die Wagen sind leer bis auf ein paar Einheimische, Zöllner und Grenzsoldaten. Die Bahnschranken öffnen sich noch immer nicht. Zwei Güterzüge mit Holz, das für Italien bestimmt ist, rangieren hin und her mit quietschenden Bremsen. Wir schweigen, wir haben auf einmal viel Zeit. Es gibt kein Ziel mehr. Vorm Einbruch der Dunkelheit fahren zwei weitere Züge nach Süden. Ich kenne die Abfahrtszeiten, ich nenne sie ihm. Er hört mir nicht zu, er sieht mich an, er schüttelt den Kopf. Auf der ganzen Wanderung durchs Gebirge habe ich nicht mit ihm Schritt halten können. Er hätte sich besser eine andere Begleiterin suchen sollen: stärker, älter, erfahrener im Bergsteigen. An allen Verzögerungen auf dieser Fußreise war ich schuld. Einmal habe ich auf einem mühsam erkletterten Gipfel den Höhenkoller bekommen. Trotz einbrechender Dämmerung stiegen wir ins Tal ab. In einem Gasthaus an der Dorfstraße gab es eine mißglückte Liebesnacht: so etwas kommt vor auf Reisen, wenn man übermüdet von Märschen und Anstrengungen ist.

Die Bahnschranken öffnen sich. Beim Überqueren der Geleise sagt er: »Es ist besser, wenn wir uns trennen.« Wieder muß ich, wie beim Niedergehen der Schranken mit dem Armesünderglöcklein, an eine Guillotine denken. »Ich fahre nach Hause«, sagt er, ohne mich anzublicken, »nimm du den nächsten Zug nach Süden. Venedig ist eine schöne Stadt, man fühlt sich nicht einsam dort. Vielleicht findest du jemanden, der dir Gesellschaft leistet.« Wir sitzen im Freien in dem Gasthausgarten neben dem Bahnhof, trinken Südtiroler Wein. Der Zug, der nach Norden fährt, hat Verspätung. Wir bestellen noch einen halben Liter, sprechen von Erinnerungen an die Gebirgswanderung, so als liege das alles weit zurück. Ich bin apathisch wie immer nach einem Schock: man schaltet ab, lebt nur noch von Minute zu Minute. Er will mich betrunken machen, denke ich, als er zum dritten Mal Wein bestellt. Ich begleite ihn auf den Bahnsteig, die Umrisse des Kastells und die weiß gekalkten Häuser des Ortes verschwimmen vor meinem Blick. Ich mache kehrt und gehe weg, ehe sein Zug sich in Bewegung setzt. Während der Fahrt nach Süden stehe ich am Fenster, sehe Weinberge, Kastelle und Dörfer vorübergleiten. In Venedig bleibe ich eine Woche. Ich finde niemanden, der mir Gesellschaft leistet. Aber ich leide nicht unter Einsamkeit. Einmal denke ich: mit ihm zusammen wäre alles schwieriger gewesen. Wir hätten uns abwechselnd gestritten und wieder versöhnt. Wir hätten die Rollen spielen müssen, die für Liebespaare bestimmt sind. Ich wäre blind für die Schönheit der Stadt gewesen. Auf Reisen ist man besser allein.

Ich überquerte die Holzbrücke nach zwanzig Jahren. Ich ging über die Bahngeleise. Ich trank Wein im Gasthausgarten. Ich versuchte, genau das gleiche wie damals zu tun. Am Kiosk mit den Zeitungen kaufte ich eine Postkarte. Auf ihr sah man den Ort mit Kastell, Fluß und Brücke, nur die Geleise und die Bahnschranken fehlten. Ich schrieb seinen Namen, dann fiel mir ein, daß ich seine Adresse schon lange nicht mehr kannte. Ich wußte auch nicht, was ich schreiben sollte. Als mein Zug angekündigt wurde und die Bahnschranken sich schlossen, ließ ich die Karte im Garten des Gasthauses liegen und ging zur Station.

Verloren in Paris

Auf einer Bank vor der Sonnenuhr im Luxembourg-Garten: wie die Zeit schleicht! Lautlos wandert der Schattenzeiger über die Erde. Es gibt weder Minuten noch Sekunden wie bei der mechanischen Uhr an der Kreuzung der beiden Boulevards, deren Zeiger mit einem Ruck von einem Strich zum nächsten springt. Wie lange sitzen wir schon auf dieser Bank neben der Marmorstatue der Königin mit der Lockenperücke? Eine Stunde, zwei? Die Sonne durchmißt den Himmelskanal zwischen den gerade geschnittenen Baumkulissen der Allee. Der Schatten der Bäume kriecht über die Rasenfläche. Wir werden hier bleiben, bis er uns erreicht. Morgens, im Hotelzimmer, haben wir alle Kalender, Fahrpläne, Notizbücher mit Telefonnummern und Adressen, die uns mit Zuhause verbinden, auf einem Scheiterhaufen im Gaskamin verbrannt. Die Kartengrüße an Freunde haben wir zerrissen, statt sie in einen Briefkasten zu werfen. Wir haben unsere Uhren ausgetauscht. Meine ist billig, eine Armbanduhr aus Stahl. Seine hat einen goldenen Deckel mit dem Familienwappen, väterliches Erbstück, Taschenuhr, an einer Kette in der Weste eines altmodischen Anzugs zu tragen. Ich werde sie im Leihhaus an der Straßenecke versetzen.

Seit vier Wochen habe ich meinen Namen verloren. Ich lebe hier als seine Frau. Kein Brief erreicht mich. Niemand weiß, wie ich heiße. Ich habe nur wenige Freunde in Paris. Heut sind wir früh aufgestanden. Die Sonnenuhr zeigte auf zwölf, als wir uns auf die Bank im Park setzten. Meistens verbringen wir den Morgen im Bett. Auf diese Weise überschlagen wir eine Mahlzeit. Wenn wir schlafen, haben wir keinen Hunger. Schlafen kostet nichts. Jeden Morgen ist es schon hell, wenn wir die Augen öffnen. Der Himmel überm Mansardendach des Hotels ist seit Wochen wolkenlos. Die Sonnenstrahlen dringen früh durch die Läden ins Zimmer. Vor zehn Uhr morgens brechen sie sich in den Messingkugeln der Bettpfosten, um elf blenden sie uns, die Sonne liegt auf den Laken und Kopfkissen. In der Mansarde wird es heiß. Seit einer Woche warten wir, ohne uns gegenseitig etwas zu sagen, auf einen Zwischenfall – auf ein Klopfen an der Mansardentür: draußen steht ein Polizist, wir haben uns strafbar gemacht. Jemand aus der Welt, für die wir verschollen sind, meldet sich durch ein Telegramm – sie haben die Adresse des Hotels herausgefunden, die Ehefrau, das Kind, der Vater, der Freund, ein Vorgesetzter, ein Kollege. Einer von ihnen steht auf der Schwelle der Tür und sieht uns mitten am Tag im Bett liegen. Jedesmal, wenn ich die Sirenen eines Streifenwagens oder eines Feuerwehrzuges in den Straßen höre, erschrecke ich.

Noch während wir auf der Parkbank sitzen und den Schattenzeiger der Sonnenuhr beobachten, nehme ich mir vor, ihm die Wahrheit zu sagen, aber nicht hier, sondern in einem Bistro, wo es Aperitifs, Pernod und Cognac gibt. Ich habe den Tag ausgerechnet, an dem wir kein Geld mehr haben werden. Ein Datum, so wichtig wie das des Abiturs, des ersten Kusses, der Hochzeit oder des ersten Kindes. Prüfungsstation. Vis à vis de rien, hat das meine Mutter genannt, die von hanseatischen Kaufleuten abstammte. Ich schlage vor, die fünfzig Schritte zum Ecklokal am Parkgitter zu gehen. Er meint, dazu sei es noch zu früh. Ich blicke ihn an, er senkt die Lider. »Du mußt jetzt tapfer sein«, sage ich. »Wir sind am Ende.« »Was soll das heißen?« fragt er.

»In einer Woche geht uns das Reisegeld aus.« Sein Blick verhärtet sich, seine Lippen werden schmal.

»Das sagst du erst jetzt?«

»Eine einfache Rechnung. Du hättest genauso gut daraufkommen können.«

»Du hast die Reisekasse, nicht ich«, sagt er.

»Wir müssen uns etwas leihen«, schlage ich vor, »irgendwie Geld verdienen.«

»Weshalb haben wir gestern in dem teuren Lokal zu Abend gegessen, wenn wir uns in dieser Lage befinden?« Seine Stimme klingt eng, er wendet mir sein Profil zu. Ich sitze auf einmal neben einem Fremden. Natürlich, er hat keine Ahnung gehabt, er wollte den Kopf frei behalten. Geld verwalten ist für ihn Frauensache. Er liefert es ab, will nichts damit zu tun haben. Überläßt den Lebensgefährtinnen die Haushaltsführung, die Steuererklärung, das Reisebudget.

»Ich habe Schmuck versetzt«, sage ich.

»Die Perlen?« fragt er, »oder das Medaillon mit der Elfenbeingemme? Den Brillantring, den deine Mutter getragen hat? Du hättest mich fragen sollen. Man hat dich bestimmt betrogen.«

»Nur eine Kette mit geschmackloser Fassung von der Jahrhundertwende. Nicht der Rede wert.« Mit dem seit Tagen ungeputzten Schuh scharrt er Kies vom Boden auf. Zündet sich eine Zigarette an, auf die umständliche Art, die ich von Zuhause her kenne, stößt den Rauch heftig durch die Nasenlöcher aus.

»Du hast uns in diese Notlage hineinmanövriert«, behauptet er.

»Wir haben uns treiben lassen«, sage ich, »fünf Wochen lang. Jetzt müssen wir uns entscheiden. Wir könnten hier bleiben. Es gibt viele wie wir in dieser Stadt. Wenn man sich auskennt, kann man hier billig leben. Wir könnten Gönner finden und Geld verdienen. Ich übersetze, du schreibst Gutachten für Kunst in Antiquitätenläden.«

Auf einmal lacht er, wobei er den Kopf in den Nacken zurücklegt. Das hat er seit langer Zeit nicht mehr getan. Wenn man glücklich ist, lacht man nicht.

»Wie du dir das vorstellst«, sagt er, »reichlich naiv.«

Balzacs Geschichte Peau de chagrin fällt mir ein. Jeder Wunsch erfüllt sich für den Besitzer der magischen Haut, aber mit jeder Wunscherfüllung schrumpft das Leder zusammen, bis es ganz aufgebraucht ist. Das bedeutet den Tod. Ich stelle mir vor, wie wir durch die Straßen des linken Ufers in zehn oder zwanzig Jahren gehen: gealtert, ungepflegt, mit fleckigen Kleidern, Sandalen an den bloßen Füßen. Das Geld reicht nicht, um zum Friseur zu gehen oder einen neuen Mantel zu kaufen. Aber immer noch haben wir den Gang von Leuten, die ihren Tageslauf frei bestimmen. Er beginnt spät in einem billigen Atelier. Die Ärmlichkeit der Behausung stört keinen Besucher. An guten Tagen haben wir Whisky im Schrank und auf dem Herd eine Fleischbrühe für jedermann, der hungrig ist. An der Tür des Ateliers ist kein Namensschild. Wer uns besucht, weiß, wo wir wohnen. Wir leben in freier Liebe, Kinder haben wir nicht, stattdessen wechselnde Haustiere: Katzen, Tauben, Kaninchen in Ställen auf dem Dach, manchmal auch einen exotisch leuchtenden Vogel, der wieder abgeschafft wird, weil er häßlich schreit.

»Träumst du?« fragt er. Wir sitzen noch immer auf unserer Bank im Luxembourg-Garten vor der Sonnenuhr.

»Auf dem Nullpunkt«, sage ich, »weißt du, was das heißt? Nichts geht mehr. Aber dies Nichts wiegt schwer, es drückt auf den Schultern, unter seiner Last mußt du dich bücken, gehst du in die Knie. Du spürst es in den Eingeweiden, in der Kehle, fühlst dich schwach, fängst zu frieren an. Den Sommer verbringst du auf dem Land, die kalten Winterwochen in Räumen, die für das Publikum geheizt werden – Postämter, Bibliotheken.«

Ich stehe von der Bank auf. »Laß uns abreisen«, sage ich, »noch ist Zeit. In ein paar Wochen ist es zu spät.«

Während wir Arm in Arm durch die Hauptallee des

Parks auf das Pantheon zugehen, spinne ich meinen Wachtraum weiter. Ich stelle die Uhr ein paar Jahre vor. Wir sind noch immer hier. Er unterhält sich mit Kollegen über die Datierung einer islamischen Keramik oder über den Fundort eines Sakralgefäßes aus Bronze. Hat wieder seinen Museumsschritt, mit dem er Kilometer in den Sälen und Magazinen zurücklegt, studiert kurzsichtig gefälschte Kunstschätze in Privatgalerien. Ich mache für ihn Notizen über Glasuren, Beschädigungen, die ausgebessert wurden mit Gips, über Orte der Manufakturen, Regierungszeiten von Moghulkaisern und Dynastien ostasiatischer Mongolen. Er hat seinen sechsten Sinn zurückgewonnen, riecht die Echtheit der Gegenstände, ertastet ihr Alter. Berührt alles vorsichtig, was lange in der Erde gelegen hat, ein Ausgräber, der weiß, wie schnell tausendjährige Schätze an der Luft zerfallen. Verloren in Paris, in wechselnden Hotelquartieren, zwischen Bett und Waschraum, Rotwein und scharf gebranntem Kaffee. »Hier ist ein Briefkasten«, sage ich, »du könntest neue Postkarten schreiben, mit Angabe deiner Adresse.«

»Entschuldige mich für die nächsten zwei Stunden«, er läßt meinen Arm los, »ich habe noch etwas in der Bibliothek zu tun.« »Ich gehe solange in den Louvre«, sage ich, »dort fühlt man sich immer zu Hause.«

Ich komme durch die ägyptische Abteilung im Erdgeschoß mit ihren Kolossalfiguren, Pharaonen, Fabeltieren, kalt und monströs. Es ist dämmrig in den Riesensälen, es riecht nach Konservierungsmitteln und Staub, so als sei hier lange Zeit nicht mehr gelüftet worden. Es sind kaum Besucher da. Ein Aufseher, Invalide mit Holzbein, geht hinkend, die Hände auf dem Rücken verschränkt, zwischen den Sarkophagen mit den Mumien umher. Weshalb ist es so dunkel, wird es schon Nacht? Ich bin allein mit dem Invaliden, der wie ein Gefängniswärter aussieht. Über nachgeahmten Mosaikfußboden schreite ich zu den Riesentrommeln der Säulen von Assur oder Niniveh. Drehe mich nach meinem Wächter um. Da entdecke ich meinen Vater. Ich sehe ihn von hinten, in Regenmantel und Hut, wie sie fast alle älteren Herren aus Deutschland tragen. Er steht vor einem Sarkophag mit der Pharaonen-Mumie, die ich vor wenigen Minuten mit einem Gefühl zwischen Ekel und Neugier betrachtet habe. Mein Vater ist kleiner als in meiner Erinnerung. Schrumpft man im Alter zusammen? Habe ich ihn so lange nicht gesehen, daß mir die Unscheinbarkeit seiner Gestalt zwischen den Monumentalfiguren auffällt? Aus welchem Grund wundere ich mich kaum über sein Erscheinen an dieser Stelle?

Er sieht mich nicht, das Licht hier unten ist trüb wie in einer Gruft. Ich bin von Babylon nach Niniveh gegangen, auf einer mosaikgepflasterten Gräberstraße. Jetzt sehe ich ihn von vorn, ein gelbliches, spitzes Gesicht, auch sein Kopf ist inzwischen kleiner geworden. Der Hut paßt ihm nicht, seine Krempe ist tief in die Stirn gerutscht. Er sieht krank aus. Ich habe nie gewußt, daß ihm etwas fehlt. Der Invalide kommt angehinkt, hat den Uniformrock aufgehakt, sich Marscherleichterungen verschafft, macht schon Feierabend. »Fermeture«, ruft er. Rasselt mit den Schlüsseln. In einer Viertelstunde wird er die Säle abschließen, dann tritt der Nachtwächter mit seinem Hund den Dienst an. Ich gehe auf meinen Vater zu, der sich über unsere Begegnung ebensowenig zu wundern scheint wie ich, so als seien wir an diesem Ort seit langem verabredet gewesen. Er gibt mir flüchtig, drucklos die Hand, vermeidet meinen Blick, eine Eigentümlichkeit der Familie. Den Kuß auf die Stirn erspart er mir und sich. »Fermeture«, tönt es hinter uns zum zweiten Mal. Wir gehen ins Vestibül. Er sagt kein Wort über mein Verschwinden, fragt nicht, wo ich in den fünf Wochen meiner Abwesenheit gewesen bin. Zu Hause haben sie es leicht, großzügig zu sein. Die Kinder kommen eines Tages zurück. Was dazwischen liegt, zählt nicht für die Familie.

Als wir im Freien sind, zweifle ich an der Zufälligkeit dieser Begegnung. Aber ich sage nichts. Er blickt an mir vorbei, seine Augen fixieren den Wasserstrahl, der aus dem Brunnenbassin der Tuilerien schießt und wieder in sich zusammenfällt. Seine Zähne machen ein knirschendes Geräusch. Zerkaut er einen Bonbon, eine Pille? Er hat mir etwas mitgebracht, ein Angebot von einem Verlag, eine Stellung auf Lebenszeit. Er scheut sich nicht, dieses Wort aus der Kleinbürgerwelt unter den zweihundertjährigen Kastanien des letzten Bourbonenkönigs auszusprechen. So wie die Dinge liegen, würde er sich an meiner Stelle positiv entscheiden. Er hält es für seine Pflicht mir zuzuraten, zumal da es keinen gibt, der bereit ist, seine Bindung zu mir als lebenslänglich aufzufassen. Da ist er, der erwartete Fingerzeig auf den Unbekannten im Mansardenzimmer, der ihm die Last von den Schultern nehmen und ihn von der Sorge um mich befreien könnte.

Mein Vater nennt mir sein Hotel, ein bescheidenes Quartier, nicht weit weg von unserer Behausung. Ich gebe ihm meine Adresse. »Ich wohne dort unter einem anderen Namen«, sage ich.

»Wie lange bleibst du noch hier?« fragt er.

»Nicht länger als eine Woche.«

»Das trifft sich gut«, sagt der Vater, »dann können wir zusammen zurückreisen.«

Nadja

Der erste Russe, den ich kennenlernte, war eine Frau: Nadja, 40 Jahre alt, verheiratet, zwei Kinder, aus Leningrad. Im Krieg hatte sie gehungert und gefroren, Großeltern und Eltern als Leichen im Leiterwagen über die Newa zum Friedhof der Helden des Volkes gekarrt. War als einzige von ihrer Familie übriggeblieben. Eine gewaltige Esserin, sie holte nach, was sie damals versäumte. Ließ sich nicht stören, wenn sie Fleisch, Kartoffeln und Pfannkuchen in großen Mengen vertilgte, kaute nicht, sondern zerdrückte die Speisen zwischen den Zähnen. Neigte zur Fülle, kniff sich selbst in den Oberarm, lachte: »Speck. Das macht nichts. Bei uns gibt es keine Hungerkuren.«

Niedrige Stirn, strohblondes hartes Haar. »Pferdemähne«, sagte sie und lachte. Farbe der Augen: tintenblau. Kurzer Hals: Zeichen für die Abstammung aus der Arbeiter- oder Bauernklasse. Nadjas Eltern hatten schwere Lasten auf den Schultern geschleppt. Sie konnten das Hälschen nicht hochmütig hin- und herdrehen, so daß es biegsam und lang wurde wie ein Stengel, der die Blüte des Kopfes trägt. Wenn Nadja zornig war, verwilderte ihr Gesicht. Die Nasenflügel bebten, der Mund zog sich nach innen, die Augen verdüsterten sich. Eine Gewitterlandschaft, in der die Blitze der Blicke zuckten und Gewölk um die Stirn aufzog. Sie brachte kein Wort mehr hervor, hatte ihr Deutsch verlernt, stieß russische Flüche aus, die keiner verstand. Aber fast immer war sie leicht umzustimmen, wie ein Kind, das keine Erinnerung an seine Wutausbrüche hat. Sie schielte schalkhaft, sie ließ die Augen verschwenderisch leuchten. Nadjas Gesicht war nicht ganz fertig geworden. Durch die Haut schimmerte Lehm. Der Bildhauer hatte bei der Modellierung die Feinarbeit vergessen. Nadja besaß zwei verschiedene Profile. Links eine

Entennase, aufgeworfene Lippen, hervortretende Augen. Von der rechten Seite sah sie strenger aus, scharfäugig, das vorgeschobene Kinn verriet Eigensinn und Willenskraft.

Wenn Nadja dachte, zog sie die Augenbrauen zusammen. Eine Steilfalte an der Nasenwurzel entstand. Sie brauchte all ihre Kraft zu dieser Tätigkeit. Niemand durfte sie stören, wenn sie mühsam Gedanken an Gedanken reihte und sie miteinander verband. In politischen Kursen und Seminaren hatte man ihr beigebracht, was Logik heißt. Kein Einfall, der die Kette der Gedanken sprengen konnte, war erlaubt. Ein Handwerk, das Denken, ähnlich wie Zimmern oder Schlossern. Nadjas Gehirn war für diese Arbeit nicht so tauglich wie das ihrer männlichen Genossen. Sie hatte Mühe, die durchgehenden Gedanken zu zügeln und in die vorgeschriebenen Bahnen zu lenken. Sie verbrauchte viel Energie dabei. Schweißtropfen entstanden auf ihrer Stirn, ihr Gesicht verfinsterte sich.

Einmal erlebte ich Nadja beim Trinken. In Tbilissi, auf dem Balkon meines Hotelzimmers, in einer heißen Nacht. Wir hatten einige Flaschen grusinischen Wein gekauft und saßen auf Kunststoffsesseln, die wir aus dem Zimmer ins Freie gestellt hatten. Wir blickten hinunter auf den Rustaweli-Prospekt, der belebt, begrünt und bunt ist wie ein Boulevard in Paris. Innen staute sich die Tageshitze, es war unmöglich zu schlafen. Der Wein war herb, kalt und frisch. Nadja hatte gerade ihr Haar gewaschen. Es war noch naß, hing in Strähnen in Nacken und Stirn. Die Rundform ihres Schädels mit den Kanten an Schläfen und Kinn trat deutlich hervor, sie sah fast männlich aus. Ihre Figur jedoch war mütterlich, mit den breiten Brüsten und Hüften. Ich betrachtete ihre Hand, die lose über der Sessellehne hing: kurz geschnittene, platte Nägel, weiche Finger, durchgebogene Daumen. Offen und blind lag sie da, unfähig, zuzupacken oder sich zur Faust zu ballen. Mit der rechten Hand hielt sie das Glas umklammert, sie faßte den Stil zu hoch an, stellte das Glas kein einziges Mal ab, als habe sie Angst, jemand könne ihr den Wein wegnehmen. Halte, was du hast: Gebot aus den Leningrader Hungerjahren.

Nadja trank arglos, unmäßig, so wie sie alles tat. Die männlichen Touristen schenkten ihr immer wieder nach. Sie zählte die Gläser nicht. Sie war nicht an das Trinken gewöhnt, hatte schlechte Erfahrungen gemacht mit ihrem Ehemann, einem Bergingenieur, der in Westsibirien nach Öl bohrte und schon am frühen Morgen mit Wodka anfing. Die Männer unserer Reisegruppe wollten die Dolmetscherin betrunken machen. Unter dem Einfluß des Weins löste sich Nadjas Gesicht. Sie vergaß die mühsam erlernte Logik, sprach unzusammenhängend, hatte kuriose Einfälle, dazwischen Anwandlungen von Melancholie. Sie zog die Lider schmal und blickte in die Kronen der Laubbäume auf dem Boulevard, die von den bunten Lichtern einer Glühlämpchenkette beleuchtet waren. »Das Leben ist schön«, sagte sie. In ihrem Mund klang diese Feststellung wie eine Erkenntnis, die vor ihr noch kein Mensch gehabt hat. Auf dem Rustaweli-Prospekt trieb eine ruhelose Menge hin und her. Hier gab es keine Sperrstunde wie in Moskau, Kiew und Leningrad. »Wir sind im Süden«, sagte Nadja, »da fängt das Leben erst um Mitternacht an. Die Menschen sind anders als bei uns, Georgier, ein Volk mit eigener Schrift und Sprache.« Sie fiel in ihre Tagesgewohnheiten zurück, belehrte uns im Ton der Dolmetscherin. Erklärte, wer Rustaweli war und daß man in Moskau auf die Eigenständigkeit der einzelnen Sowjetrepubliken Wert legte. In Tbilissi, das damals noch Tiflis hieß, sei die letzte Zarin häufig zur Kur gewesen. Die Grünanlagen wurden nach dem Muster deutscher Badeorte gestaltet.

Nadja hatte die Beine auf einen Hocker gelegt. Sie

schlüpfte aus ihren Schuhen, die sie während der Stadtbesichtigung gedrückt hatten. Sie war barfuß; tagsüber trug sie auch in der größten Hitze Strümpfe aus Kunstseide, die leicht rutschten. Sie stützte die Ellbogen auf das Balkongeländer. Die beiden Studenten der Reisegruppe machten ihr den Hof. Sie überhörte ihre anzüglichen Bemerkungen, war nicht an diese schnöde Art des Flirtens gewöhnt. Sie meinte stets genau das, was sie sagte. »Schaut mich doch an. Ich könnte eure Mutter sein.« Die Studenten wollten wissen, wie sich Nadjas Ehealltag abspielte, wenn sie frei von beruflichen Verpflichtungen war. Für Nadja schien die Ehe eine Art Lerninstitut mit Kinderaufzucht und Zweierkursen in Literatur, Ingenieurkunst und Mathematik zu sein. Nach der Arbeit holte sie die Kinder aus dem Tagesheim ab, während ihr Mann das Einkaufen besorgte. Dann kam die gemeinsame Teestunde. Die Kinder wurden ins Bett gebracht und einer Nachbarin anvertraut. Nadja fuhr mit ihrem Ehemann in die Innenstadt zurück. Sie ging in ein Konzert, er sah sich im Stadion ein Fußballspiel an. Später holte er sie von der Musikhalle ab, sie aßen in einem der noch geöffneten Lokale, spät aber gründlich. Zu Hause folgte – inzwischen war es Mitternacht – eine Lesestunde. Nadja konnte die meisten Gedichte der Klassiker auswendig. Der Bergingenieur mußte sich zu später Stunde Balladen von Puschkin anhören. In der Woche schliefen sie nie länger als fünf Stunden, dann mußten die Kinder geweckt, gewaschen und angezogen werden.

»Lüg uns nicht an, Nadja«, sagte einer der Studenten, »wir wollen die Wahrheit wissen. Du bist zu hübsch und zu jung für einen solchen Tageslauf.« In Nadjas Augen standen auf einmal Tränen. »Ich lügen«, rief sie. »Seit meinem zwölften Lebensjahr habe ich nur die Wahrheit gesagt.« Einige verlegene Schweigeminuten folgten. Nadja trank weiter. Sie sprach jetzt zu laut. Ihre Haltung wurde ungeniert. Einmal umarmte sie mich schwesterlich, ich spürte ihren Alkohol-Atem. Ihre Stimme war ebenso wandlungsfähig wie ihr Gesicht. Jeder Satz, den sie aussprach, hatte eine Melodie. An ihrem singenden Tonfall merkte man, daß sie musikalisch war. Am Tag hatte sie manchmal das grelle Organ aller Dolmetscherinnen.

Auf dem Boulevard war es still geworden. Hinter den meisten Fassaden der Häuser brannte kein Licht mehr. Irgendwo plätscherte ein Brunnenstrahl. Die Stille wurde nur noch von unserem Gelächter unterbrochen. Nadja drehte die Weinflasche um, sie wollte wissen, ob sie leer war. Sie fragte, weshalb wir nicht weitertrinken wollten. Die beiden Studenten öffneten eine neue Flasche.

»Glauben Sie«, fragte ich Nadja, »daß ich hier leben könnte?« Sie blickte mich aufmerksam an. »Eine gute Frage«, lobte sie mich im Ton einer Lehrerin in der Schulklasse. Dann schüttelte sie den Kopf. »Eine dumme Frage«, verbesserte sie sich. »Du wirst nicht bleiben, du willst es nicht, du kannst es nicht. Es ist unmöglich.« Ich schwieg und schaute zu, wie der Wind die Blätter der Bäume auf dem Prospekt bewegte. Ich stellte mir vor, wie es sein würde, in Moskau aufzuwachsen: jetzt war ich ein Kind in der schwarzen Uniform der Schülerinnen, ging mit den anderen in Zweierreihen über den Roten Platz zum Mausoleum, wartete in der Schlange vor einem Laden. Las bei grellem Deckenlicht in meiner Schlafkammer, die ich mit zwei jüngeren Geschwistern teilte, Bücher. Im Winter war es so kalt, daß mir die Gedanken einfroren. Im heißen Sommer hatten wir ein Vierteljahr Ferien. Einen Teil davon verbrachten wir in einem Komsomolzenlager im Wald. Wohnten in Blockhütten, Zelten und Baracken, schliefen auf Holzpritschen. Sommer auf dem Lande, erfüllt von Mückenschwärmen, Hitze, Öde, Melancholie. Gegen Abend ein Bad im See zwischen Schilf und Trauerweiden. Einmal, als ich allein zu sein glaubte, zog ich den Badeanzug aus. Die Erzieherin bestrafte mich hart, weil sie mich nackt am Ufer entdeckt hatte. Mein Leben lief auf geraden Schienen, ich brauchte nichts anderes zu tun, als den Anweisungen der Lehrerinnen zu folgen. Auf der Universität ging es ähnlich zu wie in der Schule. Es kam auf gute Zensuren und auf politisches Wohlverhalten an. Ein Semester mußte ich bei vierzig Grad Kälte im sibirischen Irkutsk verbringen. Ich war immer mit anderen zusammen, ich hatte keine Zeit mehr für Anfälle von Schwermut, ich fühlte mich nie einsam in der Gruppe.

Nadja unterbrach meine Wachträume. »Du trinkst nicht genug«, sagte sie, »man muß die Feste feiern, wie sie fallen.« Hatte sie das Sprichwort in ihrem deutschen Lesebuch gelernt? Jetzt gingen auch die Glühlämpchen an den Drähten aus. Wir saßen in vollkommener Finsternis. Als wir aufstanden, kehrte Nadja noch einmal um, um ihr Glas mit dem letzten Schluck Wein zu holen.

Männersache

Unser Führer war ein Krimtatar, etwa dreißig Jahre alt, kaum einen Meter sechzig groß, ein geübter Kletterer, der einen Rucksack für den Tagesausflug trug. Wir drei waren sommerlich gekleidet, mit Strohhüten gegen die Sonne. Im Tagesprogramm der Reisegruppe war für diesen Vormittag eine Autobusfahrt von Sotschi zum Riza-See vorgesehen. Picknick an einer der Perlen in der Seen-Kette des kaukasischen Vorgebirges in der Nähe der Schwarzmeerküste, stand gedruckt im Prospekt des Intourist. Beim Rasthaus am Seeufer nach dem Mittagessen fragte ich die beiden Männer, ob ich sie begleiten dürfe bei ihrem nicht genehmigten Abstecher in die Berge. Doktor W., der mit seinem Freund und ehemaligen Kriegskameraden, einem Architekten, auf Rußlandtournee gefahren war, wie er es nannte, zögerte, ehe er sagte: »Wenn Sie das Risiko auf sich nehmen wollen ... es handelt sich um eine Männersache. Wir suchen kein Reiseabenteuer. Wir haben ein festes Ziel.«

Der Aufstieg durch Buchen- und Eichenwälder war nicht gefährlich, obgleich es keine bezeichneten Wege gab. Der Krimtatar, der kein Wort Deutsch verstand, kletterte stumm vor uns her. Er wählte steile Abkürzungswege und drehte sich nicht nach uns um. Der Doktor hatte Schwierigkeiten beim Steigen. Er litt unter Atemnot und unter seinem Schwergewicht. Der hagere Architekt war mit seiner Ein-Meter-neunzig-Körpergröße und seinen langen Beinen in besserer Kondition. »Auf den kann man sich verlassen«, der Doktor wies mit seinem Spazierstock auf unseren Führer, den wir für seine Dienste mit Dollars bezahlt hatten, »alle Krimtataren hassen die Russen. Im Krieg waren sie deutschfreundlich. Haben ihr Leben lang unter den Sowjets gelitten. Anno Zweiundvierzig, vor Stalingrad, ist in der Bakschisserei bei Jalta eine halbe Kompanie von ihnen zu uns übergelaufen. Die haben mit uns gemeinsame Sache gemacht. Gute Soldaten, ähnlich wie Türken. Ein lustiger Haufen, besonders im Ramadan, wenn sie uns nach Sonnenuntergang zu ihren Festgelagen einluden. Wir haben manche Flasche grusinischen Weins mit ihnen getrunken, trotz des Verbots ihres Propheten. Nur mit Mädchen war nichts zu machen. Die haben hier noch Haremssitten.«

Bei einer Kurve des Pfades zwischen den Felsen sahen wir tief unter uns den See mit seinem Wellenmuster. Im Talkessel wehte Wind. Hier oben war es still und klar. Das Laub der Bäume färbte sich rot und gelb. Die Männer suchten mit Feldstechern hinter den Wäldern im Süden die Küste des Schwarzen Meeres. »Ich würde jetzt gern die Aufregung der kleinen Dolmetscherin miterleben, wenn sie merkt, daß drei ihrer Schäflein bei der Rückfahrt im Autobus fehlen«, sagte der Doktor. Er lachte so laut, daß der Krimtatar sich umdrehte. Ich erschrak, denn ein Echo seines Gelächters hallte aus der Waldschlucht wider. Ob sie uns schon suchen, fragte ich mich. »Zum ersten Mal fühle ich mich frei in diesem Land«, sagte der Architekt, er schloß die Lider und atmete tief die reine Luft ein, »seit vier Wochen leben wir unter Kontrolle. Jedes Wort, das man sagt, wird überwacht.« Zum Zeichen seiner guten Laune stieß er einige lockere Steine den Hang hinunter. Er benahm sich wie ein Schüler, der bei einem Klassenausflug dem Lehrer davongelaufen ist. Diese Bergwanderung schien nichts weiter zu sein als ein Streich, den die Männer unserer Betreuerin vom Intourist spielten.

»Vielleicht sind schon Milizionäre unterwegs«, sagte der Doktor, »um uns zurückzuholen. In diesem Land muß man auf alles gefaßt sein.« Der Architekt holte eine Landkarte im Generalstabsmaßstab aus seiner Jackentasche, auf der zwischen braunen Bergen, grünen Tiefebenen und gelben

Hochflächen der blaue Kreis des Riza-Sees eingezeichnet war. Ab und zu blieb er stehen, um unseren Weg auf der Landkarte zu verfolgen. Die Männer konnten sich nicht über unseren Standort einigen. Sie verglichen die Nadel ihres Taschenkompasses mit dem Sonnenstand. Eine Stelle war auf der Karte mit einem roten Kreis gekennzeichnet.

»Wir gehen in die falsche Richtung«, sagte der Architekt, »ich traue deinem Tataren nicht.« Eine Weile stiegen wir schweigend durch Unterholz aufwärts, ohne Weg, einer in den Spuren des anderen. Die Sonne stand schon tief. Der Bergführer trieb uns durch Winke zur Eile an, er deutete auf seine Militärarmbanduhr. Noch vor Einbruch der Dunkelheit wollten wir wieder am Riza-See sein, um mit dem Vater des Krimtataren in einer »Wolga« zurück nach Sotschi zu fahren. Endlich erreichten wir eine Senke zwischen zwei Hügelgipfeln. Mir fielen die glatten, wie von Menschenhand behauenen Steinwände und die schwärzlichen Spalten im Boden auf. Der Doktor setzte seinen Strohhut ab, er wischte sich den Schweiß von der Stirn. »Hier war es«, sagte er, »nichts hat sich verändert. Sogar die Gräben, die wir damals ausgesprengt haben, sind noch da.« Der Architekt ging gebückt an der Steinwand entlang, er schien nach einem Erkennungszeichen zu suchen.

Der Krimtatar setzte sich auf einen Felsblock zwischen zwei Krüppelkiefern. Er schnürte seinen Rucksack auf und kaute auf einem Brotknust herum. Der Doktor hob seinen Spazierstock in die Waagrechte.

»Von hier aus können Sie mit bloßem Auge die Küstenstraße sehen«, sagte er zu mir. Im Süden dehnte sich jenseits der Waldhügel eine dunstige Fläche aus – das Schwarze Meer. Der Doktor war erhitzt und erregt, sein Gesicht hatte sich gerötet, seine Augen leuchteten. Er gab mir seinen Feldstecher. Ich entdeckte im Kreis eine Ansammlung heller Häuser und ein Stück der Strandpromenade.

»So haben wir damals heruntergeschaut auf den Strand, wo Sowjeturlauber mit ihren Mädchen spazierengingen«, sagte der Doktor, »jeden einzelnen der Uniformierten hätten wir abknallen können. Sie schienen ganz in unserer Nähe zu sein, eine optische Täuschung. Außerdem hatten wir Schießverbot. Ein einziger Knall hätte unseren Standort verraten. Wir lagen im Gebirge wie Jäger auf dem Hochstand, in Lauerstellung. Der Himmel weiß, weshalb wir nicht bis an die Küste vordrangen. Auf der Krim hatten wir Jalta und Odessa besetzt. Im Kaukasus hieß es die Stellung halten und warten. Praktisch beherrschten wir die Schwarzmeerküste.« Der Architekt klopfte sich den Steinstaub von seiner Hose, sein Gesicht sah noch fahler und hohläugiger aus, er fuhr sich mit den Fingern durch sein schütteres Haar.

»Wir sind am falschen Ort«, sagte er. »Hier war es«, behauptete der Doktor. Die ehemaligen Kriegskameraden bekamen Streit, sie beschimpften sich. Ihre Stimmen waren weithin hörbar in der klaren Luft. Der Doktor schlug seinem Freund auf die Schulter. »Hier war es, hier«, wiederholte er. Der Architekt packte den Doktor am Ellbogen. Würden die beiden sich prügeln? Der Krimtatar blickte die Männer aus seinen schräggeschnittenen Augen an, sein Gesicht blieb jedoch ausdruckslos. Die Gestalten der Männer hoben sich scharf vom Abendhimmel ab. Ein einziger falscher Schritt, und einer von ihnen würde in die Waldschlucht stürzen.

»Wir sollten umkehren«, sagte ich, »es ist schon spät.«

»Erst müssen wir die richtige Stelle finden«, sagte der Architekt, der wieder in seiner Generalstabskarte studierte. Auch der Doktor wurde jetzt unsicher. Ohne den Bergführer gingen wir auf einem schmalen Pfad westwärts, der sinkenden Sonne entgegen.

»Man lebt nur einmal«, sagte der Doktor. Er gab nicht

acht, wohin er seine Füße setzte, immer wieder löste sich Geröll unter seinen Sohlen und polterte den Hang hinab in die Tiefe, »man überlebt nur einmal, wollte ich sagen. Wie Sie mich hier sehen«, er schlug sich mit der flachen Hand gegen den Bauch, »bin ich so gut wie tot. Nur einem lausigen Zufall verdanke ich es, daß der Bombensplitter von der Jagdmaschine des Iwans einen Kameraden an meiner Stelle getroffen hat. Ich war gerade ein paar Schritte beiseitegegangen, um zu pissen.« Er lachte und drehte sich nach dem Architekten um.

»Weißt du noch, wie der Junge hieß?« fragte er. Der Architekt blieb vor einer Felsspalte stehen, sprang auf die andere Seite. Der Doktor zögerte, ehe auch er den Sprung wagte. »Sein Name steht auf einem Stein, mit einem Kreuz und dem Datum des Todestages darunter«, sagte der Architekt. »Wenn die Inschrift nicht längst durch Witterungseinflüsse unkenntlich geworden ist«, sagte der Doktor. Ich war es, die die Inschrift fand, in einer von zwei schrägen Felsen gebildeten Höhle. Sie war versteckt unter Zweigen eines immergrünen Gewächses, wie man sie in dieser Höhe nur im Süden findet. Ich fuhr mit der flachen Hand an der Steinplatte entlang, bis ich den Namen entziffern konnte: Nikolaus Gruber, las ich vor. »Und das Datum?« fragte der Doktor, der über mir stand, als wolle er die Richtigkeit meiner Angaben prüfen. »28. August 1942« sagte ich. Die Männer blieben mit gesenkten Köpfen neben der Steinplatte stehen, in einer Minute stillen Gedenkens.

»Weißt du noch etwas von ihm außer dem Namen?« fragte der Doktor. »Nur daß ich die Erkennungsmarke zerbrochen und dem Kompaniechef gegeben habe, ehe wir ihn begruben«, sagte der Architekt. Beide sprachen leise, als wünschten sie nicht, daß ich Zeuge ihrer Unterhaltung würde.

Ich betrachtete den Sonnenuntergang über den ungeforsteten Waldgebirgen. Ich fragte mich, ob der Krimtatar die Gegend so gut kannte, daß er uns auch in der Dunkelheit sicher an den Riza-See zurückbringen würde. Zum ersten Mal auf der vierwöchigen Reise durch die Sowjetunion fand ich den Doktor still, verlegen, in sich gekehrt. Unter den Mitgliedern der Reisegruppe war er der lauteste. Immer wieder brachte er, auch vor Jüngeren, das Gespräch auf den »Rußlandfeldzug«. »Ein schönes Land«, rief er, »mit seinen unberührten Wäldern, Hügeln und Seen. Wenn die Sowjets nicht da wären, könnte man sich hier frei fühlen.« Der Doktor und der Architekt hatten im Krieg ihre Abenteuer mit angeblich unnahbaren Ukrainerinnen gehabt. Der Doktor pflegte während der Besatzungszeit Mädchen in der Dämmerung beim Baden im Fluß zuzuschauen. »Die hatten weniger als nichts an«, erinnerte er sich, »breithüftig, weißhäutig, flachbrüstig. Erntearbeiterinnen. Geduldig, stumm und gefügig. Für sie war es ganz natürlich, daß der Eroberer sie nahm.« Der Architekt hatte sein Glück bei einer Komsomolzenführerin, einem halben Kind, versucht. Erst wollte sie ihn schlagen und beißen, aber als er sie anrührte, war sie plötzlich wie gelähmt. »Mir kam das vor wie Leichenschändung«, erinnerte sich der Architekt, »hinterher bin ich fortgelaufen. Da wurde die Tote wieder lebendig. Sie hat laut gelacht. Mit diesem Volk kennt sich keiner aus.«

»Man müßte nachforschen, ob dieser Gruber Verwandte hat«, sagte der Architekt auf dem Rückweg, »ich kenne einen Unteroffizier, der mit ihm befreundet war. Werde ihm sagen, daß wir das Kameradengrab in der Fremde gefunden haben.« Kurz nach Sonnenuntergang kam Wind auf, es wurde empfindlich kühl. Ich fror, ich war zu leicht gekleidet für die herbstliche Jahreszeit. Hier im Süden ging die Dämmerung ohne Übergang in die Dunkelheit über. Der Abstieg war schwierig. Der Krimtatar ging abwechselnd voraus und hinter uns her. Mit dem Lichtkegel seiner Taschenlampe leuchtete er den Felspfad ab. Mir wurden die Knie weich, ich setzte die Füße unsicher auf. Die Männer wechselten kein Wort miteinander. Der Tatar führte uns einen Abkürzungsweg durch eine Waldschneise. Es darf keinen Unfall geben, dachte ich, das wäre eine Katastrophe, nicht nur für uns, auch für unsere Dolmetscherin.

In weniger als Stundenfrist erreichten wir das Ufer des Sees, wo der Vater des Bergführers mit seinem Wagen auf uns wartete. Die Rückfahrt nach Sotschi verlief ebenso still wie unser Abstieg zum See. In der Hotelhalle kam uns die Dolmetscherin entgegen. Sie sagte kein Wort des Vorwurfs über unseren unerlaubten Ausflug ins Gebirge. Hatte sie uns noch nicht vermißt? Oder war sie in den Plan durch den Krimtataren eingeweiht und fühlte sich als Mitwisserin? Bevor wir den Speisesaal betraten, wo unser kaltes Abendessen auf uns wartete, sagte sie in dienstlichem Ton: »Morgen ist unser letzter Ruhetag. Abends fahren wir mit der ›Völkerfreundschaft‹ nach Jalta. Wenn Sie eine Kabine wünschen, melden Sie sich bitte morgen früh bei mir im Büro.«

Von diesem Abend an mieden der Doktor und der Architekt meine Gesellschaft, so als hätten sie Angst, ich könne ihr Geheimnis verraten. Als wir uns eine Woche später am Bahnhof Zoo in Berlin voneinander verabschiedeten, sagte der Doktor: »Dies Land sieht mich nie wieder.« »Hat Ihnen die Reise nicht gefallen?« fragte ich. »Wir haben unser Ziel erreicht«, sagte der Architekt. Er gab mir die Hand. Der Doktor nickte nur. »Kommen Sie gut nach Hause«, sagte er, »geben Sie auf sich acht. Sie haben sich tapfer gehalten bei unserem gemeinsamen Ausflug ins Gebirge. Das wollte ich Ihnen noch einmal sagen.«

Zeichen aus dem Fernen Osten

Die Hand

Die Kinderhand zwischen meinen Fingern hat Kraft genug, mich über den Hof des Hauses der Jungpioniere in Shanghai zum Eingang zu zerren. Verzögert sich mein Schritt, so treibt sie mich an: ein Finger drückt sich in die Innenfläche meiner Hand. Sogleich beschleunige ich meinen Schritt wieder, meine Haltung strafft sich, die Müdigkeit des frühen Nachmittags fällt von mir ab. Manchmal wird mir die Tyrannei der Hand lästig. Ich will mich von ihr befreien und allein weitergehen. Aber die Kinderhand läßt mich nicht los, sie hält mich fest, auch als im oberen Stockwerk des Pionierheims ein Tanzspiel mit grellem Singsang vorgeführt wird. Jedes Kind bekommt einen europäischen Gast zugeteilt, den es durch das Heim begleitet. Nicht einen Augenblick loslassen, heißt die Parole. Ich lerne die stumme Sprache der Hand mit der rissigen Haut. Ich erwidere ihren Druck, wir verstehen uns, ähnlich wie Taubstumme. Ich versuche mich nicht mehr zu befreien. Hand in Hand wandeln wir durch Treppenhäuser und Räume, in denen es nach Schule riecht. Wir verlassen uns auf die Fingersprache, da wir uns nicht verständigen können. Allmählich läßt das Chinesenkind in seinem Eifer nach. Die Hand ruht sich aus, nachgiebig, sanft liegt sie zwischen meinen Fingern.

Noch immer weiß ich nicht, ob es sich um ein Mädchen oder um einen Jungen handelt. Das Haar ist kurz geschoren. Die Mädchen, die andere Gäste des Heims begleiten, haben Ponies in der Stirn, Bubikopffrisuren oder dünne Zöpfe. Der Gang des Kindes, das mich führt, kommt mir weiblich vor. Waden, Knie und Ellbogen kann ich wegen des blauen Baumwollanzugs, den es trägt, nicht erkennen.

Die Füße in den Sandalen sind nicht nackt wie bei den Erntehelferinnen der Volkskommune, die wir besichtigt haben. Das Kind trägt saubere weiße Söckchen, die Zehen bleiben unsichtbar. Das Knabenmädchen ist etwa zehn Jahre alt, ernst, still und leise, seine Augen sind fast wimpernlos. Es gleicht einem Erwachsenen im Miniaturformat. Es ist alt geboren worden, erinnert mich an Fürstenkinder auf den Gemälden europäischer Hofmaler. Es geht nicht im Marschtritt, eher im Wanderschritt, den ich von den Kinderzügen in den Parks von Peking her kenne. Lautlos gleiten diese Kolonnen vorwärts, ein Glied in der Schlange gleicht dem anderen, bis zur vollkommenen Verschmelzung. Diese Kinderzüge sind still, es wird weder geschwätzt noch gerauft, weder getrödelt noch gelaufen. Kinder toben hier nicht auf Straßen und Plätzen, sie klettern nicht auf die Bäume, sie reiten nicht auf den Marmorrücken der Tempeltiere der ehemals verbotenen Stadt. Sie prügeln sich nicht, sie werfen nicht mit Bällen, sie spielen nicht Versteck. Einige lassen in der Mitte des Tien-an-Men-Platzes Drachen in Form von Raubvögeln steigen und kreisen. Andere schauen den Zierfischen in den öffentlich aufgestellten Aquarien zu. In Nanking habe ich einen Jungen gesehen, der chinesische Schriftzeichen auf eine Holzwand malte, langsam, sorgfältig, zeremoniell.

Mein Knabenmädchen scheint die Aufgabe zu haben, mich nicht aus den Augen zu lassen. Erklärungen für westliche Touristen gibt es im Pionierheim auf englisch, von einer kehligen, schwer verständlichen Frauenstimme. Die Dolmetscherin bleibt auf der Türschwelle zu jedem Zimmer stehen, in dem die Kinder in ihrer freien Zeit basteln, singen, tanzen und spielen. Sie hat tote Augen, auch ihr fehlen Wimpern und Brauen, sie bewegt sich ruckhaft, mechanisch, es ist wenig Leben in ihr. Vielleicht steht sie kurz vor ihrer Pensionierung. Frauen werden schon mit fünfzig in den Ruhestand versetzt. Mein Knabenmädchen dagegen ist kräftig, seine Hand fängt wieder zu zerren an. Nur wenn ich den Erklärungen der Dolmetscherin zuhöre, entspannt sie sich, bleibt geduldig zwischen meinen Fingern liegen. Ich stelle mir vor, wie es wäre, hier taubstumm und blind zu sein, nur auf den Tastsinn und die Signale der Kälte und Wärme, Feuchte und Trockenheit angewiesen. Würde man mir ein Kind statt einen Hund zur Begleitung durch die ausgestorbenen oder überfüllten Straßen der Städte geben?

Über eine Stunde dauert die Führung durch das Freizeitheim. Mein Schutzgeist hält mich noch immer fest. In den Räumen ist es heiß, es wird zu selten gelüftet, aber die Hand des Kindes ist niemals feucht von Schweiß. Es gelingt mir nicht, dem kleinen Führer ein Lächeln des Einverständnisses zu entlocken. Das Kind bleibt ebenso fern und fremd wie die stummen, klatschenden oder schreienden Zuschauer, die bei meinen einsamen Wanderungen durch Peking, Nanking und Shanghai die Straßen säumen. Nur einmal, vor der Trennung, fange ich einen Blick auf: still abwägend, streng. Die Rollen zwischen uns sind vertauscht. Das Kind belehrt den Erwachsenen, der aufmerksam den Weisungen ohne Worte lauscht. Mein Knabenmädchen hat keine Schlitzaugen, es gehört dem südchinesisch-malaiischen Typ an, ist gelbhäutig, großäugig, plattnasig, nicht braun und hochgewachsen wie die nordchinesischen Jungen und Mädchen. Die kleine Hand löst sich von mir. Zum Abschied keine Spur von Händedruck. Ich vermisse ihre Wärme, ihr Zerren, die Trockenheit der Haut. Es gelingt mir nicht, das Knabenmädchen aus der Kinderschar herauszufinden, die für uns zum Abschied auf dem Hof des Pionierheims ein Lied singt.

Nach einem heißen Tag in den Bergen hinter Kanton nahm ich ein Bad in einem Fluß, dessen Namen ich nie gehört hatte. Er wälzte warme Schlammassen vom Grund auf, das Wasser war warm, die Strömung stark. Ich trieb schnell ab. Die Ufer des Flusses waren mit Schilf und Bambus bestanden. Es gelang mir, eine Insel zu erreichen, ohne mir die Füße blutig zu schneiden. Ich suchte Schattenschutz unter einem Baum, der einer Pinie ähnlich sah. Da ertönte der Schrei, ein helles Heulen, irgendwo aus der Höhe. Mein erster Gedanke war der an ein Tier, an einen Vogel oder einen Affen. Dann merkte ich, es war ein menschlicher Schrei. Kein Warnungsruf, der Hilfe herbeiholen wollte, eher ein Haßgeheul. Ich entdeckte die schreiende Frau. Sie hockte in einem Laubnest zwischen immergrünen Gewächsen. Sie hatte statt der Zöpfe langes offenes Haar, ich mußte an eine Indianerin denken. Der weit aufgerissene Mund nahm fast die Hälfte des Gesichtes ein. Aus dem Schlund kam der Schrei. Die Frau trug keinen Baumwollanzug, sondern einen hellen Leinenkittel. Ihre Beine waren bloß.

Ich versuchte, mich in die Lage der immer noch schreienden Frau hineinzuversetzen. Gewiß war sie über den Anblick der kaum bekleideten Europäerin auf der Insel entsetzt. Ich stand jetzt dicht vor ihr, von meiner Haut tropfte das Wasser, mein Haar hing in nassen Strähnen auf die Schultern nieder. Die Frau schrie weiter, ich blieb still. Ich kauerte mich zwischen die Sträucher, um mich vor ihr zu verstecken. Sie dagegen hatte sich zu ihrer vollen Höhe aufgerichtet. Sie fuchtelte mit den Armen, sie deutete auf mich. Ihr Geschrei wurde jetzt von anderen Stimmen aufgenommen. Von der Mitte der Insel her, wo eine Schutzhütte stand, kamen fünf Frauen mit Sicheln in den Händen. Eine Arbeitsbrigade im Ernteeinsatz. Die mit den Sicheln riefen der Frau mit den offenen Haaren ein paar Worte zu. Auf einmal hörte sie auf zu schreien. Ihr Mund blieb noch offen, aber kein Laut drang mehr aus ihm. Dann schloß sie die Lippen, fuhr sich mit der Zunge über die trockene Haut, griff sich an ihre vom Schreien ausgetrocknete Kehle. Die Führerin der Arbeitsbrigade wies mir den Weg zu einem Boot. Sie ruderte mich zum Ufer des Flusses hinüber, wo meine Kleider lagen. Als ich mich anzuziehen anfing, drehte sie sich um. Sie hielt die Hände vors Gesicht, so als schäme sie sich an meiner Stelle. Schnell und schattenhaft glitt das Boot zur Insel zurück, wo die Erntearbeiterinnen auf die Rudernde warteten. Sie nahmen die Frau in ihre Mitte und gingen mit ihr zur Schutzhütte, ohne ein Wort zu sagen.

Der Schatten

Hinter einer mannshohen Milchglaswand, die in Pekings ehemals verbotener Stadt eine Tempelterrasse von der nächsten trennte, entdeckte ich den Schatten eines Mannes, der einen korbähnlichen Strohhut und einen Spitzbart trug wie ein Chinese aus lange vergangenen Zeiten. Er bewegte sich in einem weiten Kittel auf und nieder, breitete die Arme aus, beugte die Knie, rollte mit dem Kopf. Seine Bewegungen erinnerten mich an die Zuchtfische mit den ausgezackten Flossen, die ich im Aquarium des Sun Yat-sen-Parks gesehen hatte. Er entfernte sich etwas von der gläsernen Mauer, sein Umriß wurde undeutlich, die Ärmel seines Kittels flatterten. Ein Gespenst, übriggeblieben aus der Herrschaft der Himmelssöhne, die hier zwischen Toren und Pagoden ihren Palast bewohnten? Geister gab es hier schon lange nicht mehr. Vor ein paar Minuten hatte ich junge Männer, die ihren Ruhetag feierten, neben dickbäuchigen Buddhastatuen gesehen, bereit für ein Gruppenfoto, das ein Kollege machte. Sie zeigten grinsend, indem sie der Statue auf Knie und Schenkel klopften, daß sie den letzten Rest von Aberglauben verloren hatten. Ich versuchte, mich mit dem Menschen hinter der Glaswand in Verbindung zu setzen. Ich klopfte gegen die Scheibe, er reagierte nicht. Ich entdeckte eine Lücke zwischen der Glaswand und einer rot gestrichenen Tempelmauer, zwängte mich hindurch, sah den Mann, der gerade die Arme über dem Kopf zusammenschlug.

Wir beide befanden uns allein in dem Hof zwischen den niedrigen Gebäuden und Hallen. Der Mann war schon alt, ein Relikt aus der Zeit vor der Befreiung des Volkes. Er hätte Butler oder Gärtner bei einem Diplomaten sein können. Ich fragte etwas auf englisch, er grinste mich verständnislos an. Jetzt erst entdeckte ich den Lautsprecher, der in den Bäumen zwischen den Tempelmauern aufgehängt war. Eine kehlige Stimme gab Kommandos zu Gong- und Trommelbegleitung: Gymnastikstunde. Wiederholung der Übungen, die morgens um acht Uhr alle Menschen an ihren Fenstern, unterwegs auf den Straßen, in Anlagen und Parks gemeinsam machten: Rumpfbeugen, Kniebeugen, Hüft- und Schulterkreisen.

Der alte Mann keuchte vor Anstrengung. Er bewegte sich zappelnd. Durch Winke forderte er mich auf, das gleiche wie er zu tun. Ich blieb stehen an meinem Platz an der Glaswand. Würde er weiterhampeln, bis er umfiel? Schwierigere Übungen deutete er nur an, als solle man seinen guten Willen merken. Noch einmal blickte ich zum Lautsprecher hinauf. Wurden wir überwacht von einem unsichtbaren Auge? Eine Pause. Die Stimme schwieg, quäkende Fünftonmusik, eine Melodie ohne Rhythmus und Takt ertönte über den Bäumen des Palastgartens. Der alte Mann klappte zusammen. Erschöpft hockte er sich auf den Boden nieder, kaute an einem Grashalm. Er schwitzte, unter seinen Achseln zeichneten sich Nässeflecke ab. Als der Gong wieder zur Gymnastik rief, stand er mühsam auf, erhob beide Arme, schloß die Handflächen zusammen, als wolle er schwimmen.

Der islamische Gürtel

Bamian – Afghanistan

Auf der Suche nach dem alten Karawanenweg, der Europa mit China verbindet, begegnete ich ihm in verschiedener Gestalt – einem hochgewachsenen, farbenprächtig gekleideten Mann mit glatthäutigem braunen Gesicht und mandelförmigen Augen. Meistens trug er einen Turban, manchmal einen Fez oder ein silbern besticktes Käppchen. Fast immer war er glatt rasiert, nur ab und zu rahmte ein Assyrerbart sein Gesicht ein. Verglichen mit den Hungergestalten der Hindus am Straßenrand und auf den Weiden des Hochlandes war er wohlgenährt, sorgfältig gekleidet und sauber gewaschen, eine Figur aus dem zeitlosen Märchenland von Tausendundeiner Nacht in einer Wirklichkeit von Hunger und Elend, Unterdrückung und Rebellion. Nachkomme der kriegerischen Stämme, die über den Kyberpaß nach Indien einbrachen und dem feuchten Riesenland mit den wuchernden Tempelfiguren den Stempel ihrer klar gegliederten Moscheen, Schriftzeichen und Ornamente aufprägten.

»Unsere Religion ist gesund«, sagte der Mohammed Ali, mit dem ich in Bamian an der Seidenstraße die Kolossalfiguren der Buddhas an der Felswand betrachtete. »Allah schützt vor Alter, Krankheit und Tod. Die Zukunft der Menschheit wird dem Islam gehören.« Er war barfuß, seine Sohlen hatte der Wüstensand bepudert, die wohlgestalteten Zehen fielen mir auf. Er kletterte vor mir die steilen Stufen der Wendeltreppe hinauf, die bis zum Kopf der Kolossalstatue führten. Der Buddha an der Felswand war blind. Alis Vorfahren, die unter Timur das windstille Hochtal Afghanistans eroberten, hatten ihm das Gesicht abgeschlagen. Ali, mit dem zusammen ich die Aussicht in das von Felsen umgebene Wüsten- und Weideland am Fluß mit dem zarten Pflanzenwuchs betrachtete, wohnte als einer der reichsten Nomaden in einem Zelt am Flußufer. Er besaß eine große Herde von Kamelen und Karakulschafen. Er roch nach Kamelmist, Leder und Schweiß. Wir standen neben dem Riesenohr des Buddhas, der auf den Atem des Alls zu lauschen schien. An seiner Stelle blickten wir auf die Vorgebirge des Hindukuschs, in den Talgrund mit den Silberadern des Wassers und den Pappeln. Wir atmeten dünne Höhenluft, uns umgab die Stille der Toten aus der roten Geisterstadt am gegenüberliegenden Felshang, die kein gläubiger Muslim je betritt. Ali kannte alle großen Moscheen und Pilgerziele zwischen Isfahan, Lahore, Delhi und Agra, er hatte Medresen besucht, war ein gelehrter Mann, der englisch und ein wenig französisch sprach.

Die Sonne versank hinter den Felstürmen der Geisterstadt. Vom Hochtal her wehte ein kalter Luftstrom. Würde es Frost geben oder schneien in der Nacht? Ali lobte die Sowjets, aber auch die Chinesen, die hier im Grenzgebiet Nordsüdstraßen gebaut hatten. Ohne ihre Hilfe wäre das Tal von Bamian abgeschnitten von der übrigen Welt, es würde zu den Hungergebieten Afghanistans gehören, deren Bewohner sich von Gras ernährten. In der Dämmerung stiegen wir von der Felsplatte hinunter. Ali lud mich zu einem Besuch in seinem Zelt mit kostbaren Teppichen und Silbergerät ein. »Unsere Frauen gehen unverschleiert wie Usbekinnen«, erklärte er, »sie lachen, wenn sie die unter gefältelten Tüchern versteckten weiblichen Gespenster in Kabul sehen.« Als wir das Zelt am Flußufer erreichten, war es schon dunkel. In Moscheeampeln aus ziseliertem Kupfer brannte Licht. Der Zeltmast war mannshoch, über dem Loch an der Zeltspitze schimmerte der Sternenhimmel des Hochgebirges. Frauen mit runden Mongolengesichtern und silbernen Ketten lächelten mir zu. Ich wurde aufgefordert, mich auf einen der dreifach übereinanderliegenden Teppiche zu setzen und an der Abendmahlzeit teilzunehmen, die aus Reis, Kürbis und Hammelfleisch bestand. Ali war der einzige Mann im Zelt. Mädchen mit dicken fettigen Zöpfen bedienten ihn. In Kabul, bei der Regierung, sagt er, kenne man weder die Anzahl der Nomaden noch der Schafe und der Kamele, die ihnen gehörten. Keine Volkszählung und keine Statistik verrate, wie viele Kinder hier oben, im Vorgebirge des Hindukuschs, im Jahre geboren würden.

Ich fragte meinen Gastgeber, wie hoch Bamian mit seinen drei Stauseen über dem Meeresspiegel liege. »Fast dreitausend Meter«, sagte er, aber er wußte es nicht genau. Was sagten schon Zahlen, Ali war ein Feind von Statistiken. »Europäer sind nur dann zufrieden, wenn sie alles gemessen haben«, sagte er.

Trotz der Öffnung am Hauptmast haftete im Zelt ein Geruch nach Hammelfett, Knoblauch, menschlichen und tierischen Ausdünstungen. Ich wollte Alis Herden an ihren Weideplätzen am Flußufer sehen. Er führte mich hinaus. Es war nicht mehr finster. Das Wasser schimmerte silbrig. Hinter den Felsen mit den Buddhastatuen war der Mond aufgegangen. Sein Widerschein breitete sich über dem Hochtal aus. Die Tiere lagen auf den Weiden dicht beieinander – ein Bild biblischen Friedens. Von den Kamelen her drang das Geräusch mahlender Kiefer, die Gras wiederkäuten. Ein Maultier schrie. Von Minute zu Minute wurde es kälter. Meine Augen tränten, die Haut schmerzte. Dicht und lockig war das Fell der Karakulschafe, von deren Fleisch, Haut, Milch und Fell diese Nomaden lebten.

Gilgit – Pakistan

Am Fuße des Nanga Parbat, in Gilgit, ritt Mohammed Ali auf einem Hunza-Pferd beim regellosen Polo-Spiel. Die Sonne war schon hinter den Felszacken des engen Hochtals versunken. Das Grün der Wiesen am Fluß leuchtete wie englischer Rasen. Ali gehörte zur Garnison pakistanischer Gebirgsjäger, die in Gilgit stationiert war. Beim Abendbummel, als der Muezzin vom Tonband zum Gebet rief, traf ich ihn zwischen den Buden des Bazars auf der Hauptstraße wieder, in Uniform, mit Barett und Schottenrock. Er zeigte mir den Friedhof vor dem Rasthaus, auf dem Steppengras wucherte. Araber kennen keine Grabpflege. Kurz nach dem Tod werden die Ruhestätten mit Fähnchen zum Schutz gegen böse Geister abgesteckt. Der Tod ist immer nahe zwischen den Schluchten und Gletschern des Karakorum-Gebirgs. Sein Atem streifte uns scharf und kühl, als wir am Tag darauf auf einem Maultierpfad im Jeep nach Hunza hinauffuhren. Ali saß am Steuer, während er den Wagen um die Kurven und durch die Tunnels des Schotterwegs lenkte. Er erklärte mir die Gebirgsgänge des Wagens. Blieb er stehen, weil das Kühlwasser kochte, mußte ich abspringen und Steine hinter die Räder legen, damit der Jeep nicht abrutschte. An schmalen Wegstellen klammerten wir uns an den Haltegriffen fest. Wir konnten nicht aussteigen, weil zwischen Straße und Abgrund kein Fußbreit Platz war. Einmal holte Ali kaltes Wasser vom Fluß herauf, auf einer Holzbrücke über einem Bergbach hatten wir eine Motorpanne. Stundenlang fuhren wir am Fuß eines Siebentausenders von der Form eines riesigen Kristalls mit geschliffenen Kanten und schimmernden Flächen entlang. Während der Rast in einem Bergdorf tötete Ali eine Klapperschlange. Er spießte sie auf sein Stöckchen auf, das er nach Art britischer Offiziere zur Uniform trug. Ihr Blut rann auf den Stein, zog eine Spur hinter ihm her.

In großer Höhe wurde die Steinwüste von grünen Tälern mit Weinreben und Schweizer Häuschen abgelöst. Ich sah, wie man einem Hammel den Kopf abschlug. Geflügel wurde geschlachtet. Das frische Blut mischte sich mit weißen Federn, Krallen, Hahnenkämmen. Ich wendete den Kopf zur Seite. An einer Raststätte wurde Ali am Steuer durch einen einheimischen Bergführer abgelöst. Ich sah ihn erst wieder nach Einbruch der Dunkelheit in Hunza, wo wir in Zeltquartieren mit Kohlenöfchen untergebracht waren. Die Temperatur sank unter den Gefrierpunkt, wir gingen auf und ab, um uns warmzuhalten. Auf einmal stand Ali im Zelteingang, er machte mir ein Zeichen. Ich folgte ihm über die Terrasse des Speisehauses, ein paar Treppen hinunter, über eine Brücke zu einer Holzbaracke. In einem der Räume brannte ein offenes Feuer im Steinkamin. Die Fahrer der Jeeps saßen um die Flammen herum. Als ich eintrat, schwiegen sie, als sei meine Gegenwart in diesem Kreis etwas Ungehöriges. Ali brachte Wolldecken, er sprach mit den Männern, die sich, einer nach dem anderen, entfernten. Er deutete auf eine der Pritschen im Raum und sagte: »Schlafen Sie hier!« Er bot mir sein eigenes Nachtlager an, damit ich nicht draußen im Zelt übernachten mußte. Er machte die Petroleumlampe aus. Im Dunkeln sah ich in die allmählich verlöschende Glut des Holzfeuers, das knisterte und Wärme ausstrahlte. Bis zum Sonnenaufgang schlief ich tief.

Bei der Rückfahrt nach Gilgit wechselte ich Fahrer und Wagen. Diesmal saß ich im Fond. Wir kamen schnell vorwärts, der Mann fuhr leichtsinnig, er bremste kaum an steilen Stellen, nahm die Kurven zu eng und raste durch die Felsentunnels. Am frühen Nachmittag waren wir wieder in Gilgit. Zwei Wagen unserer Kolonne fehlten. Der Jeep mit dem Reiseleiter kehrte um, für den Fall, daß jemand Hilfe brauchte. Unterwegs wollte man einen Arzt vom Militärlazarett mitnehmen. Mit einem Feldstecher entdeckte ich auf der anderen Seite des Flusses am Felshang, nahe bei einer Tunnelausfahrt, mehrere Wagen. Ich dachte an Ali, der einen der fehlenden Jeeps gesteuert hatte. Eine Stunde später erfuhren wir, was geschehen war. Einer der Wagen war nach einer flachen Kurve ohne ersichtlichen Grund in die Tiefe gestürzt, wo die Wasser des Hunzaflusses rauschten. Die Insassen des zweiten Wagens hatten versucht, erste Hilfe zu leisten, in glühender Hitze. Es gab keinen Schatten. Die Opfer lagen in der prallen Sonne auf der steinigen Straße, ehe ein Militärfahrzeug der Garnison von Gilgit zu Hilfe kam. Außer einem Touristen hatten nur Pakistani in dem verunglückten Wagen gesessen, dessen Fahrer Ali gewesen war. Sie lagen im Lazarett, über ihren Zustand konnte ich nichts Näheres erfahren. Wegen des deutschen Touristen wurde die Botschaft in Rawalpindi verständigt. Am nächsten Morgen kam ein Angestellter mit einem Sonderflugzeug, um den Transport des Schwerverletzten in die Hauptstadt zu überwachen.

Noch einmal ging ich die Bazarstraße entlang zum Lazarett, das hinter hohen Mauern versteckt lag. Vor der Pforte stand ein Posten. Es gelang mir, mit einem der Ärzte zu sprechen. Er war erstaunt, daß ich mich nach Ali erkundigte. »Der Fahrer des Wagens ist heute früh um fünf Uhr gestorben«, sagte er, »er hat das Bewußtsein nicht wiedererlangt. Innere Verletzungen und Schädelbruch.« Ich ging zu meinem Quartier zurück, vorbei am Friedhof mit den verfallenen Grabsteinen und den vom Wind zerfledderten Fähnchen. Ich fragte mich, ob man Ali neben den verunglückten Bergsteigern vom Nanga Parbat beisetzen würde. Das Blut der Tiere fiel mir ein, das ich während der Hinfahrt nach Hunza gesehen hatte.

Diesmal lehnt er am Geländer der Marmorbrücke, die zum goldenen Tempel der Sikhs in Amritsar führt. Das Wasser des Sees blendet vom Widerschein der untergehenden Sonne. Die Mauern und Kuppeln der Tempelstadt leuchten. Mohammed Ali, barfuß, hochgewachsen, breit in den Schultern, mit Turban, Kinnbart, gerader Nase und Mandelaugen, trägt die pfadfinderähnliche Uniform der Sikhs. Ich bin mit der letzten Pilgergruppe durchs große Tor ins Innere der rechteckigen Tempelstadt eingedrungen. Ali zeigt mir sein aus einer Moghul-Miniatur herausgeschnittenes Profil. Er bietet sich als Fremdenführer an. Ist ein Pilger wie alle anderen, die den Tempel im See umlagern, an den Ständen essen, in den Nischen schlafen, auf den Gebetsteppichen ihre Andacht verrichten. Er kommt aus Peshawar in Pakistan, ist tagelang unterwegs gewesen, hat acht Stunden Wartezeit beim Übergang über die Grenze zwischen Lahore und Amritsar gebraucht. Trotz der Reiseanstrengungen sieht er sauber und ausgeruht aus, im Gegensatz zu den Händlern und Käufern in den Bazarstraßen vorm Tempeltor. »Sikhs halten auf sich«, sagt er, »sie helfen sich gegenseitig auf der ganzen Welt. In der Kolonialzeit waren sie als Großbritanniens beste Soldaten bekannt. Nur die Gurkhas und die Sherpas aus Nepal konnten sich mit ihnen vergleichen.« Im Zweiten Weltkrieg hat Ali in Italien gekämpft, auf englischer Seite, bei Monte Cassino. Immer hat er die größte Achtung vor dem deutschen Gegner gehabt: tapfer, diszipliniert, sauber, draufgängerisch. Während wir über die Brücke zum Allerheiligsten gehen, wo ein Sikh in ewigem Gebet aus den heiligen Büchern vorliest, bekommt mein Begleiter, statt sich in stiller Versenkung zu üben, mordlüsterne Augen und feuchte Lippen. Er spricht vom Duce, den er nicht selbst gesehen hat. Er kannte aber einen Soldaten vom Wachpersonal des Gran Sasso, wo Mussolini in alliierter Gefangenschaft war. Der hat ihm auch von dem Husarenstück – Ali gebraucht das deutsche Wort – des SS-Mannes erzählt, der den Duce befreite.

Ob ich als Frau, Fremde und Ungläubige den Tempel betreten dürfe, frage ich ihn, um dem Gespräch ein Ende zu machen. »Wir haben keine Geheimnisse«, sagt Ali. Er blickt mich an, hat eine Steilfalte zwischen den Augenbrauen. Er belehrt mich mit dem Eifer und Ernst eines missionierenden Sektierers: »Auch bei uns gibt es ein Abendmahl. Die Hostie kauft man vorm Tempeltor. Jeder nimmt teil an der Kommunion.« Von einem Sikh, der den fliegenden Händlern an den Eßkiosken gleicht, kaufen wir Gebäck, das ähnlich wie Makronen schmeckt. Im Innern des Allerheiligsten brennen Kerzen, die Wände sind mit Stuckornamenten übersät. Alles ist sauber geschrubbt und glänzend poliert. Hier ist nicht der Ort für mystische Dämmerung. Der goldene Tempel sieht aus, als sei er im neunzehnten Jahrhundert errichtet worden.

Wir verlassen den heiligen Bezirk. Der Bazar vor den Tempelmauern ist von Windlichtern und Petroleumlampen erleuchtet. Zwischen fensterlosen Häuserwänden aus gebranntem Lehm drängen sich Turbane und barhäuptige Männerköpfe. Männer handeln mit Männern, verkaufen, kaufen, betrügen sich, streiten und versöhnen sich. Eintöniges Gemurmel vor den mit Teppichen ausgelegten Buden. Eine Welt ohne Frauen. Die Augen der Männer belauern mich. Wellen von Hitze schlagen uns entgegen. Nach Sonnenuntergang schwitzen die Mauern die aufgespeicherte Wärme des Tages aus. Ich bekomme kaum Luft, es sind immer noch fast vierzig Grad Hitze.

Ali geht neben mir. Er trägt jetzt Stiefel, die ihn von der Schar der barfüßigen Händler unterscheiden. Gut, daß ich einen Begleiter habe. Er wird mich zu meinem Quartier am Stadtrand bringen. Wir sind so etwas wie Kampfgefährten aus den Zeiten von Monte Cassino. Waffenbrüderschaft verbindet uns, obgleich er auf der falschen Seite gestanden hat. Er spricht italienisch, rügt mich wegen meines Leichtsinns, als Frau allein bei Sonnenuntergang die Stadt zu besichtigen. »Molto pericoloso.« Er zeigt mir seinen kleinen gekrümmten Sikh-Dolch. Er ist fast zwei Meter groß. Ich muß zu ihm aufschauen, wenn ich das Wort an ihn richte. Es ist finster, eine mondlose Nacht. Die Lampen in den Bretterbuden glimmen. Qualm verdüstert ihr Licht. Ein brenzliger Geruch liegt über der Männerversammlung. Ist ein Feuer ausgebrochen auf einem Holzbalkon? Ich sehe nicht, wo ich meine Füße hinsetze. Ich gehe in Alis Spuren. Eine Männerhand packt meinen Arm, will mich in eine Bude ziehen. Schon steht Ali dazwischen, in Sekundenschnelle hat er den Angreifer von mir getrennt. Die Händler ziehen sich in die Bretterbude zurück. Ich bedanke mich bei meinem Beschützer.

Ich habe keine Eile, mein Nachtquartier zu erreichen. Eine schlaflose Tropennacht steht mir bevor. Je später sie anbricht, um so besser. Ich frage nach dem Preis eines Seidenschals, will ein silbernes Armband, eine Kette aus Lapislazuli haben. Ali führt für mich die Verhandlungen. Der Besitzer des Verkaufsstandes lockt uns in sein Haus, er will uns seine Schätze zeigen. Ich stoße an eine Lampe, sogleich ist es finster und rauchig in dem Gewölbe. Ein halbes Dutzend Männer umgeben mich. Ali ist verschwunden. Wird es mir gelingen, ihn wiederzufinden in der Dunkelheit? Wieder umklammern klebrige Hände meinen Arm, auch mein Fuß stößt an ein Hindernis. Noch ein Schritt, und ich werde hinfallen. Plötzlich wird es wieder hell. Ali hat die Lampe angezündet. Ich presse meine Handtasche mit Geld und Reisepaß unter den Arm. Als wir mein Hotel erreichen, ein altes Gebäude aus der britischen Kolonialzeit, dessen Räume nur mit Ventilatoren ausgestattet sind, bitte ich Ali, mein Gast auf einen Drink zu sein. Er lehnt ab, er trinkt keinen Alkohol, auch nach Sonnenuntergang nicht. Er begleitet mich in den Garten des Hotels. Wir sitzen uns auf eisernen Stühlen gegenüber, wir haben uns nichts mehr zu sagen. Schüchtert die fremde Umgebung Ali ein? Ein Ventilator bläst uns heiße Luft ins Gesicht. Die Inhaberin des Hotels, eine Halbengländerin, bringt Tee und hartes Gebäck. Sie vermeidet es, den Sikh zu begrüßen. Als ich Eiswasser aus dem Salon holen will, benutzt Ali die Gelegenheit, um zu verschwinden.

Srinagar – Kashmir

Eine Stunde lang saß er unbeweglich in seiner Gondel am Landesteg des Hausboothotels am Dalsee bei Srinagar. Er blickte die Touristen an aus Augen, die so dunkel waren, daß man die Pupille nicht von der Iris unterscheiden konnte. Viele Händler umlagerten das Hausboot. Sie wollten Holzschnitzereien, Schmuckgegenstände, Teppiche und Seidentücher verkaufen. Ali blieb stumm. Mohammed, unser Hausboy, der mich jeden Morgen in meiner holzgetäfelten Kajüte weckte, wies mich hin auf den schweigenden jungen Mann. »Very good«, sagte er. »Steigen Sie in seine Gondel. Er bringt Sie zu seiner Familie. Dort werden Sie alte Teppiche, Gefäße, Schmuck und Miniaturen der Moghul-Kaiser sehen.« Er half mir in das schmale, schwarz geteerte Boot, das unter meinem Gewicht schwankte. Ich setzte mich auf den Polstersitz. Ali ruderte schweigend über den See zu einem Kanal, dessen Ufer von Terrassengärten gesäumt wurden. Das Spalierobst war reif. Die Hausbewohner waren mit der Ernte beschäftigt. Ich sah fast nur Muslims. »Inder«, hatte Mohammed, der Hausboy gesagt, »sind in Kashmir eine Besatzungsmacht. Hindus haben die Gegend verschandelt durch das Steindenkmal auf dem Berg, den Stupa, in den eine Reliquie Buddhas eingebacken ist. Wir lieben unsere Holzmoschee, sie ist schon tausend Jahre alt, sie hat alle Brände heil überstanden.«

Ich entdeckte den Stupa zwischen Laubbäumen auf dem Gipfel des Hügels über der Stadt. Ich sah die Minaretts der Holzmoschee. Das Wasser der Kanäle war von keinem Windhauch bewegt. Immer seltener standen Menschen am Ufer. Plötzlich bekam ich Angst vor dem schweigenden Jungen, der mich aus weit aufgerissenen Augen anstarrte. Wir konnten uns nicht verständigen. Die Gondel glitt schnell durch das stille Wasser. Wir begegneten keinen anderen Booten. Ali bog in einen schattigen Seitenkanal ein. Eine halbe Stunde lang hörte ich nichts als das Geräusch des Ruderschlags. Wo waren die Bewohner von Srinagar, die sich noch am Morgen bei unserer Ankunft in den Straßen mit den Häusern aus Nußholz drängten? Wir glitten durch eine Geisterstadt mit schattenhaften Gestalten, die sich ab und zu in den unverglasten Fensteröffnungen der Gebäude am Kanalufer zeigten. Endlich legte der Junge an, sorgfältig machte er die Gondel am Landesteg fest und half mir beim Aussteigen.

Eine steile Holztreppe, ein Flur ohne Licht, ein dunkles Zimmer, in dem es nach Heu und gelagerten Gewürzen roch. Ali stieß die Holzläden der Fenster auf. Das eindringende Tageslicht tat mir in den Augen weh. Der Besucherraum, in den mich Ali geführt hatte, schien unbewohnt zu sein. Die Tür zum Flur stand offen. Frauen huschten vorüber, unverschleiert, aber vermummt. Für Sekundenfrist zeigten sie ihre bleichen flachen Gesichter, Armreifen klirrten auf Holz. Keine von ihnen trat ein, um mich zu begrüßen. Wurden sie hier wie im Harem gehalten? Was war das für ein Geruch im Zimmer? Er betäubte und schärfte die Sinne zugleich. Haschisch? Nach einer Reihenfolge, die mir unklar blieb, betraten fünf Männer den Raum. Sie begrüßten mich, indem sie sich vor mir verbeugten. Der Älteste ging am Stock, er hob die hängenden Lider nicht auf. Ihm stand der Ehrenplatz zu, ein Schemel im Holzerker. Zu seinen beiden Seiten nahmen zwei etwa gleichaltrige Männer Platz, die weiße Tücher nach Art von Beduinen um die Köpfe geschlungen hatten, Brüder, schätzte ich: Alis Vater und sein Onkel. Die jungen Männer, die an den Seitenwänden des Raumes Platz nahmen, sahen wie Alis Brüder aus. Ali servierte Tee in winzigen Tassen. Die Männer beobachteten mich, während ich trank. Der Alte gab seinen Söhnen einen Wink. Das Zeremoniell des Handels begann. Die Ware wurde aus Truhen, Futteralen und Beuteln hervorgeholt und vor mir aufgestellt: Vasen, Bronzegefäße, Silberleuchter, Seidentücher, Schals aus Kashmirwolle und Blätter mit Miniaturen, von denen zwei den Kaiser Akbar und seine Gemahlin bei der Falkenjagd darstellten, im Hintergrund den Alkazar und die Moschee von Agra. Trotz der Schätze roch es nach Armut im Haus. Manche Gegenstände waren gefälscht, billige Ware aus dem Bazar, andere stammten aus Familienbesitz, waren mehr als zweihundert Jahre alt.

Die Augen der Männer hatten etwas Klebriges, Schneckenhaftes. Ihre Blicke tasteten mich ab. Ich spürte, wie ich rot wurde. Ali schloß die Fensterläden wieder, er machte auch die Tür zum Flur zu. Einer der Männer zündete Kerzen in einer Ampel an. Wir waren hier innen miteinander gefangen. Ich mußte mich loskaufen. Ich deutete auf die beiden Miniaturen. »How much, how many dollars?« Alis Vater oder sein Onkel hob dreimal die rechte Hand mit abgespreizten Fingern. Fünfzehn pro Stück, ein vernünftiger Preis. Jetzt kamen nochmals drei Rechenhände. Also dreißig pro Stück. Ich schüttelte den Kopf. Ali schenkte mir den Rest bitteren Tees aus der Kanne ein. Wieder spürte ich die Nähe der Frauen, die mich an Nachtvögel im Gebälk erinnerten. Von einem Samtkissen nahm der Alte einen Ring mit einem großen Diamanten. Ali deutete auf meinen Ringfinger, dahin gehöre der Solitär. Die Familie wartete auf meine Entscheidung.

Auf einmal öffnete sich die Tür. Auf der Schwelle stand ein Inder im europäischen Tropenanzug, mit Triefaugen, Ringe an den Fingern. Es könnte der Besitzer des Hauses sein, dem die Familie die Miete schuldete. Die Männer räumten den Ring weg. Ich bezahlte den Preis für die Miniaturen. Wir gingen auf den Laubengang hinaus, ich beugte mich über das Holzgeländer, der dicke Inder stand im Hof zwischen den Frauen. Ali half mir beim Besteigen der Gondel. Er hatte die Blätter mit den Miniaturen in dünnes Seidenpapier eingewickelt. Während der langen Fahrt durch die Dämmerung bis zum Hausboot wechselten wir wieder kein Wort. Ali ruderte, ohne sich eine Pause zu gönnen. Als wir das Hausboot erreicht hatten, wollte ich ihm ein Trinkgeld geben. Er lehnte ab, sein Gesicht war ernst, abgewandt. Kaum war ich auf dem Steg, stieß er wieder ins Wasser, schattenhaft glitt die Gondel auf den Dalsee hinaus.

Katmandu – Nepal

An einem Regennachmittag stand der Vierzehnjährige mit seiner Fahrradrikscha vor dem Hotel Anapurna. Kaum saß ich auf dem gepolsterten Sitz unter dem Regendach, da radelte er los, durch Schlamm und Pfützen, die von den letzten Güssen des Monsunregens zurückgeblieben waren. Gegen Abend durchdrang eine wässrige Sonne die Wolken, aber es war nicht klar genug für die Aussicht auf den Gaurisankar und die drei Anapurnas, die das Hochtal nach

Norden hin abschirmen. An jedem Tempel machte Ali eine Pause von zehn Minuten. Er blieb stehen, an seine Rikscha gelehnt. Ich watete durch Schlamm zum Palast der lebenden Göttin, in dessen Hof eine heilige Kuh wohnte. Ich entdeckte den traurigen Blick der kindlichen Gefangenen und ihrer Spielgefährtinnen, die sich am vergitterten Fenster zeigten. Ich besichtigte Freitreppen und Tempeltiere. Ali zeigte mir die geschnitzten Holzbalken an den Dächern und Giebeln der Pagoden mit den bunt bemalten Figuren – ein Bilderbuch der Sexualität, hieß es im Reiseführer. Bauernkunst aus der Provinz. Immer das gleiche grinsende Paar, das mit turnerischem Geschick die verschiedenen Positionen des Liebesspiels ausprobierte. Manchmal war ein dritter dabei, ein Kind, nicht älter als Ali. Auch Tiere wurden zu erotischen Hilfsdiensten herangezogen. Von der Dachtraufe herab glotzte der elefantenköpfige Ganesha auf das Treiben der Männlein und Weiblein nieder.

Ali hatte nicht erwartet, mich nach so kurzer Zeit am Treffpunkt wiederzufinden. Ich entdeckte ihn in einer Gruppe von Halbwüchsigen, die mit Hippies aus Holland über den Preis von Haschisch verhandelten. Wir fuhren durch eine ungepflasterte Nebenstraße. Ein Trupp Gurkas kam in Marschordnung vom Manöver an der chinesischen Grenze zurück. Quer über die Straße lag eine heilige Kuh, vom eigenen Kot beschmutzt, mager, zum Monument ihrer selbst erstarrt, nur die Zunge leckte das Maul mit den gelben Zähnen. Ohne Befehl lösten die Soldaten ihre Marschordnung auf, gingen einzeln im Gänsemarsch ohne Tritt um die Kuh herum. Jenseits des lebenden Hindernisses formierten sie sich von neuem. Ali lenkte seine Rikscha in einen Hauseingang, um den Gurkas auszuweichen. Er war ein Muslim. Ich merkte es an der Verachtung, die er der wuchernden Figurenfülle an den Tempeln des tantristischen Buddhismus entgegenbrachte. Die Bewohner von

Katmandu und den anderen Königsstädten von Nepal waren klein, geduckt, gelbhäutig, kränklich. Die Frauen beförderten ihre Lasten auf zwei im Gleichgewicht hängenden Schalen an einem Tragegerät. Die Männer schienen alt geboren zu sein, verkrümmt und verkrüppelt von Lasten, die sie ohne Hilfe von Tieren auf ihren Rücken und Schultern schleppten.

Ali trug statt des Turbans ein Käppchen, das dem der Juden ähnlich sah. Ich gab ihm ein paar Dollars, als er mich vor dem Hotel in der Dämmerung absetzte. Am Morgen darauf stand er wieder vorm Eingang des Anapurna, als seien wir verabredet. Die Radtour ging weiter nach dem Programm, das Ali von allen Touristenführungen kannte. Wieder eine Zehn-Minuten-Rast vor dem Tempel Bodnath mit dem Riesenauge des Buddha und den niedrigen Klostergebäuden, die von tibetanischen Flüchtlingen bewohnt wurden. Die Königsstadt Patan kam mir kleiner und übersichtlicher als Katmandu vor, es gab dort ähnliche Holztempel, Friese und Ornamente. Über freies Feld und durch einen Eukalyptuswald kamen wir nach Pashupanitath, dem Benares der Nepalesen, Verbrennungs- und Begräbnisstätte, Pilgerziel, Ort für die heiligen Waschungen der Eremiten. Im Schatten eines Baumes mit weit gefächertem Geäst und gefiedertem Laub ruhte Ali sich aus. In den Zweigen turnten Tempelaffen herum, stießen schrille Schreie aus. Bettler, meist verkrüppelt, belagerten die Brücke über dem Fluß. Ein abgemagerter dunkelbrauner Eremit, nur mit Turban und Lendenschurz bekleidet, trat aus seiner Lehmhöhle auf mich zu. Er forderte mich durch Gesten auf, ihm zu folgen. Wir kamen in einen duftenden Hain, auf dem Boden standen in dichten Reihen backofenähnliche, kegelförmige Steine. Der Eremit deutete auf sie und grinste. Es handelte sich um Lingas, um phallische Gebilde, die Fruchtbarkeit bringen sollen. Eine der größten dieser Lehm- und Steinhügel hatte eine Tür, die dem Asketen kaum bis zu den Hüften reichte. Der Eremit forderte mich auf, mich zu bücken und durch die winzige Tür ins Innere des Hohlkegels zu treten. In dem Hain mit den Lingas gab es außer uns nur noch Tempelaffen. Auf einmal stand Ali neben mir. Er hatte seinen Schattenplatz unter dem heiligen Baum verlassen und war mir über die Brücke gefolgt. Der Eremit schrie den Jungen in einer häßlich klingenden Sprache an. Ali wich nicht von meiner Seite.

In der dritten Königsstadt, die ich nach einem Spaziergang auf der Chinesenstraße im Grenzgebiet kurz vor der Dämmerung erreichte, wurde ein Männerfest gefeiert. Ich war allein, eine Fußgängerin, aus den offenen Hauseingängen blickten mir die Frauen nach, riefen die umherstreunenden Kinder zurück, als könne mein Anblick ihnen schaden. Keine der Frauen fand ich auf dem Tempelplatz wieder, wo die Männer in Festtagskleidung jeden Meter Bodens vor den Stufen der Freitreppe mit den Fabeltieren besetzt hielten. Einige hatten Instrumente auf dem Schoß, Trommeln, Flöten, Posaunen. Keiner sprach, alle warteten angespannt auf den Einbruch der Dunkelheit und den Anfang des Festes. Die Männer versammelten sich im Freien wie in einem Saal. Spielte sich zwischen den drei Tempeln und den turmartigen Pagoden ein Geheimkult ab? Ein Alter hockte auf einer Bank an einem Stand, der aus Holztisch und Sonnenschirm bestand. Hinter dem Drahtgitter eines Stalls gackerten Hühner, blökten Lämmer. Waren es Opfertiere? Noch während ich, von Hunderten von Blicken verfolgt, den Platz überquerte, fiel der Vorhang der Nacht, schnell, lautlos, endgültig. Die ersten Fackeln wurden vor der Tempeltreppe entzündet, ihr Qualm erfüllte die schwüle Luft. Ein Trommelwirbel verkündete den Anfang des Festes.

Wie sollte ich zurück zum Anapurna kommen? Es gab kein Verkehrsmittel nach Sonnenuntergang. Am Eingang des Ortes fand ich eine Wachstube der Ortspolizei. Ein Uniformierter versuchte telefonisch ein Taxi aus der Hauptstadt zu bekommen. Die Leitung war gestört, er schnalzte bedauernd mit der Zunge. Ich setzte mich auf eine Bank in der Wachstube. Der Lärm vom Tempelplatz verstärkte sich. Alle Männer redeten durcheinander in einem ekstatischen Singsang. In diesem Augenblick entdeckte ich Ali mit seiner Fahrradrikscha. Er erwartete mich vor der Wachstube mit dem gleichen schläfrigen Kindergesicht wie am Tag. Seine Kleidung wirkte abgetragen und zerlumpt im Vergleich zu den Festtagsgewändern der Nepalesen auf dem Tempelplatz. Das Trinkgeld, das ich ihm in überstürzter Freude über unsere Wiederbegegnung anbot, lehnte er ab. War er mir nachgefahren? Wie hatte er mich ausfindig gemacht?

Wortlos bestieg ich den Sitz, er radelte los. Wir kamen schnell vorwärts auf dem Asphalt, aber der Weg war weit. Fast zwei Stunden radelte Ali durch die Nacht mit mir abwärts ins Tal, in dem Katmandu liegt. Wir hörten keinen Laut außer dem Zirpen von Grillen. Wir begegneten weder Fahrzeugen noch Wanderern. Einmal flammte Wetterleuchten am Horizont auf. Ich sah einen der höchsten Berge der Welt. Eis, Fels, Gletscher, ewigen Schnee. War es der Gaurisankar? Tagsüber war es zu dunstig für das Panorama des Hochgebirges. Ich wartete auf den Ausbruch eines Gewitters. Ich wollte die Himalaya-Riesen noch einmal im Widerschein von Blitzen sehen. Aber es donnerte nur einmal von fern. Die Wolkenwand, die vom Süden aufgezogen war, wo das Dschungelgebiet des Terai das Land gegen Indien abschließt, löste sich wieder auf.

Sprung über den Schatten

Als meine Mutter mit mir schwanger ging, wollte sie nur Schönes sehen, damit ihr Kind vom Fluch des Häßlichen und Gemeinen bewahrt bleibe. Sie besuchte die alten Museen, vor allem die italienischen Meister, die sie seit ihren Jungmädchentagen liebte. Lange Zeit blieb sie, vor sich hinlächelnd, vor Gemälden stehen, auf denen die Madonna mit dem Jesuskind dargestellt war – vor Tizian, Raffael, Bellini, Michelangelo. Als ich drei Jahre alt war, schrieb sie über mich in ihr Tagebuch: »Schön ist sie nicht, aber drollig und originell, schwer zu erziehen, eine kleine Wilde.«

Ich erinnere mich nicht mehr an meinen ersten Museumsbesuch. Ich war jedoch noch keine zwölf Jahre alt, da fuhr mein Vater mit uns Kindern nach München. Wir besuchten nacheinander die Glyptothek, die Staatsgalerie, die alte und die neue Pinakothek. Von der Stadt bekamen wir kaum etwas zu sehen. Ich blickte durch die Saalfenster der Museen nach draußen. Es nieselte, die Bäume verloren ihr Laub; zwischen Brunnen, Kuppelkirchen und Häuserfassaden entdeckte ich am Horizont die Berge, sie kamen mir wie eingerahmte Bilder vor, begrenzt und unbewegt. Noch Jahre später sah ich die Relieffiguren der Ägineten in der Glyptothek vor mir, kämpfende und sterbende Krieger mit Helmen und nackten Oberkörpern – antike Originale? Der Bildhauer Thorvaldsen hatte ihre fehlenden Arme und Beine in der Epoche des Klassizismus – mit Gips? – ergänzt. Meine Lieblingsbilder – Bruegels »Babylonischer Turm«, Giorgiones »Drei Philosophen«, Altdorfers »Alexanderschlacht« und Boschs »Garten der irdischen Lüste« – glaubte ich zum ersten Mal in der alten Pinakothek gesehen zu haben, eine Verwechslung, wie sich später herausstellte, denn die meisten dieser Gemälde hängen in andern Museen.

Ich ermüdete rasch bei den gemeinsamen Besuchen der

Gemäldegalerien. Immer wieder ließ ich mich auf die fürs Publikum bereitgestellten Bänke und Sessel nieder. Mein Vater dagegen setzte sich nie. Er hatte den Museumsschritt. Er legte mit federndem Gang, wie ein Wanderer im Freien, ein Tagespensum von vielen Kilometern in den Sälen, Fluren und Treppenhäusern zurück. Er schien nichts zu merken von der verbrauchten Luft und dem Geruch nach Putzmitteln. Er stellte mich zur Rede wegen meiner Angewohnheit, statt auf die Bilder durchs Fenster ins Freie zu blicken. Ich erklärte ihm, ich sähe draußen, statt der Wirklichkeit, Bilder im Stil der Maler von den Museumswänden: einen Utrillo, einen Caspar David Friedrich, einen Manet – Kunstprodukte statt der Natur.

Meine erste Liebe fand ich im Britischen Museum in London. Ich erklärte einem jungen Mann, den ich dort zufällig traf, mit Worten, die ich in einer Kunstgeschichte gelesen und auswendig gelernt hatte, Religion und Kultur der Griechen. Schweigend betrachteten wir die Reliefs des Parthenonfrieses, die Lord Elgin nach England geschafft hatte. Der junge Mann fand, ich hätte Ähnlichkeit mit einer Athene aus Marmor, er ergriff meinen Arm, stellte mich neben sie und behauptete, es fehle nur noch der Helm, um mich in die Göttin, die aus dem Kopfe des Zeus entsprungen war, zu verwandeln. Wir überhörten den Hinkeschritt des invaliden Aufsehers und seinen barschen Ruf, der die Schließung der Räume im Erdgeschoß ankündigte. Wir waren die letzten Besucher, die das Museum verließen. Der Hund des Aufsehers, ein schwarzer Bastard mit spitzen Ohren, feuchter Schnauze und geiferndem Maul, bellte uns böse an. Schlüssel klirrten. Es dämmerte schon draußen. Die Taschenlampe des Invaliden wies uns aus dem dunklen Vestibül.

Am Morgen darauf trafen wir uns wieder. Zum ersten

Mal im Leben weigerte ich mich, in ein Museum zu gehen. Wir machten einen Ausflug. Es war Mai, das Laub der Birken hellgrün, noch nicht dicht. Wir lagerten zum Picknick auf einer Frühlingswiese, wir aßen Brot und Käse und tranken Rotwein. Der junge Mann legte seinen Arm um meine Schulter, er küßte mich. Ich jedoch mußte dabei an Manets »Déjeuner sur l'herbe« denken. Ich fragte mich, ob wir beide nicht gute Modelle für ein ähnliches Bild abgegeben hätten.

»Woran denkst du«, fragte mein neuer Freund. Da sprang ich auf, zupfte mir die Grashalme vom Kleid, raffte die Reste des Picknicks in meinen Henkelkorb zusammen.

»Schluß«, rief ich mir selber zu. Der junge Mann glaubte, ich sei verärgert über seine Zärtlichkeit und wollte mich versöhnen. Ich mußte lachen, ich umarmte ihn heftig. »Schluß mit den Museen«, rief ich.

Mein Vater und mein Freund verstanden sich schlecht. Damals wurde fast jeder Besucher, der zum ersten Mal in unser Haus kam – ob aus Spaß oder im Ernst, ich weiß es heute noch nicht –, einer Prüfung unterzogen. Ein Bildband mit blassen Reproduktionen berühmter Kunstwerke wurde dem Fremden vorgelegt, er sollte die Namen der betreffenden Maler sagen. Mein Freund, Arzt von Beruf, Liebhaber der Mathematik und Musik, bekannte, er sei seit seinen Schultagen zum ersten Mal bei unserem London-Besuch im Museum gewesen. Er bestand die Prüfung des Vaters nicht. »Ich habe unmusikalische Augen«, sagte er. Diesen Ausdruck hatte ich noch nie vorher gehört.

Als ich mich für meine erste Rußland-Reise vorbereitete, sagte mein Vater: »Wenn du nach Leningrad kommst, vergiß die Eremitage nicht.« Nach dem Katalog, den er besaß, zeichnete er einen Lageplan mit dem Grundriß der einzelnen Stockwerke, den er mir zur besseren Orientierung mitgab. Er wußte, an welcher Stelle und in welchem Saal die späten Rembrandts, die Italiener, die Niederländer und die Deutschen hingen.

Fast eine halbe Stunde mußte ich in Leningrad in der Halle der Eremitage warten. Vergeblich bemühte ich mich um eine Eintrittskarte. Nur Reisegruppen mit Dolmetschern von »Intourist« wurden zugelassen. Ich fühlte mich ausgestoßen. Schutzlos stand ich in der kühlen Zugluft, die durch die sich ständig öffnenden Türen des Winterpalais vom Newakai eindrang. »Haben Sie Ihre Gruppe verloren?« fragte mich ein Museumsaufseher auf englisch. Ich hob die Schultern, ich vergaß, sie wieder sinken zu lassen. Schließlich sagte ich: »Ich reise individuell.« Es klang kläglich und lächerlich. Eine Reiseführerin klatschte in die Hände. Die Schritte der Besuchergruppe hallten auf dem Marmorfußboden. Ich wollte mich anschließen, wurde jedoch zurückgewiesen.

Bald nach meiner Rückkehr machte ich einen Besuch zu Hause. Ich erzählte von meinem Mißgeschick. »Halb so schlimm«, meinte ich, »ich hole es beim nächsten Mal nach.«

»Man steigt nicht zweimal in denselben Fluß«, mahnte mein Vater düster, »du hast die Gelegenheit für immer verpaßt.«

Ein Jahr nach seinem Tod war ich nach einer Reise durch die asiatischen Sowjetrepubliken wieder in Leningrad. Diesmal besuchte ich die Eremitage ohne Schwierigkeiten. Ich fand die Gemälde nach dem Lageplan, den mir mein Vater damals aufgezeichnet und mitgegeben hatte. Aber ich konnte ihm nicht mehr davon erzählen. Er hatte zwar Konstantinopel, Palästina und Ägypten mit einem Passagierschiff des »Norddeutschen Lloyd« besucht, war aber nie über die Mittelmeerländer, die Wiege des Abendlandes, hinausgekommen. In seiner Stellvertretung hatte ich auf meinen

Weltreisen asiatische und amerikanische Museen besucht, um ihm später zu Hause Bericht zu erstatten. Ich lieh mir seine Augen aus, um zu bewundern, was er, der damals schon krank war, nicht mehr sehen konnte.

Ein paar Mal hielt ich auf seinen Wunsch im abgedunkelten Wohnzimmer meines Elternhauses vor geladenem Publikum Lichtbildervorträge über meine außereuropäischen Bildungsreisen. Denen, die zu Hause geblieben waren, erzählte ich von meinen Wallfahrten zu den Weltwundern der Kunst.

Am Ende einer solchen Veranstaltung im kunsthistorisch interessierten Freundeskreis packte mich zu meiner eigenen Überraschung die Wut. Ich stieß mit dem Zeigestock, mit dessen Hilfe ich die Lichtbilder erklärt hatte, auf den Boden und rief so laut, daß es auch meine schwerhörige Großtante verstehen konnte: »Nichts von all dem, was ich gesagt habe, ist wahr. Auf dem Gräberfeld von Taxila, das wir bei vierzig Grad Hitze besichtigten, gab es nur ein paar Säulen und Mauersteine. Die wertvollen Fundstücke befanden sich im Museum, das gerade geschlossen hatte. Die meisten Pilgerreisen zu den Werken der Kunst kann man sich sparen. Auch sonst sieht es überall in der Welt ziemlich ähnlich aus: Hochgebirge, Ozeane, Wiesen, Wüsten und Steppen. In Kalifornien glaubt man manchmal am Mittelmeer, in Kaschmir im Engadin, an der Mündung des Jangtsekiang in der Rheinebene und in Kanada in russischen Wäldern zu sein.«

Nach dem Tod meines Vaters mied ich jahrelang auf meinen Reisen die Museen. Einmal stand ich auf Neapels Vomero vor dem Capodimonte-Gebäude und betrachtete die Aussicht auf das Gassengewirr, den Golf und den Doppelkegel des Vesuv. Weshalb hineingehen, dachte ich, wozu *noch* einen Tizian, einen Tintoretto, einen Botticelli sehen, wenn keiner mehr da ist, der dich dein Pensum abfragt? Geh weiter, sagte ich mir, dreh dich nicht um, es geht kein Plumpsack herum. In einem Volksviertel fand ich eine Trattoria, ich trank den Wein der Region so heftig, bis die Umrisse der Kirchen und Häuserfassaden vor meinen Augen verschwammen.

Mir fiel der Besuch eines süddeutschen Fürstenschlosses ein, den ich mit meinem Vater kurz vor seinem Tod gemacht hatte. Ein Student führte statt des alten Kastellans, den ich von früheren Zeiten her kannte, die Touristen umher; lustlos leierte er seinen eingelernten Text herunter: Daten, Namen, Jahreszahlen von Schlachten, Feldzügen, Kirchenfesten, Fürstenhochzeiten, Dynastien. Auf einmal glaubte ich den erdrückenden Alp der Geschichte zu spüren. Unter seiner Last gebeugt, ging ich mit den anderen durch die Säle. Ich betrachtete unseren jungen Führer: ein hageres Gesicht, mädchenhaft weiche Haut, Basedowaugen, Ansatz zum Kropf, gelocktes, leicht fettiges Haar, das bis zu den Schultern niederhing. Er erinnerte mich an den Verkündigungsengel vom Isenheimer Altar. Sogar sein ausgestreckter Zeigefinger, mit dessen Hilfe er die Kunstwerke erklärte, spreizte sich ähnlich wie der des Engels von Isenheim. Auf der Treppe durch das berühmte Treppenhaus des Schlosses kam ich mit dem jungen Mann ins Gespräch.

Ihm sei zumute, sagte er atemlos, immer zwei Stufen auf einmal nehmend, als müsse er den ganzen Tag in einem Schutthaufen herumwühlen. Er habe den Job nur angenommen, weil er in den Semesterferien Geld verdienen müsse. Es kotze ihn an, diese blöde, blökende Touristenherde durch die Fürstengemächer zu führen. Am liebsten würde er den ganzen Krempel kaputtschlagen oder verbrennen.

Ich drehte mich nach meinem Vater um, der von den aufrührerischen Reden des Studenten nichts gehört hatte, weil er einigen älteren Damen der Reisegruppe die Deckenfresken des Treppenhauses erklärte.

In der folgenden Nacht hatte ich einen Traum: Ich befand mich im Spiegelkabinett des Schlosses, diesmal allein mit dem Studenten. Draußen war es finster, aber alle Kerzen der Kronleuchter brannten. Die Lichter spiegelten sich in den Glasscheiben. Die Chinesenmännlein auf der Tapete grinsten. Die Rokokomöbel warfen grotesk verzerrte Schatten auf den Parkettboden. Auf einmal zog der junge Mann eine Pistole hervor, er schoß in einen Spiegel, ein Regen von Glassplittern ging klirrend nieder. Eine der Kerzen vom Kronleuchter fiel auf den Boden, ihr Flämmchen setzte die Seidendecke eines Nußbaumtischs in Brand. Der Student gab den zweiten Schuß auf die mit Fresken verzierte Decke des Kabinetts ab. Der gläserne Kronleuchter stürzte nieder, die Scherben erstickten die Flammen nicht. Schnell, durch Zugluft entfacht, breiteten sie sich in den Nachbarräumen aus.

»Raus hier«, schrie der junge Mann. Hand in Hand, von Angst gehetzt, lief ich mit ihm ins Treppenhaus. Die Fluchten der Säle standen schon in Flammen, aus dem Schacht des Treppenhauses kam uns der Rauch in dichten Schwaden entgegen. Ich mußte husten, mir wurde schlecht, bald würde ich ohnmächtig werden. Der junge Mann lehnte sich übers Treppengeländer. Er warf den Kopf zurück, er lachte wie von Sinnen. Jetzt glich er einem Engel des Jüngsten Gerichts, nur die Trompete fehlte.

»Ich bin ein Brandstifter«, rief er. Dann schwang er sich übers Geländer, vor meinen Augen stürzte er sich in die Tiefe. Sein Hemd fing Feuer. Von oben sah ich ihn barfuß auf dem Marmorfußboden liegen, zerschmettert, die Lokken seines langen Haars waren rot verklebt von Blut.

Als ich am nächsten Morgen die Treppe des Hotels hinunterging, sah ich meinen Vater, der wegen Schlaflosigkeit zum Frühaufsteher geworden war, am Frühstückstisch sitzen. Er kam mir klein und unscheinbar vor, so als sei er über Nacht zusammengeschrumpft. Ich grüßte ihn mit einer Entschuldigung wegen meiner Verspätung. Als er sagte: »Wie schön, daß ich dies alles noch einmal sehen durfte«, mußte ich lachen. Obgleich ich wußte, wie grausam es war, erzählte ich ihm meinen Traum. Erst hörte er nur halb zu, dann schüttelte er den Kopf, dann blickte er mich aus seinen schmal gezogenen Augen aufmerksam, nicht ohne Zärtlichkeit, an. »Armes Kind«, sagte er nur.

Ich fragte mich, was diese Worte bedeuten sollten. Bedauerte er mich wegen meines verlorengegangenen Sinnes für die wahren Schätze dieser Welt? Fand er es albern, daß ich von diesem so wenig kunstverständigen Studenten geträumt hatte, der auf den Untergang des Abendlandes zu warten schien? Hatte er erst in diesem Augenblick gemerkt, daß ich einer anderen Generation als er angehörte, die ihre eigenen Erfahrungen während der Terror-, Kriegs- und Krisenzeiten gemacht hatte? Während ich noch über den Sinn seiner beiden Worte nachgrübelte, gab er mir eine Erklärung, die ich bis heute nicht vergessen habe.

»Mach nur so weiter«, sagte er – es klang wie ein Vermächtnis, schon im Angesicht des nahenden Todes –, »sei froh, daß du das Leben nicht nur aus der Museumsperspektive kennengelernt hast. Ich habe immer gewußt, daß du ein Naturkind bist. Sei nicht traurig, daß du nicht studieren durftest. Du bist immer du selbst geblieben.«

Es kam selten vor, daß wir solche persönlichen Gespräche miteinander führten. Ich gab keine Antwort, sein Gesichtsausdruck rührte mich so, daß ich beim Frühstück kaum einen Bissen herunterwürgen konnte.

Bald nach unserer letzten gemeinsamen Reise nach Franken verschlimmerte seine Krankheit sich. Ein Telefonanruf rief mich ans Bett des Sterbenden. Als ich mitten in der Nacht von Hamburg nach Heidelberg kam und mit dem Taxi ins Krankenhaus fuhr, war mein Vater schon tot. Sein Gesicht sah verjüngt aus, er schien zu lächeln, etwas geheimnisvoll, so als habe er keinen schweren Todeskampf gehabt. In seinen letzten Tagen war er bewußtlos gewesen. Es hatte keine letzte Aussprache zwischen uns gegeben. Seine Erklärung am Frühstückstisch des Hotels fiel mir wieder ein. Ich rief sie mir Wort für Wort ins Gedächtnis zurück. Trotz meiner Trauer empfand ich ein Gefühl der Befreiung – so als hätte ich ihm noch vor seinem Ende etwas gebeichtet, für das er mir Absolution erteilte.

»Denken Sie daran«, sagte mir ein Freund nach der Beerdigung, »daß Sie jetzt vorne stehen.« Auch in diesem Fall brauchte ich eine Weile, um über die Bedeutung dieser Worte nachzudenken.

Erst auf der Rückreise wurde mir klar, was der Freund gemeint hatte. Ich fühlte mich, als sei ich über einen Schatten gesprungen. Ein neues, mein eigenes Leben fing an.